선 禪
삼매 三昧
지관 止觀

천태 삼종지관의 이론과 실제

최기표 지음

도서출판 해조음

禪

——

三昧

——

止觀

개정판 서문

　마음을 하나로 집중하는 수행-간화선이거나 관음주송이거나 수식관이거나 염불선이거나를 막론하고 불교의 모든 집중수행은 삼매의 과정을 거친다. 수행의 필수 요소와 단계라 할 수 있는 오선근(五善根) 가운데 정근(定根)과 팔정도 가운데 정정(正定)이 바로 삼매이다. 수행자가 삼매에 들게 되면 처음 겪어보는 신기한 현상에 당황하기도 하고 길을 잘못 들어서 목숨이 위태로워지기도 한다. 때문에 삼매에 드는 과정과 단계, 각 단계에서 나타나는 현상과 주의점 등은 집중 수행자들이 반드시 알아야 할 내용이다. 하지만 이런 법문은 경전에 잘 보이지 않고, 찾았다 해도 이해하기 쉽지 않다. 또한 이러한 문제를 도반이나 선학들에게 물으려 해도 시원한 답변을 듣기 어렵다. 깊은 경지에 이른 선지식이 귀하기도 하지만 수행 중 겪은 현상과 단계를 타인에게 드러내면 수행이 더 이상 진전되지 않는다고 하기 때문일 것이다.

중국 천태종의 창시자인 천태대사 지의(智顗)가 불교의 수행론을 자신의 체험을 바탕으로 삼종지관으로 정리해 설해 주었고 그것이 지금까지 책으로 전해지고 있다는 것은, 그러므로 수행자들에게 참으로 고마운 일이 아닐 수 없다. 천태대사가 정립한 불교의 수행이론이 신라의 원효대사나 중국 화엄종의 현수 법장 등 많은 고승들에게 영향을 미쳤다는 것은 불교학, 특히 수행론을 공부하는 이들에게는 잘 알려진 사실이다. 하지만 삼종지관 중 점차지관이 부처님 이래 불교의 온갖 수행법을 체계적으로 설명한 것이며, 더욱이 그 내용이 현대의 수행인에게도 직접 도움을 줄 수 있음을 아는 사람은 많지 않은 듯하다. 이 책이 천태대사의 삼종지관을 이해하기 쉽도록 설명한 것이지만 특히 점차지관에 많은 지면을 할애한 이유가 여기에 있다.

필자는 선 수행의 경험이 깊은 것도 아니고 글로 표현하는 능력도 부족하여 책을 내는데 주저되는 바가 많았다. 하지만 불교학자로서 여러 경론과 천태의 저술을 읽는 동안 일체지자(一切知者)이신 부처님의 그 완벽한 설법과, 각고의 수행 끝에 법화삼매를 증득하여 법문에 걸림 없는 천태대사의 상세한 해설에 환희가 솟구칠 수밖에 없었고, 그 기쁨을 진실한 이들과 나누고 싶은 욕심이 주저를 넘어서게 했다. 필자의 한문 해석이나 설명이 조금 잘못된 부분이 있다 해도 수행을 해 본 이라면 무엇을 말하는지 이해가 쉽게 될 것이고 나아가 참으로 도움이 된다는 것을 바로 알아차릴 수 있을 것이다. 포장은 촌스러워도 내용물은 최상인 영세 수공업자의 제품과 같다고 할까.

이 책이 도피안사 송암당 지원 스님의 은혜에 힘입어 『천태지관』이라는 이름으로 처음 나온 것은 2016년 12월의 일이다. 하지만 너무 적게 찍은 탓인지 일찌감치 절판되어 책을 찾는 독자들에게 미안함이 있던 차에 진실한 법화행자이신 강병재 선생님께서 책을 더 찍으라고 용기를 주셨다. 이에 도피안사에 2쇄 출판을 문의해 보니 사정이 어렵다 하시어 도서출판 해조음에 신세를 지게 되었다. 새로 인쇄하는 김에 몇 군데 있던 오류를 수정하고, 불명확한 문장도 다듬어서 조금 개선된 점이 있다. 특히 강 선생님과 해조음 이주현 사장님께서 세심하게 교정을 보아주어 큰 도움이 되었다. 깊은 감사를 드린다. 제목도 『선, 삼매, 지관』으로 바꾸어 천태종만의 수행법이 아니고 불교의 주요 수행과 원리가 모두 담겨 있음을 보이려 하였다. 어떤 방법이든 깊은 몰입을 경험할 수 있는 수행을 하고 있는 이라면 3장과 7장을, 집중의 경지를 맛보고자 마음먹은 이라면 2장을 꼭 읽어보길 권한다. 이를 통해 올바른 삼매를 체험해 본다면 불교의 심오한 세계에 한 걸음 다가갔다는 환희심이 솟구칠 것이다. 나아가 불교가 세계를 평화로 인도할 수 있는 참 진리임을 더욱 강하게 확신하게 될 것이다.

계룡에서 **최기표** 합장 공경

목차

제1장 • 지관이란 무엇인가?

01 천태의 지관수행론이 필요한 이유

많은 이론이 그렇듯이 불교의 교리도 실천을 통해 그 가치가 드러난다. 불교의 실천을 보통 수행(修行)이라고 부른다. '도를 닦는다'는 뜻의 수도(修道)라는 말도 쓰지만 이 말에는 세속의 즐거움을 등지고 산속에 홀로 들어가 고행한다는 어감이 배어 있어서 여기서 말하고자 하는 것과 딱 일치하지 않는다. 불교에서 실천할 내용, 즉 수행의 종류는 매우 많지만 예로부터 복덕과 지혜의 이문(二門), 계·정·혜의 삼학(三學), 보시 내지 반야의 육바라밀(六波羅蜜)로 나누는 것이 일반적으로 사용된 분류 방식이다. 『대지도론』 15에서는 "불도를 이루고자 하면 두 가지 문이 있으니 복덕문과 지혜문이다. 보시와 지계, 인욕은 복덕문이고 일체 모든 법의 실상을 아는 반야바라밀은 지혜문"이라 하였다. 또 『보살지지경』 10 「필경방편처행품(畢竟方便處行品)」에서는 육바라밀 가운데 보시·지계·인욕·정진의 네 가지는 계학에, 선정바라밀은 정학에, 반야바라밀은 혜학에 해당한다고 설명한다. 이 가운데 복덕문 혹은 계학으로 분류되는 것은 세세한 차이는 있을지라도 다른 종교나 윤리에서도 가르치고 있는 내용이므로 선정과 반야가 불교 수행을 특징짓는 것이라 말할 수 있다. 다만 반야(般若; sk. prajñā. 이하 영어 외의 알파벳 표기는 산스크리트임)는 부정으로 일관하고 있는 여러 반야부 경전에서 보듯이 언어로써 전달하기 어려운 근본적인 지혜이므로 일반 대중에게 수행의 내용으로서 설명하기는 쉽지 않다. 이보다는 "실상을 아는 지혜(반야)는 일심의 선정으로부터 생긴다."(『대지도론』, 17)고 하듯이 반야를 대신하여 구체적인 동작이나 단계 등을 언어로 밝힐 수 있는 선정으로써 불교 수행을 설명하는 것이 일반적이다. 그뿐만 아니라 선정을 수행하기 위해서는 평소에 계를 지키고 경론을 익히는 것도 일정 부분 필요하므로 좁은 의미로서 불교의 수행이라고 할 때 일반적으로 선정을 떠올리는 것은 자연스러운 귀결이다.

그러나 근래 선(禪)이라는 용어는 매우 한정된 의미로 쓰이는 경향을 보인다. 달마대사 이래로 중국에서 전해온 선법, 즉 조사선(祖師禪)을 뜻하거나 더욱 좁게는 간화선(看話禪)만을 가리켜 선이라 생각하고 천태지관이나 남방 상좌부 전통에서 행하는 위빠사나(사띠) 등과는 별개의 체계인 것처럼 여기는 것이다. 이에 따라 선을 신비주의 내지는 신비체험 정도로 여기는 경향도 있다. 조사선의 전통에서 전해져 오는 고승들의 예화, 이를테면 할(喝)과 방(棒), 침묵과 손짓 등으로 진리를 전하거나 논리와 상식에 맞지 않는 선문답 등이 이러한 오해를 불러일으키는 데 기여하였다. 또 논리나 지식으로 이해하는, 이른바 해오(解悟)를 방지하기 위하여 언어로 설명하지 않는다는 조사선의 '불립문자(不立文字)' 전통도 한 원인이 되었다. 본래 선이라는 용어는 이보다 큰 함의를 가지고 있고 신비하기는 하지만 신비체험이라는 범주에 넣을 수는 없다. 수행의 준비와 자세, 단계마다 나타나는 현상과 잘못되었을 때의 대처법 등이 체계적으로 조직되어 있기 때문이다. 그뿐만 아니라 이러한 방법을 통해 2천 년 이상의 긴 기간 동안 수많은 수행자가 유사한 단계를 거쳐 같은 공덕을 얻었다는 점에서 보편적이며 객관적이기도 한 것이 선이다. 2000년도에 출판된 『禪, 신비주의인가, 철학인가?』라는 책은 선이라는 용어에 담긴 이러한 선입견이 잘못된 것임을 밝히려는 노력의 일환으로 책의 제목을 정한 것이라 보인다. 필자는 선이 철학이라는 것에 대해서 별로 공감하지는 않지만 적어도 선이 신비주의나 신비체험 같은 것이 아님을 밝히려는 노력만큼은 칭찬받아야 마땅하다고 생각한다. 선과 관련된 용어를 본래 의미대로 정리하고 그것이 종파를 막론하고 모든 불교의 체계적이며 보편적인 행법(行法)임을 밝히려는 것이 이 책을 저술하게 된 첫 번째 이유이다.

미국의 유력 시사 주간지 〈타임(Time)〉이 2003년 8월 4일 자 커버스토리 '명상의 과학(the science of meditation)'에서 명상이 몸과 마음의 건강에 도움이 된다는 의학적 사실이 알려지면서 명상 붐이 확산되고 있다고 보도하였다. 기사에 따르면 앨 고어 전 부통령을 비롯해 1천만 명 가량의 미국 성인들이 명상을 생활화하고 있다고 한다. 이 기사에서 말하는 '명상(meditation)'이란 대부분 불교명상(Buddhist meditation, Zen meditation)을 가리키는 것으로서 한문권에서는 선(禪)이라고 부르는 것이다. 선 수행이 유럽과 미국의 식자층에 널리 퍼지게 된 것은 벌써 수십 년을 헤아리는 제법 오래된 현상으로서 〈타임〉지의 이 기사는 그다지 신선한 내용이라고 말하기 어려울 정도이다. 이렇듯 불교의 참선법이 서구에 널리 퍼지고 있는 주된 이유는 그것이 주는 정신적 안정과 신체적 치유 효과에 기인하는 것이다. 우리나라에서도 근래 들어 선 수행을 심신치유 및 안정을 얻기 위한 방법으로 활용하는 경우가 늘고 있다. 휴가철에 산사에서 실시하는 단기 출가나 템플스테이 프로그램이 그러한 사례이다. 그러나 선은 심신의 치유, 마음의 평화와 같은 정도의 효과로만 만족하기에는 아까운 방법이다. 아니 본래 이러한 것이 아니라 깨달음을 얻기 위한 것이 선의 궁극적 목적이다. 깨달음이란 세계의 일체 사물과 법칙에 대해 밝게 아는 큰 지혜를 얻는 것을 말하고 큰 지혜란 대 자유를 얻기 위한 조건이다. 계를 지키고 삼매에 들어 지혜를 얻는 일련의 불교적 행법, 즉 삼학(三學)을 수행하는 가운데 심신이 안정되고 집중력이 좋아지며 건강을 유지하는 등 부수적 효과를 얻을 수 있지만 최종적으로는 성불, 해탈, 열반 등으로 설명되는 궁극의 행복을 획득할 수 있다는 것이다. 건강이나 마음의 평화를 얻기 위한 생활선법에서 시작한 사람들 가운데는 수행이 깊어지면서 더욱 깊은 경지와 다른 행법들도 알고자 하는 이들이 많다. 이에 따라 다양한 선정법의 체계와 깊어지는 단계, 그리고 각 단계에서 나타나는 현상까지 경전과 선대 조사들의 경험에 따라 쉽게 설명하려는 것이 이 책을 저술하는 두 번째 이유이다.

선(정)이라는 용어와 행법은 석가모니 부처님 출현 이전, 인도의 수행자들 사이에 보편적으로 알려져 있었다. 즉 선은 불교 고유의 행법이 아니라는 것이다. 석가모니불이 가르친 행법이 다른 선정과 차별을 보이는 것은 사성제나 12연기를 관찰하는 등 사유의 내용이 다르다는 점이다. 이를 불교의 용어로 설명하자면 지(止)의 방법과 단계는 다른 수행자들과 같지만, 관(觀)에서 차이를 보인다는 것이다. 후술하겠지만 불교에서만 발견되는 지관(止觀)이라는 용어는 선(정)이라는 용어와 가리키는 대상이 같다. 이 책의 주요 전거가 되는 천태대사(天台大師) 지의(智顗)의 수행 관련 저술에서도 두 가지를 같은 의미로 사용하고 있다. 예를 들면 선정 수행의 차례를 설하고 있는 『차제선문(次第禪門)』이 점차지관(漸次止觀)을 밝히고 있는 것이 그 사례이다. 그러므로 이 책에서는 선(禪)과 지관을 같은 대상을 지칭하는 용어로 사용할 것이다. 천태지관(天台止觀)이라고 하면 사종삼매(四種三昧)와 십경십승(十境十乘)으로 설명되는 원돈지관(圓頓止觀)을 가리키는 경향이 있으나 이 또한 본래 의미를 좁게 사용하는 경우이다.

선은 행법이 매우 많고 깊이도 다양하다. 이와 관련한 내용은 불교의 1차 전적인 경·율·론 삼장에 매우 광범위하게 나오지만 대부분 명칭만 나오거나 설명이 간략하다. 스승이 실제로 보여주며 지도하기 때문에 상세한 설명이 필요하지 않거나, 그 정도 설명만 하여도 청중들이 충분히 이해할 수 있는 문화 사회적 배경이 형성되어 있었기 때문일 것이다. 또 논서 형식으로서 행법이 비교적 상세히 기술된 『대안반수의경(大安般守意經)』(2권), 『수행도지경(修行道地經)』(7권), 『좌선삼매경(坐禪三昧經)』(2권), 『달마다라선경(達摩多羅禪經)』(2권) 등도 있으나 내용이 종합적이지 못한 데다 시대가 흐르고 지역이 변하면서 실제적인 지침으로 사용하기에는 어려운 상황이 되었다. 이에 따라 한문 경전을 사용하는 한·중·일 등 대승 불교권과 티베트 불교권, 남방 상좌부 불교권 등 각 불교문화권 별로 선 수행에 대한 이론서 내지 지침서가 후대 조사들에 의해 저술되고 있음을 볼 수 있다. 한문 불교권에서는 중국 남북조 시대에 천태종을 개창하고 국사로서 존경받은 고승 천태대사 지의(智顗, 538~597)가 정리한 것이 가장 체계적이고 설명이 상세한 것으로 평가되고 있다. 그가 정리한 지관(선) 이론들은 종파를 막론하고 교학을 설하는 여러 고승이 인용하고 있고 선의 전성기를 보인 송대 이후 선종의 여러 조사도 참조하고 있다. 이에 따라 근대의 대강백인 석전(石顚) 박한영(朴漢永, 1870~1948) 스님은 "천태문에서는 글자로 뜻을 설명하고 뜻으로 이치를 밝혀 … 후학들의 어려움을 세심하게 뚫어주니 방편을 가진 천태선이 후학들과는 거리가 먼 달마선보다 월등하다."고 『선학입문(禪學入門)』 발문에서 평가하고 있다.

천태대사가 지관 수행과 관련하여 설법한 내용은 대부분 제자에 의해 책으로 편찬되어 지금까지 전해지고 있다. 그 가운데 『마하지관(摩訶止觀)』, 『석선바라밀차제법문(釋禪波羅蜜次第法門)』, 『육묘법문(六妙法門)』, 『수습지관좌선법요(修習止觀坐禪法要)』 등 네 가지가 가장 중요한 것으로 전통적으로 인정되어 왔다. 원돈지관(圓頓止觀)을 밝히고 있는 『마하지관』은 각종 대승의 선정수행법을 사종삼매와 십경십승 관법으로 정리하고 있는 저술이다. 『대지관좌선법』(전5권)이라는 제목으로 1994년에 한글로 번역되어 출판된 것이 있지만 분량이 많은 데다가 행법 자체가 복잡하고, 관하는 내용으로서 난해한 제법실상을 바로 설하는 원교(圓敎)적 입장을 견지하고 있으므로 근기가 높은 사람이 아니라면 수행의 지침으로 삼기에 어려움이 크다. 점차지관(漸次止觀)을 밝히고 있는 『석선바라밀차제법문』은 '선바라밀' 혹은 '차제선문(次第禪門)'이라는 별칭처럼 선정바라밀을 이루기 위해 보살들이 발심 초기부터 차례대로 수행하는 행법을 정리한 것이다. 이 행법들은 기존의 경전과 논서, 특히 『대지도론』에 산발적으로 소개되고 있는 내용을 천태대사가 체계적으로 강의한 것이다. 석가모니 부처님께서 당시 수행자들의 근기에 맞추어 가르치고 행해진 각종 선정수행법이 자세히 망라되어 있지만 역시 분량이 적지 않고 현대에는 실천하기 어려운 고차원의 행법도 포함되어 있어서 일반인들이 접근하기가 쉽지 않다. 때문에 조선조 말기인 1855년경에 재가불자 월창거사(月窓居士) 김대현(金大鉉)이 이 책을 3분의 1로 축약한 『선학입문』이라는 책을 저술하여 널리 알리고자 하였다. 이 책은 육당 최남선이 운영하던 신문관에서 1918년에 출판하였고 1997년에 한글 번역본이 나왔다. 저본이 된 앞의 책, 『석선바라밀차제법문』은 필자가 번역하고 주석을 달아 『역주 차제선문』이라는 제목으로 2010년도에 출판되었다.

『육묘법문』은 행법이라기보다는 지와 관을 확장한 여섯 가지 수행 원리와 증득의 다양한 모습을 설명한 것으로 부정지관(不定止觀)을 설한 책이다. 1993년에 첫 한글역이 나온 이래 서너 가지가 더 출판되었다. 분량이 적어서 대개 다른 책과 함께 묶여 있다. 다음으로 '소지관(小止觀),' 혹은 '동몽지관(童蒙止觀)'이라는 약칭으로 불리는 『수습지관좌선법요』는 수행 입문자를 위하여 『마하지관』과 『차제선문』의 내용 가운데 방편행이라 불리는 준비적 수행을 중심으로 기술된 책이다. 역시 분량이 적어서 일찍이 1982년도에 첫 번역이 나온 이후 몇 차례 더 번역이 이루어졌다. 이들 저술에서 천태대사는 불교 경론에 설해진 다양한 행법을 몇 가지로 분류하고 그 행법에 적용되는 공통 원리를 설명하며 수행 과정에서 나타나는 현상, 장애와 대처법 등을 세세하게 밝히고 있다. 또한 자신의 체험을 바탕으로 경론에 전해지는 기존의 수행 방식 여러 가지를 결합하여 일정 기간 집중적으로 수행하는 방식도 포함하고 있다.

지금 이 책은 천태대사가 앞의 네 저술에서 강의한 내용을 중심으로 지관(선) 수행법을 체계적이고 이해하기 쉽게 기술하려는 것이다. 제2장은 『마하지관』과 『차제선문』, 그리고 『소지관』에 공통으로 언급된 내용을 현대적으로 이해하고 응용할 수 있도록 서술하였고, 제3장과 4장은 『차제선문』 가운데 기본적이고 현대인도 실천해 볼 수 있는 수행법을 골라 기술하되 『마하지관』의 내용도 참조하였다. 이어서 제5장은 『육묘법문』에서 설명된 내용을 주축으로 부정지관을 해설하였고, 제6장은 『마하지관』 가운데 사종삼매를 집중적으로 다룬 뒤 고도의 철학적 사유가 필요한 십경십승 관법은 핵심만을 간추려 설명하였다. 수행 과정에서 나타나는 현상을 다룬 제7장은 『마하지관』과 『차제선문』에 함께 나오는 것으로서 그 요점만 현대적으로 설명하고자 하였다. 그러므로 이 책에는 기존의 경론에 담긴 여러 수행법과 천태대사가 고안한 독특한 행법이 함께 담기게 될 것이다. 또한 각각의 행법을 정확히 이해하기 위하여 아함부 경전과 아비달마 논서, 유식학 논서 등을 참조하여 설명을 덧붙이고, 경전과 고승 전기 등에서 실제 수행의 사례를 찾아 행법이 실천되고 있는 양상을 보이고자 한다.

02 선정과 지관, 그리고 명상

근본적인 지혜, 최상의 깨달음을 얻기 위해 실천하는 불교 수행을 가리키는 용어는 참으로 다양하다. 일상적으로는 선(禪)을 비롯하여 참선, 좌선, 선정, 삼매 등이 사용되고 한역 된 불교 경론에서는 이보다 더욱 다양한 명칭들이 쓰여 왔다. 근래에는 불교학에도 서양 바람이 들어서인지 본래 불교에서는 사용하지 않던 용어인 '명상'이라는 세련된 느낌을 주는 어휘를 선호하는 이들이 많은 것처럼 보인다. 하지만 명상이라는 말은 선을 영어로 옮긴 메디테이션(meditation)을 다시 우리말로 옮긴 것으로서 철학이나 여타 종교에서도 사용되는 폭넓은 개념이기 때문에 사실 적절한 용어라고는 할 수 없다. 심하게 말하면 동양에서 발전해 온 불교조차 서양에서 역수입해야 신뢰하는 문화사대주의적 풍토에서 배양된, 불교 전통과 특색을 희석해 버리는 용어라고 할 수도 있다. 그러한 의미에서 간략하게나마 이러한 용어들에 대해 이해하고 넘어갈 필요가 있다.

주지하다시피 '선(禪)'이라는 용어는 왕이 하늘에 제사하거나 왕위를 물려주는 것을 뜻하는 본래 의미로 사용된 것이 아니고 음차한 말이다. 영어로 명상(meditation), 사색(thought), 심사숙고(reflection) 등으로 번역되는 범어 디야나(dhyāna), 팔리어로는 자나(jhāna)라는 말을 약간의 곡절을 거쳐 비슷한 발음의 한문으로 대치한 것이다. 이를 뜻으로 옮길 때는 '고요한 사려[靜慮],' '사유의 수행[思惟修]', '공덕의 숲[功德叢林]' 등으로 한역되었다. 4부 아함이나 『열반경』, 『대품반야경』, 『대지도론』, 『성실론』 등 구마라집(Kumārajīva, 344~413)을 전후한 시대에 번역된 구역(舊譯) 경론에 서는 '선(禪)'이라는 용어를 주로 사용하였지만, 『대반야경』, 『대보적경』, 『해심밀경』, 『대비바사론』, 『구사론』 등 현장(玄奘, 600~664) 이후의 신역 (新譯) 방식을 채택하고 있는 경론에서는 대부분 '정려(靜慮)'라는 의역어를 사용한다. 한역이 이렇듯 다양한 것은 디야나라는 말 자체가 다양한 함 의를 갖고 있고 중국에는 그에 상응할 만한 마땅한 용어가 없었기 때문 이다. 이와 마찬가지로 서양에서도 메디테이션이 갖는 의미가 선이 가리 키는 대상과 정확히 부합하지 않기 때문에 선을 그대로 발음대로 옮기 는 경우도 많다. 영어권에서 한자 선(禪)은 중국식 발음으로는 찬(Chan), 일본식 발음으로는 젠(Zen), 한국식으로는 선(Seon)으로 표기하지만 20세 기 초 미국에 선종의 전통을 대중적으로 전한 이가 일본 임제종 승려인 스즈키 다이세쓰[鈴木大拙, 1870~1966]였기 때문에 젠이라는 일본식 발음이 가장 널리 사용된다.

참선(參禪)이라는 말은 '간여하다, 참구하다'는 의미의 참(參)을 결합 한 용어이고, 선 수행은 주로 앉아서 하므로 '앉을 좌'를 붙여서 좌선(坐 禪)이라고도 한다. 이를 일본식 발음으로 표기한 영문이 자젠(zazen)이다. 이 용어들은 대체로 동사적으로 사용한다. 다시 말하면 명사인 선은 '닦 는다' 혹은 '수행한다'는 동사를 붙여 사용하고 참선이나 좌선은 그대로 '참선한다,' '좌선한다'는 식으로 표현한다는 것이다.

영어의 번역어인 명상이라는 용어로 선을 지시하기에 부족한 이유 가 운데 중요한 한 가지는 선 수행을 진행하는 가운데 반드시 삼매가 발현되어야 바른 선수행이라 할 수 있기 때문이다. 서양의 명상은 성경 암송이나 기도를 통해 신의 은총을 깊이 느끼거나 내면에 침잠하여 진리를 사유하는 것으로서 이 과정에 삼매의 발현이 없고, 설사 발현한다 해도 이 현상을 이해하거나 더욱 강화하는 이론이 없다는 점에서 불교의 선과는 의미가 다르다고 할 수 있다. 삼매(三昧)는 '단단히 고정하다' '정착시키다'는 정도의 의미를 갖는 범어 사마디(samādhi)의 음차어로서 뜻으로 한역할 때는 보통 '안정되다' '고정되다' '집중하다' 등의 의미인 '정(定)'을 사용한다. 일상생활을 하면서 온갖 대상에 대해 생각을 일으키는, 아니 정확히 말하면 생각이 '일어나는' 상태는 산심(散心)이라 하고 한 가지 대상에 대해 생각이 멈추어 있는 것, 즉 심일경성(心一境性)의 상태는 정심(定心)이라고 한다. 정심이 되면 신체적으로나 정신적으로 일상과는 다른 특징이 나타나기 때문에 산심 상태와 비교적 명확하게 구별할 수 있다. 이러한 상태가 나타나면 특수한 방법을 사용하여 더욱 이를 강화할 수 있고 때로는 제어해야 할 경우도 있다. 그리고 이 상태가 되면 다양한 현상이 나타나므로 적절한 조처를 하여 그 현상에 매몰되지 않아야 한다. 삼매(정)의 단계와 이때 나타나는 현상들의 제어법이 이 책에서 다룰 주요한 주제 가운데 하나이다.

전술하였듯이 선을 수행하는 과정에서 정(삼매)이 발현해야 하는 것은 꼭 필요한 조건이므로 선과 정은 각종 경론에서 혼용되는 경우가 많다. 두 가지를 한데 묶은 선정이라는 용어도 광범위하게 사용되고 있다. 다만 본래의 의미나 용례로서 선과 정을 대략 구별한다면 선은 고요한 가운데 깊은 사유를 행하는 과정 전반을 가리키는 '동작적' 명사이고, 정은 이 과정 가운데 얻어지는 고요한 마음상태를 가리키는 '상태적' 명사라 할 수 있다. 이에 따라 각 용어에 사용하는 동사도 달라져서 선정을 수행하는 것은 수선(修禪) 혹은 행선(行禪)이라 하고 선정의 상태에 들어가는 것은 입정(入定), 일상의 마음상태로 나오는 것은 출정(出定)이라고 표현하는 경우가 일반적이다.

선·정·삼매 이외에 지(止)와 관(觀)도 불교 수행론에서 알아야 할 주요 용어이다. 지와 관은 천태종에서 주로 쓰는 용어이지만 사실은 이미 초기불교에서 사용하던 것이다. 선은 불교 이전부터 있던 것임에 비해 지와 관은 불교에서만 찾을 수 있는 고유한 용어이다. 먼저 이것이 사용된 초기 경전 몇 가지를 보고 그 의미를 살펴보자.

세존께서 비구들에게 고하셨다.
"아란야 비구들은 응당 두 법을 수행해야 하니 그것은 지와 관이다."
– 『증일아함』 11 「선지식품」

"무엇이 두 가지 수행법인가? 지와 관이다."
– 『장아함』 9 「십상경」, 「증일경」

"만일 비구가 공터나 나무 아래, 한적한 방에서 사유한다면 어떤 법으로 골똘히 사유해야 합니까?"
상좌가 답하였다.
"아난 존자여, 공터나 나무 아래, 한적한 방에서 사유하는 사람은 마땅히 두 가지 법으로 골똘히 사유해야 하니, 바로 지와 관이다."
– 『잡아함』 464경

아란야(araṇya), 공터 등은 모두 선정을 수행하는 장소이고 "골똘히 사유한다[專精思惟]."는 것은 선사(禪思)라고도 표현되는 것으로 선정 수행을 가리키는 것이다. 그러므로 이 인용문은 선정을 수행할 때 지와 관 두 가지 방법을 사용한다고 설명하는 내용이다. 여기서 '지'란 고요(quiet), 평온(tranquillity), 고요히 함(calming) 등의 의미를 갖는 범어 샤마타(śamatha)의 한역이고, '관'이란 바른 앎(right knowledge), 숙고(contemplation) 등을 뜻하는 범어 비파샤나(vipaśyanā)의 번역이다. 지와 관 대신에 사마타(奢摩他)와 비발사나(毘鉢舍那), 혹은 비파사나(毘婆舍那) 등의 음사어도 많이 사용된다. 팔리어로는 각각 사마타(samatha)와 위빠사나(vipassana)라고 하는데 현재 남방 상좌부 불교에서 매우 빈번히 사용하는 용어이다. 이 두 용어의 의미나 작용에 대해 여러 경론에서 해설하고 있음을 볼 수 있는데 (대승)『열반경』「사자후보살품」과 『성실론』「지관품」, 『유가사지론』「보리분품」의 설명이 비교적 상세하다. 이 가운데 『열반경』「사자후보살품」의 경문을 축약해서 살펴보자.

사마타란 일체 번뇌의 결박을 멸할 수 있으므로 '능멸(能滅)'이라 하고, 육근에서 생기는 악과 불선을 조절할 수 있으므로 '능조(能調)'라 하며, 삼업을 고요하게 하므로 '적정(寂靜)'이라 하고, 오욕을 떠나게 하므로 '원리(遠離)'라고도 한다. 또 탐욕·진에·우치 등 세 가지 탁한 법을 깨끗하게 할 수 있으므로 '능청(能淸)'이라고도 부른다. 이러한 이치로 이를 정(定)의 모습이라고 한다. 비파사나는 '바르게 봄[正見],' '분명히 봄[了見],' '능히 봄[能見],' '두루 봄[遍見],' '차례로 봄[次第見],' '모양의 차별을 봄[別相見]'이라고 부르니 이는 혜(慧)라고 부른다.

또 같은 품에 다음과 같은 설명도 있다.

세 가지 이유로 사마타를 수행한다. 첫째 방일하지 않기 위해서, 둘째 큰 지혜를 장엄하기 위해, 셋째 자유자재함을 얻기 위해서. 또 세 가지 이유로 비파사나를 수행한다. 첫째 생사를 거듭하게 하는 악한 과보를 관찰하기 위해, 둘째 여러 선근이 자라나도록 하기 위해, 셋째 일체의 번뇌를 깨뜨리기 위해.

사마타, 즉 지는 마음을 고요하고 깨끗하게 하는 작용을 하고 또한 자신의 마음을 스스로 자유롭게 조절하고 통제하는 능력을 키울 수 있다는 것이다. 비파사나, 즉 관은 실상이나 진리를 정밀하고 다양하게 관찰하여 보는 것을 의미하며 번뇌를 깨뜨리는 공덕이 있는 것으로 이해할 수 있다. 천태대사도 지와 관에 대해 다양한 각도로 풀이하고 있는데 보통의 수행자들에게 의미가 있는 것으로는 각각 두 가지가 있다. 먼저 지에는 식(息 : 쉼, 그침)과 정(停 : 머무름, 정해짐)의 뜻이 있고, 관에는 관천(貫穿 : 꿰뚫다)과 관달(觀達 : 통달하다)의 뜻이 있다고 한다. 그리고 쉰다는 의미의 지와 꿰뚫는다는 의미의 관, 두 가지는 해탈로 연결되고, 머무른다는 지와 통달한다는 관, 두 가지는 반야와 통한다고 한다. 앞의 두 가지는 끊어야할 번뇌와 관계하고 뒤의 두 가지는 얻어야 할 지혜와 관련 있다는 의미이다. 실제로 수행을 해보면 지와 관은 이러한 두 가지 작용으로 나누어진다. 마음을 집중하기 위해서는 근심이나 분노, 잡념 등이 일어나지 않도록 해야 하니, 이것은 쉬고 그치는 의미의 지이다. 잡념 등이 일어나지 않도록 하기 위해서는 의식을 대상에 묶어두어야 하니 이것은 머무른다는 의미로서 지를 행하는 것이다. 또 세상의 도리를 관찰하기 위해서는 바른 지혜를 장애하는 각종 번뇌의 실체를 꿰뚫어 보는 작용이 필요하니 이것이 꿰뚫는다는 의미로서 관을 행하는 것이고, 사물의 근본진리인 진여(眞如)까지 투철하게 보아야 비로소 밝은 지혜가 생기는 것이니 이것이 통달한다는 의미로서 관이다. 또 지와 관은 각각 선정바라밀과 반야바라밀, 즉 정(定)과 혜(慧)로 연결이 된다.

지와 관, 그리고 각각에 담긴 두 가지 의미를 이렇듯 나누어 고찰하기는 하였지만 사실 이들은 분리된 것이 아니다. 즉 지를 행할 때 떠오르는 잡념이나 번뇌를 그치는 것과 한 가지 대상에 집중하는 것은 각각 별개로 실천하는 것이 아니라는 말이다. 관 역시 마찬가지이다. 번뇌를 관찰하는 것과 진리를 관찰하는 것은 별개가 아니다. 비유하면 어둠이 사라지는 것과 밝아지는 것이 따로따로 일어나는 작용이 아닌 것과 같다. 또 전투에 비유한다면 번뇌를 깨뜨리는 것은 적군을 패퇴시키는 것, 지혜를 얻는 것은 승리를 쟁취하는 것과 유사할 것이다. 지와 관도 마찬가지이다. 마음을 고요하게 하는 것과 지혜를 비추는 것은 분리되어 있지 않다. 물론 지가 강한 경우가 있고 관이 많이 행해지는 상황도 있지만 지를 행하는 가운데 관이 이루어지고 관을 실천하는 가운데 지가 행해진다. 그러므로 앞에 인용한 『잡아함』 464 「동법경(同法經)」에서는 이 문답 이후 다음과 같은 내용이 이어지고 있다.

아난 존자가 다시 상좌에게 물었다.
"지를 많이 닦으면 무엇이 이루어지고 관을 많이 닦으면 무엇이 이루어집니까?"

상좌가 대답하였다.

"아난 존자여, 지를 닦으면 결국 관이 이루어지고 관을 닦으면 결국 지가 이루어진다. 이를 성인(聖人)인 제자가 지와 관을 함께 닦아서 여러 해탈계를 얻는 것이라고 한다."

지를 닦아서 관이 이루어지고, 관을 닦아 지가 이루어진다고 하니 작용이 순환되는 것으로 느껴지기도 하지만 사실 이 내용은 지와 관이 완전히 분리되는 것이 아니며 서로 바탕이 되고 이끌어 주는 작용이라는 의미이다. 대승 논사인 마명(馬鳴, Aśvaghoṣa)은 『대승기신론』「수행신심분」에서 수행에는 다섯 가지 문이 있다고 하면서 보시 · 지계 · 인욕 · 정진 · 지관을 열거하고 있다. 이는 육바라밀 가운데 앞의 네 가지 바라밀을 각각 한 가지로 하고 선정과 반야를 지관 한 가지로 합쳐 다섯 가지로 만든 것으로서, 선정과 반야의 수행이 별개가 아님을 보여주는 내용이다. 원효는 『기신론소』에서 이 구절에 대해 "지와 관을 함께 운용하면 모든 수행이 다 갖추어진다."고 주석하고 있다. 이에 따라 예로부터 많은 조사들이 지관구수(止觀俱修) 혹은 정혜쌍수(定慧雙修)를 강조하였다.

03 지와 관의 방법들

언어적 의미로는 샤마타, 즉 지에는 '(잡념, 번뇌를) 제어하여 그친다'는 동작적 의미와 '(고요함에) 머무른다'는 상태적 의미가 함께 있다고 하였다. 또 비파샤나, 즉 관에는 번뇌의 근본까지 꿰뚫어 보아 뿌리를 제거한다는 행위적 의미와 실상을 비추어 보아 지혜를 얻는다는 결과적 의미가 함께 있다고 하였다. 그렇다면 이를 실제로 실천하는 방법은 어떤 것이 있는가? 천태대사는 지와 관에 각각 세 가지 방법이 있다고 하였다.

1) 지(止)의 세 가지 종류

보통 사람들은 일상생활을 할 때 의식이 임의대로 일어나는 시간이 많다. 눈앞에 신기한 것이 나타나면 그쪽에 의식이 쏠리고 귀에 아는 음악이 들리면 또 그쪽으로 의식이 간다. 불교 용어로 하면 색·성·향·미·촉의 5경이 안·이·비·설·신의 5근에 출현할 때 제6의식이 그곳으로 달려가 순간순간 전5식을 일으키고 이를 재료로 삼아 제6의식이 이어지는 것이다. 생각이 의식적 통제에서 벗어나 각 경계를 임의대로 따라가는 상태를 심소법으로는 방일(放逸)이라고 한다. 그러다가 그 생각의 소재가 나를 매우 기쁘게 하거나 반대로 나의 분노를 자극하는 것이라면 또 그에 따른 생각들이 꼬리를 물고 일어나면서 감정에 휩싸이기도 한다. 이렇듯 의식이 자신의 통제 아래 있지 않고 의식 스스로의 경향에 따라 작동하는 것은 마치 파블로프의 개처럼 조건반사적으로 행위가 일어나는 것과 유사하다. 이렇게 제멋대로 떠다니는 생각을 강한 의지를 작용시켜 멈추도록 하는 것이 '그친다'는 의미로서의 지의 작용이다. 천태대사는 『차제선문』 3상(上)에서 지를 다음 세 가지로 분류하고 있다.

먼저, 흘러 다니는 생각을 멈추고 고정시키기 위해서는 의식을 한 장소에 묶어두는 방법이 유용하다. 천태대사는 이를 '대상(연)에 묶어두는 지'라는 의미로 계연지(繫緣止)라고 명명하였는데 『소지관』에서는 '연에 묶어두고 경계를 지키는 지'라는 의미로 '계연수경지(繫緣守境止)'라고 부른다. 비유하자면 원숭이가 나무 위에 자유롭게 방치되어 있으면 이 가지 저 가지 옮겨 다니며 제멋대로 놀지만, 기둥에 매어두면 뜻대로 다닐 수 없어서 조용히 머물러 있게 되는 것과 같다. 육근을 제멋대로 오가며 육경을 받아들이고 있는 의식을 육경 가운데 한 군데에 묶어두는 것이다. 생각을 묶어두는 대상이 되는 것은 크게 신체 부위와 특정한 법의 두 가지로 나뉜다. 신체 부위로는 대략 다섯 군데가 있으니 ① 정수리 ② 이마와 머리카락의 경계선 ③ 콧마루 ④ 하단전 ⑤ 발바닥이 그것이다.

의식이 가는 곳에 기가 따라가기 마련이다. 신체의 불편한 부위에 통증이 있는 것은 그곳에 자꾸 의식이 가도록 하여 신체 스스로 치료하기 위한 일종의 방어기제이다. 신체에서 가장 꼭대기에 있는 정수리에 의식을 두면 정신은 집중되지만, 기가 따라서 올라가게 되니 수행 중 혼침이 찾아와 잠에 빠지려 할 때 쓰는 법이다. 이 방법을 사용하면 사람을 들뜨게 하고 풍병이 든 것처럼 되기도 하므로 자주 쓰면 안 된다. 다음 '이마와 머리카락의 경계선'이란 한문으로 발제(髮際)라 하는 곳으로서 이마의 가장 위, 머리카락이 시작되는 경계선의 중앙을 말한다. 부정관의 한 가지인 백골관을 수행할 때는 이곳에 의식을 집중하게 되는데, 이 역시 신체의 상부에 있기 때문에 기가 상승하기 쉽다. 또 눈이 위로 향하게 되거나 적색, 황색의 꽃이나 구름 같은 것이 보이는 현상도 나타나므로 함부로 사용할 수 없다고 한다. 세 번째로 콧마루란 한문으로 비주(鼻柱)라 하는 곳으로서 코의 끝, 오뚝하게 솟은 부위이다. 이곳은 숨이 드나드는 곳이기 때문에 호흡의 수를 세는 수식관을 행할 때는 여기에 집중한다. 후술하겠지만 수식관은 석가모니불 재세 시에 삼매에 들기 위해서 가장 보편적으로 행했던 것이므로 콧마루에 집중하는 계연지는 자주 사용되는 행법이 된다. 네 번째로 하단전은 기가 모이는 곳으로서 중궁(中宮)이라고도 부른다. 이곳에 마음을 집중하면 여러 가지 병을 없애는 데 좋고 신체를 이루는 36물을 보는 부정관이 발현할 수도 있어서 유용하다. 남방불교에서 행하는 위빠사나의 방법 가운데 많이 사용되는 것이 호흡하면서 배가 솟고 꺼지는 것에 집중하는 것인데 이 방법은 하단전에 집중하는 계연지의 일종이라고 할 수 있다. 마지막으로 발바닥은 신체의 가장 밑에 있는 부분이기 때문에 이곳에 마음을 집중하면 기가 들뜨지 않아서 좋다. 특히 수행 중에 기가 위로 치솟는 상기(上氣)가 일어나기 쉬운데 이때 발바닥에 의식을 두면 상기증이 심해지는 것을 방지할 수 있다.

계연지의 두 번째 방법으로서 신체 부위가 아니라 추상적인 법에 생각을 매어두는 것이 있다. 예를 들면 붓다의 상호나 공덕 가운데 한 가지, 불보살의 명호, 혹은 진언 같은 것에 생각을 집중하는 것이다. 후술하겠지만 이는 주로 염(念)이라는 방법으로 불리는 것으로 관의 성격을 가지면서도 마음을 한 군데 집중하여 고요하게 만드는 측면으로 보면 역시 계연지의 일종이라고 할 수 있다. 조계종의 간화선에서 화두는 관찰의 대상이 아니라 생각을 매어두는 역할에 그 의의가 있다는 점에서 화두에 집중하는 것 역시 계연지의 한 가지 방법이라고 할 수 있다. 또한 '관세음보살' 다섯 글자를 주문처럼 염송하는 천태종의 관음주송이나 육자대명왕진언이라 불리는 '옴마니반메훔'을 계속 염송하는 진각종의 행법도 한 가지 연에 마음을 묶어두는 계연지의 일종으로 볼 수 있다.

지의 세 가지 방법 가운데 두 번째는 제심지(制心止)라고 부르는데, 말 그대로 마음을 스스로 제어하고 통제하는 것이다. 앞서 의식은 자신의 의도와 관계없이 조건반사적으로 일어나는 것이 보통 사람들의 일반적 상태라고 하였다. 그런데 육경이 들어오는 통로인 육근을 잘 지킨다면 생각이 떠오를 때마다 자신이 어떤 생각을 하고 있는지를 포착할 수 있다. 예를 들어 자기 귀를 지킨다면 현재 어떠한 소리를 듣고 있는지 알 수 있고, 눈을 지킨다면 어떠한 사물을 보고 있는지를 파악할 수 있는 것이다. 그리하여 그것이 의도되지 않은 채 자신도 모르게 일어나는 생각인지 아닌지를 알 수 있게 된다. 이때 의도되지 않은 의식 작용이 포착되면 바로 생각을 거두어 내면으로 향하게 함으로써 방일(放逸)하지 않도록 제어하는 것이다. 이를 위빠사나에서는 '깨어있기' '자각' 등으로 부른다. 수행이 오래된 이라면 평소에도 늘 자신의 의식 상태를 점검하여 생각이 함부로 일어나지 않도록 제어할 수 있고 집중이 필요할 때는 특별한 연에 묶어두지 않아도 스스로 무심 상태를 만들어 삼매에 들 수가 있다. 그러므로 제심지는 숙달된 수행자가 사용하는 방법이라 할 수 있다. 다만 숙달되지 않은 수행자라도 참선 자세로 앉아서 계연지를 계속 행하여 마음이 이곳저곳을 돌아다니지 않고 한 가지 연에 잘 묶여 있게 되면 삼매에 들어가게 되는데, 이 무렵에는 마음을 묶어두었던 대상, 즉 신체 부위나 특정한 법이 자각되지 않고 의식에서 사라져버리는 상황을 맞게 된다. 이때 삼매에 들기 위해서는 다른 대상을 떠올리지 않고 마음을 응축해야 하므로 응심지(凝心止)라 하기도 하고 삼매에 든다는 의미에서 입정지(入定止)라고도 부르는데 이들은 모두 제심지의 다른 명칭이라고 할 수 있다. 또한 계연지를 행하다가 상기가 되어 의식을 아래로 보내거나 혼침 상태가 되어 의식을 위로 보내어 대치하는 경우도 제심지를 사용하는 것이다.

마지막으로 체진지(體眞止)라고 부르는 지가 있다. 여기서 체란 '체험하다', '체득하다' 하는 말과 같이 '몸소 터득하다'는 의미의 동사로 사용된 것이고 진이란 진리 가운데 특히 진여(眞如), 진제(眞諦)를 의미한다. 진제에 상대되는 개념으로서 우리가 일상적으로 알고 보는 진리는 속제(俗諦), 혹은 '임시적 진리'라는 의미로 가제(假諦)라고 한다. 물은 위에서 아래로 흐르고 봄이 가면 여름이 오며 동물과 식물은 다르다는 것이 속제이다. 속제는 세상의 사물을 임의로 분리하고 분리된 사물 각각에 명칭을 부여하는 작업이 수반된 진리이다. 이에 대한 지식은 생활에 편리함을 주지만 흔히 자타를 분리하고 이로운 것과 해로운 것이 본래 정해져 있는 것인 듯 착각과 집착을 일으키는 병폐의 원인이 된다. 이로 인해 애착과 미움 등 마음을 동요하게 만드는 감정이 일어나게 된다. 그러나 세상 사물의 본래 모습은 위와 아래가 고정된 것이 아니라 우리의 위치에 따라 바뀌는 것이고, 봄과 여름 사이에는 구분할 수 있는 경계가 없다. 세상은 전체가 하나로서 임의로 분리된 개별들은 실재하는 것이 아니라 이름만 있을 뿐이다. 이를 불교 교학으로 표현하면 '세상의 모든 법인 오온은 본래 있는 법이 아니어서 고유의 성질이나 모습이 없는 공(空)'이라고 한다. 공으로 있는 법은 잡을 수도 없고 의지할 수도, 집착할 수도 없기 때문에 탐욕이나 미움이 일어날 근거가 사라진다. 그렇다면 자연히 마음이 고요하고 평온하게 되어 저절로 지(止)가 이루어지니, 이때의 지는 동요함이 그친 상대적인 지가 아니라 절대의 지이고 참된 지로서 무지(無止)의 지라고 부른다. 이러한 상태를 온몸으로 체득하는 것이 체진지이니, 사실 이것은 일체 사물에 자성이 없음을 보는 견성(見性) 체험이 전제되는 지이므로 일반 범부들이 실천하는 방법론의 하나로서 사용하기는 어렵고 목표로서 제시되어야 할 것이라 하겠다. 12연기나 사성제와 같은 진리는 진제 자체가 아니라 진여를 깨닫도록 이끌기 위해 분별과 언어를 매개로 표현한 속제의 하나이다. 때문에 이들은 이론으로 이해할 것이 아니라 깊은 사유를 통해 그것이 가리키는 본래의 진리, 즉 공을 깨달아야 하는 것인데 이런 깨달음이 일어났을 때 바로 진정한 지인 체진지가 실현되는 것이다.

2) 관(觀)의 세 가지 종류

범부들이 실천적으로 행하는 관에도 대략 세 가지가 있다고 천태대사는 『차제선문』 7에서 설하고 있다. 그것은 실관, 득해관, 혜행관이다. 실관과 득해관은 『대지도론』 20에 나오는 명칭인데 천태대사는 여기에 반야정관을 혜행관이라는 명칭으로 바꾸어 세 가지 관으로 정리하였다.

첫 번째 실관(實觀)이란 현상으로 나타나는 모습을 있는 그대로 관하는 것이다. 여기서의 실(實)이란 진제의 도리를 말하는 진실, 혹은 실상이 아니고 인과 연이 모여서 현현하는 '사실'을 가리킨다. 예를 들어 호흡을 하면서 그 숫자를 세어 마음을 점차 한 군데로 집중시키는 수식관의 경우 처음에는 호흡을 세는 데 집중하지만 일정한 정도로 집중이 되면 숫자를 세지 않고 숨의 모습을 있는 그대로 관찰한다. 현재 들이쉬고 내쉬는 숨이 길면 길다는 것을 관찰하고 따뜻하면 따뜻한 것을 관찰한다. 또 숨이 폐로 들어와 온몸에 퍼지면 퍼지는 모습을 그대로 관찰하는 것이다. 이렇듯 현재 일어나고 있는 사실을 마음의 작용을 인위적으로 가하지 않고 그대로 보는 것이 실관이다. 미얀마, 스리랑카 등 남방불교권에서 행하는, 배에 집중하는 위빠사나는 숨을 들이쉬고 내쉼에 따라 배가 불러오는 것과 꺼지는 것을 그대로 지켜보는 방식인 실관을 주로 사용하는 것이라 할 수 있다. 이는 지의 측면에서는 배에 집중하는 계연지에 속하지만 관으로 볼 때는 실관의 한 방법이 된다.

두 번째로 실관과 달리 현재 일어나는 현상을 그대로 보는 것이 아니라 지속적인 연상연습을 통해 뚜렷하게 나타나는 의식 속의 모습을 관찰하는 방법은 득해관(得解觀)이라고 한다. 예를 들어 부정관의 일종인 구상(九想)을 수행하는 과정 가운데 시체가 썩어 검푸르게 변한 것을 관찰하거나 벌레가 뜯어먹는 모습을 보는 것이 있다. 이는 일상적으로 일어나는 일이긴 해도 선정을 닦는 지금 현재 눈앞에서 일어나고 있는 사실은 아니다. 과거에 일어났거나 미래에 생길 일들을 의식(제8아뢰야식) 속에서 꺼내어 연상하여 관찰하는 것이므로 '상(想)'이라고 한다. 또 팔배사(八背捨)라고 부르는 부정관은 처음에 자기 엄지발가락을 관찰하는 것, 즉 실관으로 수행을 시작한다. 발가락에 생각을 모아 계속 관찰하다 보면 발가락이 점차 불어나는 것을 보게 되고 이어서 모든 발가락 내지 온몸이 온통 다 불어나 터지는 것을 보게 되어 몸에 대한 애착이 사라진다고 한다. 여기서 발가락이 불어나는 모습은 사실 그대로 관찰하는 것이 아니고 상상의 힘을 빌려 보는 것이므로 가상관(假想觀)이라 하고, 또 득해관이라고도 한다. 가까운 사람이 밝게 웃는 모습이나 슬퍼하는 모습을 떠올리는 것으로 시작하는 자비관도 역시 가상의 모습을 관하는 것으로써 자비심을 얻기 위한 득해관의 한 방법이다.

득해(得解)라는 명칭은 '이해를 얻는 관'이라는 의미이다. 여기서 '이해'란 불교의 일반적 수행 과정을 네 단계로 나누는 신(信) – 해(解) – 행(行) – 증(證) 가운데 두 번째인 해와 유사한 것이다. 설법을 듣거나 경전을 읽어 이에 대한 믿음[信]과 이해[解]가 일어나면 이를 실천하는 수행[行]에 매진하여 과보를 증득[證]한다는 것이 일반적인 불교의 신행 과정이다. 곧바로 실천에 들어가 증득하는 것을 중요하게 여기는 선가(禪家)에서는 온

몸으로 깨닫는 증득이 아니라 이론으로 이해하는 것을 해오(解悟)라 하여 경계하고 있다. 그러나 득해관에서 보듯이 '해'는 수행자의 근기에 따라서는 알맞은 방편이 될 수도 있다. 이것은 모든 법이 본래 자성이 없다는 본질적인 깨달음은 아니지만 음식이나 신체에 대한 탐욕심이 강한 사람에게 그것이 부정하다는 것을 일깨워 집착을 없애는 작용을 한다는 점에서는 필요한 방편이다. 마치 보통 사람들에게는 독이 되는 것도 특정한 병을 고치기 위해서는 약으로 사용할 수 있는 것과 마찬가지이다.

천태대사가 제시한 관의 세 번째 방법은 혜행관(慧行觀)이라고 부른다. 이 의미는 '지혜가 작용하는 관'이라는 의미이니, 앞의 해(解)가 경론이나 가상관을 통해 얻어지는 부분적이고 불완전한 앎이라고 한다면 여기에서의 혜(慧)는 반야를 말한다. 예를 들어 부정관을 통해 음식이나 신체가 청정하지 못하므로 집착하거나 탐욕을 일으킬 만하지 않다고 생각하게 되는 것은 '해'를 얻은 것이고, 반야관을 행하여 음식이나 신체가 사실은 더럽지도 않고 깨끗하지도 않다는 실상을 알게 되는 것은 '혜'를 얻은 것이다. 이렇듯 반야란 일체의 법에 공통된 본질적 진리인 무자성 공을 보는 지혜이고 제법의 실상을 보는 참된 앎이다. 그러므로 정관(正觀)이라 하기도 하고 반야를 합쳐서 반야정관이라 부르기도 한다. 12연기의 각 지분을 역과 순으로 관하는 연기관이나 사성제를 16행으로 관하는 사제16행관 등이 여기에 포함된다. 혜행관 역시 앞의 체진지와 마찬가지로 진여 자성을 보는 것이 수반되어야 하므로 일반 초심자들이 행하기는 어려운 것이다. 다만 석가모니불 재세 시에 사제관이나 12인연관 등의 혜행관이 많이 실천되었던 것은 정법 시대인 당시는 수행을 위한 주변 환경이 지금보다는 한결 단순하고 수행자들의 근기도 매우 높았기 때문일 것이다.

3) 지와 관의 겸수(兼修)

지금까지 지와 관에 각각 세 가지 방법이 있다고 하였지만 사실 이들이 명확하게 분별되는 것은 아니다. 즉 계연지와 제심지의 사이에는 명확한 경계선이 없고 제심지와 체진지도 분명히 나누어지는 것은 아니다. 마찬가지로 실관과 득해관 그리고 혜행관도 뚜렷이 구별되는 것은 아니다. 마치 사계절이 명확하게 나누어지지 않는 것과 마찬가지로 삼지(三止)와 삼관(三觀)도 분절 없이 이어지면서 행해지지만 각각의 시기에 나타나는 특징이 상대적으로 강한 것을 가지고 명명한 것이다. 다만 계연지와 제심지는 산심 상태에서 정심 상태로 전환하기 위하여, 즉 삼매에 들기 위하여 수행 초기에 주로 행하는 것이다. 삼매에 들어야 하는 이유는 마음이 산란하면 깊은 사유와 바른 관찰이 이루어질 수 없기 때문이다. 삼매에 든 뒤에는 체진지로 이어져 진여를 체득해야 한다. 또한 관 가운데 실관과 득해관은 수행 초기에 행하는 것으로서 이 두 가지를 행하면 산란심이나 탐욕심 등 거친 번뇌를 제거할 수 있다. 이들이 제거되어야 비로소 혜행관 등의 정관(正觀)으로 수행이 연결되어 일체가 자성이 없는 진여의 도리를 볼 수 있다. 진여의 도리를 본다는 것은 제법에 자성이 없는 실상을 보는 것이니, 이를 선가에서는 '(본래 자성이 없는 무자성의) 성품을 본다.'는 의미로 견성(見性)이라고 한다. 아비달마에서 4쌍8배의 성인을 논할 때 성인의 첫 단계로 여기는 수다원과(예류과)는 또한 견도위(見道位)라고 부르니 이 역시 제행무상, 제법무아의 진여 도리를 보았다는 의미이다.

삼지와 삼관 각각이 명확하게 분별되지 않듯이 지와 관도 역시 뚜렷하게 나누어지지는 않는다. 인식작용을 그치려는 지를 행하더라도 사유작용이 뒷받침되어야 하고, 사유작용을 일으키는 것이 관이지만 지의 바탕이 있어야 바른 관이 가능하기 때문이다. 예를 들어 배에 집중하는 계연지를 행하기 위해서는 '배에 집중하라'는 생각, '다른 생각이 일어나면 떨쳐버리고 의식을 배로 전환하라'는 생각이 계속 밑받침되어야 한다. 이는 심소법으로는 염(念)이라 불리는 마음 작용이지만 생각을 일으킨다는 점, 자신의 의식 상태를 관찰하는 행위라는 점에서 광의의 관에 포함된다. 제심지를 행할 때도 마찬가지이다. 앞에서 '육근(六根)을 잘 지킨다'는 표현이 있었는데 경전에 흔히 나타나는 이 구절은 수행할 때 자신이 현재 어떤 인식을 일으키고 있는지 지켜보는 관의 작용이 반드시 수반되어야 함을 말하고 있다. 또한 실관의 한 예로서 신체의 움직임을 그대로 관찰하는 위빠사나를 행할 때는 배와 같은 신체의 특정 부위에 생각을 집중하는 계연지가 수반되어야 한다. 계연지가 없이 신체 전체를 대상으로 실관을 행하면 초심자들은 집중이 되지 않아서 관이 이루어지기 어렵다. 뒤에 자세한 행법이 다시 설명되겠지만 부정관이나 자비관을 행할 때도 처음에는 특정한 시신이나 대상을 '연(緣)'으로 삼아 여기에 생각을 묶어두지 않는다면 관법이 제대로 이루어지지 않는다.

지와 관은 이렇듯 상호 보완되어 완전히 분리할 수 없는 심적 작용이지만 실제 수행 과정에서는 지의 작용이 강한 경우도 있고 반대로 관의 작용이 강한 것도 있다. 지의 작용이 강하면 삼매가 깊어지고 이것이 지나치면 사유를 일으키기 어려워 관의 작용이 올바르게 일어나기 어렵다. 반대로 관의 작용이 너무 강하면 삼매가 약화되어 선입견이 개재된 바르지 않은 사유가 일어나거나 심지어 삼매가 깨어질 수도 있다. 그러므로 지와 관이 적당하게 조화를 이루어야 한다.

　하지만 경우에 따라서는 지나 관 가운데 한 가지가 강하게 작용하는 수행을 실천해야 할 때도 있다. 어느 쪽이 강한가에 따라 선정의 명칭도 '~관' 혹은 '~정' 등으로 달라진다. 예를 들면 부정관이나 자비관, 12인연관과 사제관 등은 관의 성격이 강한 선정이고 공무변처정 내지 비유상비무상처정의 무색계정은 지의 성격이 강한 선정이다. 이러한 선정들을 놓고 우열을 가릴 수는 없고 수행자의 근기나 수행의 목적에 적합한가, 그렇지 않은가가 바른 수행인지 아닌지를 결정하는 관건이 된다. 이 적합성 여부는 일반적으로 수행자를 지도하는 스승이 판단한다. 스승이 수행자의 근기를 명확히 판단하기 어렵거나, 삼독심이 강하지 않아서 뚜렷한 장애가 없는 수행자가 선정을 실천할 때는 먼저 관의 작용은 적고 지의 작용이 매우 강한 방법이 사용된다. 관을 통해서 삼매에 들 수도 있으나 이는 산란심이 없고 수행 근기가 높은 경우에 가능하기 때문이다. 지가 중심이 되는 수행을 통해 마음이 고요해지면 삼매에 들기도 쉽고 또 이 과정에서 숙세에 익혔던 선업이나 악업이 발현되는 경우가 많으므로 이에 따라 자신에게 적합한 수행법을 선택하기 좋다. 악업이 나타나면 이를 먼저 치료하는 대치관(對治觀) 수행을 하고 선업이 나타나면 이를 더욱 강화하는 방향으로 수행을 진전시켜야 성과가 속히 나타난다. 이 내용 역시 뒤에 상세히 서술할 것이다.

4) 두 가지 삼지(三止) 삼관(三觀)

지금까지 지와 관에 각각 세 가지 방법이 있음을 밝혔지만, 천태학에서 논하는 삼지(三止)와 삼관(三觀)이 천태학 개론서나 불교학 사전에는 이러한 설명과는 다르게 나오는 것을 볼 수 있다. 즉 삼지란 체진지(體眞止)·방편수연지(方便隨緣止)·식이변분별지(息二邊分別止)이고 삼관이란 종가입공관(從假入空觀；空觀)·종공입가관(從空入假觀；假觀)·중도제일의제관(中道第一義諦觀；中觀)이라고 설명된 것이다. 이에 대해 의아하게 생각할 독자를 위해 해설을 덧붙이고자 한다.

전술하였듯이 천태학에서 지관수행에 관련된 중요 저술을 전통적으로 네 가지로 보는데 이 가운데 『마하지관』·『차제선문』·『육묘법문』은 차례대로 원돈지관·점차지관·부정지관을 설하고 있고 초보자들을 위하여 입문과정을 중심으로 이들의 핵심을 요약한 것이 『소지관』이다. 『마하지관』에서는 삼지와 삼관을 공(空)·가(假)·중(中) 삼제(三諦)에 맞추어 체진지 내지 식이변분별지와 공관 내지 중관으로 설명하고 있고 이와 달리 『차제선문』에서는 지금까지 보았듯이 계연지 내지 혜행관으로 설명한다. 이러한 차이가 생기는 것은 양 저술에서 설하는 수행법의 대상이 다르기 때문이다. 즉 『마하지관』에서는 일체법에 자성이 없다는 공제

(空諦=진제眞諦)를 깨닫는 수행을 체진지와 공관(空觀)이라 하고, 자성이 없는 법들이 인과 연으로 모여 임시로 일정한 법을 나타내는 진리인 가제(假諦=속제俗諦)를 깨닫는 수행은 방편수연지와 가관(假觀)이라고 하며 일체법이 공이면서도 가인 진공묘유(眞空妙有)로서 존재한다는 진리인 중제(中諦)를 깨닫는 수행으로 식이변분별지와 중관(中觀)을 상정하고 있다. 이 삼지와 삼관을 차례로 수행하면 차제삼관(次第三觀)이라 하고 동시에 수행하면 일심삼관(一心三觀)이라 하며 이를 달리 원돈지관이라고 부른다. 그런데 원돈지관은 일체가 공임을 알지만, 중생을 구제하기 위하여 일체법의 가제상(假諦相)을 익히는 보살의 입장에서 닦는 수행의 원리를 논리적으로 설명한 것이다. 이를 수행하기 위해서는 일체중생을 모두 제도하겠다는 보리심을 진심으로 일으키는 과정이 선행되어야 하므로 아직 보리심을 내지 못한 일반 범부들이 실천하기에는 매우 어려운 방법이라고 할 수 있다.

이에 비해 『차제선문』에서 다루고 있는 지관법은 처음 수행을 시작하는 범부의 경지에서부터 시작하여 초발심주에 올라 진실보살이 된 이후의 지관수행까지 모두 망라한 점차지관이다. 다만 진실보살 이후의 수행방법은 설하지 않은 채 생략되어 있는데 다 설해진다면 그것은 『마하지관』에서 설해지고 있는 원돈지관과 같은 내용이 될 것이다. 다시 말하면 계연지와 제심지, 실관과 득해관은 성문·연각·보살 삼승의 범부 수행자가 거친 번뇌를 제어하고 삼매를 얻기 위하여 행하는 사수(事修)이고 체진지와 혜행관은 진제의 이치를 관하는 수행으로서 이수(理修)라고 부른다. 여기까지가 범부 수행의 종착지로서 『차제선문』에서 설해지는 내용

이다. 『소지관』에서는 계연지를 계연수경지(繫緣守境止)라 부르고 있고 삼
관 가운데 실관과 득해관은 하나로 묶어서 대치관(對治觀)으로, 혜행관은
정관(正觀)으로 설명하고 있다. 이 수행을 통해 무생법인(無生法忍)을 깨달
아 무분별지를 얻은 이후 보리심을 일으킨 보살이 수행하는 것은 사리수
(事理修)와 비사비리수(非事非理修)라 하여 보살만 수행하는 독행(獨行)이 되는
것이다. 즉 수행 과정을 차례대로 말한다면 체진지와 혜행관은 범부들이
수행하는 삼지와 삼관의 종착점이 되지만 보살은 이를 시발점으로 하여
체진지 내지 식이변분별지와 공관 내지 중관을 닦게 된다. 범부수행의
종착지인 체진지는 보살수행의 시발점과 이름을 공통으로 사용하고 범
부의 삼관 가운데 공을 관하는 혜행관은 보살수행에서는 공관으로 명칭
이 바뀌었을 뿐이다. 이러한 관계를 도표로 만들면 다음과 같다.

		사수 (事修)	이수 (理修)	사리수 (事理修)	비사비리수 (非事非理修)
『차제선문』	삼지	계연지, 제심지	체진지	설하지 않음	
	삼관	실관, 득해관	혜행관		
『마하지관』	삼지		체진지	방편수연지	식이변분별지
	삼관		공관	가관	중관
수행인		삼승(三乘) 공통의 수행		보살만 실천하는 수행	

〈표〉 『마하지관』의 삼지삼관과 『차제선문』의 삼지삼관 비교

두 가지 저술에서 밝히고 있는 삼지 삼관에 이름을 붙인다면 『차제선
문』에 나타나는 삼지와 삼관은 범부의 삼지 삼관이고 『마하지관』에 설
해진 것은 보살의 삼지 삼관이라 할 수 있다. 그런데 현대 학자들은 원돈

지관만 최고의 지관법이라 생각하여 해설서에서 삼지 삼관이라고 하면 보살의 삼지 삼관만을 설명하고 있고 각종 사전에도 이러한 연구만 반영되어 있는 것이다. 『차제선문』의 연구가 심도 있게 이루어진 지금은 천태학에서 설하고 있는 삼지 삼관은 두 가지가 있다고 설명하는 것이 타당하다. 특히 현대의 수행 초심자들에게는 보살의 삼지 삼관보다는 범부의 삼지 삼관을 중심으로 지관법을 설명하는 것이 실효성이 있다고 할 것이다.

제2장 · 지관수행에 필요한 심신의 요소들

천태대사는 지관을 수행하기 위하여 필요한 내적, 외적 조건들을 여러 경론에 나온 내용에 자신의 경험을 첨가하여 외방편과 내방편으로 정리하고 있다. 외방편(外方便)이란 지관수행을 하지 않을 때 일상생활 중이나 수행을 시작할 때 필요한 내용이고 내방편(內方便)이란 지관수행이 시작되어 삼매에 들기 전후에 알아야 할 내용이다. 방편이라는 명칭은 이들 내용이 정관(正觀)을 바르게 행하기 위하여 필요한 조건 내지는 지식이 되기 때문이다. 외방편은 다섯 조목으로 분별된다. 첫 번째 다섯 가지 인연을 갖춤, 두 번째 오욕(五欲)을 책망함, 세 번째 오개(五蓋)를 버림, 네 번째 다섯 가지 법을 조절함, 다섯 번째 다섯 가지 법을 행함이다. 제목에서 보듯 각 조목은 다시 각각 다섯 가지의 내용으로 이루어져 있어서 도합 스물다섯 가지 법이 된다. 이 가운데 내방편은 말미에 다루기로 하고 여기서는 먼저 『차제선문』 2와 『마하지관』 4에 설해진 내용을 중심으로 외방편을 설명하고자 한다. 외방편 중 첫 번째 다섯 가지 인연을 갖추는 것과 두 번째 오욕의 책망, 그리고 네 번째 다섯 가지 법을 조절하는 것은 일상생활 가운데 실천해야 하는 내용들이 대부분이므로 함께 묶어서 먼저 다루고, 세 번째 오개를 버리는 것과 다섯 번째 다섯 가지 법을 행하는 것은 지관을 수행하기 위해 자리 잡고 앉았을 때, 즉 본 수행을 시작할 때 필요한 내용이므로 뒤에 기술하겠다.

01 일상의 생활에서 필요한 요소

1) 계율과 선지식

천태대사가 외방편이라 명명한 수행 조건 가운데 일상생활에서 필요
한 요소의 첫 번째는 다섯 가지 인연을 갖추어야 한다는 것이다. 그것은
① 계율을 청정하게 지킬 것, ② 의복과 음식을 갖출 것, ③ 조용한 곳에
거처할 것, ④ 여러 가지 업무를 그칠 것, ⑤ 선지식을 만날 것 등이다.
이 가운데 두 번째부터 네 번째까지는 따로 상술하지 않아도 이해가 어
려운 내용이 아니고 기존에 출판된 여러 책에서도 잘 설명되고 있으므로
첫 번째와 다섯 번째만 해설한다.

모든 경론에서 지관(참선) 수행의 첫 번째 조건으로 거론되는 것은 계
율을 청정하게 지켜야 한다는 것이다. 계율은 계·정·혜 삼학의 한 가
지로서 그 자체가 수행의 주요한 한 축을 이루는 것이지만 특히 정학과
혜학, 즉 지관수행에 있어서는 필요한 전제 조건이 된다. 어째서 그러한
가? 계를 지켜야 삼매가 일어나고 계를 범하면 마음이 번뇌에 덮여 일
심이 될 수 없기 때문이다. 일상에서 생활하는 가운데 계가 지켜지지 않
으면 당당하지 못하여 마음이 안정되기 어렵고 수행을 할 때도 불안, 후
회 등으로 인하여 고요한 마음을 이룰 수 없다. 다만 계를 범하였다 하여
도 삼매가 일어나는 수행자가 간혹 있기는 한데, 이는 과거에 선정을 행

하였던 선근이 매우 두터운 경우이다. 또한 계를 범하였어도 선정을 닦기에 앞서 진심으로 부끄러워하고 참회하면 삼매가 일어날 수 있다. 반대로 계를 잘 지켰음에도 불구하고 삼매가 쉽사리 발현하지 않는 경우도 있는데 이는 숙세에 선정의 인연을 심지 않은 때문이니 다른 이들보다 더욱 열심히 오래도록 정진하여야 한다.

그런데 불교 경론에 설해지고 있는 계는 여러 종류가 있어서 어떤 계를 수지해야 할 것인지가 쉽지 않은 문제이다. 아함부 경전과 율장에 나타난 계율을 보면 재가불자는 살생 · 도둑질 · 음행 · 거짓말 · 음주의 다섯 가지를 금지한 오계(五戒)를 수지하며 음력으로 매월 8 · 14 · 15 · 23 · 29 · 30일인 육재일에는 특별히 팔재계(八齋戒)를 수지하는 내용도 있다. 출가자는 20세 성인이 되지 않은 남녀인 사미와 사미니가 공통으로 수지하는 십계(十戒)가 있고 성인이 되면 율장에 따라 조금씩 차이가 있지만 비구는 250계 내외, 비구니는 350계 내외의 구족계(具足戒)를 받는 것이 일반적이다. 여성의 경우 사미니가 구족계를 받기 전인 식차마나(śikṣamāṇā) 시절에 지켜야 하는 육법계(六法戒)와 모든 출가 여성에게 공통으로 적용되는 팔경계(八敬戒)가 별도로 있다. 이처럼 소승불교에서는 출가자와 재가자, 남자와 여자, 그리고 성인과 미성년자가 각각 지켜야 하는 계율이 다르다.

대승경론에 설해진 계율도 소승 율장과 마찬가지로 단일하지 않다. 크게 나누면 세 가지 계통이 있는데, 첫 번째는 『대방등다라니경』 「초분(初分)」에 설해진 것으로서 보살이 지켜야 할 계율은 스물네 가지 조목이다. 두 번째는 유가계 경론에 설해진 것으로서 조목이 50가지 가량 된다. 『보살선계경(菩薩善戒經)』에 출가자의 8중(重), 재가자의 6중(重) 및 공통의 48경계(輕戒)가 설해져 있고 『보살지지경(菩薩地持經)』에는 출·재가 공통의 4중 42범사(犯事)가 나열되고 있다. 또한 『유가사지론(瑜伽師地論)』에서는 4중 43경계로서 정리하고 있다. 이들 경론에서는 율장에 나오는 성문계와 같은 내용도 있고 보살이 수지해야 할 새로운 내용도 있다. 이들은 수계할 때의 의식 규정을 명시하고 있고 또한 출가보살과 재가보살을 구분하고 있다는 점에서 대승과 소승을 절충한 모습이라 할 것이다. 세 번째는 『범망보살계경』에 나오는 10중 48경계이니 보통 대승보살계라고 하면 이를 말한다. 이 경전에 설해진 보살계를 보면 수계 절차가 별도로 없고 수계 대상도 국왕, 왕자, 비구, 비구니 내지 노비에 이르기까지 법사의 말을 이해할 수 있는 일체 중생으로 확대되어 있다. 즉 출가와 재가, 남녀와 귀천의 구분 없이 공통으로 지켜야 하는 내용으로 이루어져 있다는 점이 특징인 것이다.

소승 율장에 세세하게 규정되어 있는 계율은 석가모니불 당시에는 사회 관습과 개인적 수준에 잘 부합하는 것이었겠지만 시대가 흐르고 장소가 바뀌면서 조목들 가운데 불합리한 것들이 나타나기 시작하였다. 예를 들어 비구계 가운데 "밥을 뭉쳐서 입안으로 던져 넣어 먹지 마라.", "물 속에 대소변을 보지 마라." 등과 같은 조목은 성숙한 성인에게는 노파심과 같은 훈계로 여겨지고 "땅을 파지 마라.", "가죽신을 신은 사람에게 설법하지 마라." 등은 시대에 맞지 않는다고 여겨지는 것이다. 소승 율장에 비해 『범망경』의 보살계는 계급이나 남녀 차별이 한층 완화된 사회 분위기에도 적용할 수 있게 수계자별 구분이 사라지고 조목도 간소화

된 것으로 보이지만 "가축이나 장례도구를 팔지 마라.", "불을 질러 산이
나 들을 태우지 마라."는 등의 내용은 여전히 현대 사회의 여건과는 맞지
않는 조목이라고 보인다. 남녀귀천의 평등을 주장하고 사부대중이 함께
승가를 구성하는 대승불교의 정신에서 볼 때, 그리고 전술하였듯이 여러
계에 포함되어 있는 시대에 맞지 않는 조목들로 인해 이러한 계율 조목
은 개선될 필요가 누차 제기되고 있는 상황이다.

　천태대사도 이러한 상황을 충분히 인지하고 있었던 것으로 보인다.
그는 『차제선문』과 『마하지관』에서 계를 지키는 모습을 단계별로 구분
하고 있으니, 살인・도둑질・음행・대망어의 네 가지 중죄(바라이)만을
어기지 않고 지키는, 가장 낮은 단계인 불결계(不缺戒)로부터 보살이 일체
의 계법과 위의를 잘 지키는 구족계(具足戒, 출가성인이 받는 구족계가 아니다)까
지 10단계가 있다고 한다. 이론적으로는 이렇게 열 가지로 분류하고 있
지만 천태대사 자신은 소승 율장과 대승보살계 가운데 수행에 꼭 필요한
내용만을 취한 10조목의 입제법(立制法)을 만년에 제정하여 천태산(天台山)
에서 수행하는 제자들의 수행 규범으로 삼았다. 그러나 이것은 출가자에
국한된 것이었다.

　이러한 사정을 감안할 때 현대의 수행자들이 출・재가를 막론하고 지
계의 기준으로 삼을 수 있는 것은 십선계(十善戒)라고 보인다. 십선계는
사회적 통합이나 단체의 원만한 운영을 위해 임의로 제정된 계나 위의
(威儀)가 아니라 본래부터 선업의 성격을 갖는 것으로서 시대와 장소가 바
뀌어도, 또한 수계의식을 거쳤는지 여부와 관계없이 모든 중생이 지켜
야 할 자성계(自性戒)이기 때문이다. 실제로 『대품반야경』 등 대승경전에

서 보살이 행하는 계바라밀의 내용으로 십선을 설하고 있고 『화엄경』에서는 십지(十地) 가운데 제2 이구지(離垢地)의 수행을 십선으로 밝히고 있어서 십선계는 수행과 지혜가 성인 경지에 이른 보살들도 실천해야 하는 것임을 알 수 있다. 천태대사는 "십선은 성계(性戒)로서 모든 계의 근본"이라고 『법화현의』 3상(上)에서 밝히고 있고, 앞서 열거한 지계의 열 가지 단계 이후에 "이 열 가지는 성계로써 근본을 삼는다."고 설하고 있다. 또 "십선 보살이 큰마음을 일으키면 삼계의 윤회바다를 영영 여읜다."는 『인왕반야경』을 인용하여(『마하지관』 7) 십선이 초심자로부터 성인에 이르기까지 공통으로 준용할 계임을 보이고 있다.

잘 알려져 있듯이 십선계란 살생·도둑질·사음·거짓말·이간하는 말[兩舌]·욕설[惡口]·꾸미는 말[綺語]·탐욕·성내는 것·사견(邪見) 등 열 가지 악업을 행하지 않는 것을 말한다. 앞의 세 가지는 신업(身業), 가운데 네 가지는 구업(口業), 마지막 세 가지는 의업(意業)이라 하여 신삼(身三)·구사(口四)·의삼(意三)이라 말하기도 하는데 보통 사람들의 악행은 주로 구업으로 이루어진다는 점으로 볼 때 말을 조심해야 한다는 내용이 가장 많다는 것은 현실을 매우 잘 반영한 배치라고 생각된다. 이 가운데 사견(邪見)이란 선행과 악행에 과보가 필연적으로 따르는 것이 아니라는 무인론(無因論), 죽으면 모든 것이 끝이라는 단견(斷見), 죽은 뒤에 영혼과 같은 것이 남아 천국이나 지옥 등 다른 곳에서 영원히 산다는 상견(常見) 등을 말한다. 이와 대치되는 것이 팔정도의 첫 번째 조목인 정견(正見)으로서 인과응보와 육도윤회, 그리고 이를 극복한 열반 등이 있다고 믿는 세계관을 말한다. 십선계에 대해 음행이 아니라 사음(邪婬)이라 표현한 것 때문에 재가자의 계라고 보는 견해도 있다. 하지만 사음의 정의가 배우자 이외의 상대와 잠자리를 함께 하거나 부부라 할지라도 때와 장소나 법도 등에 어긋나는 경우를 말하므로 배우자가 없는 출가자라면 성 행위 자체가 사음이 된다. 그러므로 불사음 조항은 출가자와 재가자, 그리고 남녀 모두가 공통으로 지켜야 하는 내용이 된다. 마지막 세 가지 의업은 그것 자체만으로는 비난을 받을지언정 사회적 규제의 대상이 되지 않기 때문에 소홀히 여기기 쉬우나 이들은 구업과 신업을 일으키는 직접 원인이 되고 특히 마음을 안정시키는 것에는 큰 장애로 작용하기 때문에 지관을 수행하기 위해서는 반드시 지켜야 하는 계목이다.

이렇듯 일반적으로는 승속남녀가 십선계를 지킴으로써 지관수행을 위한 조건이 충족되고, 이 외에 다른 계를 받은 출가자나 재가자라면 그 또한 마음에 걸림이 없도록 성실히 지키도록 노력하는 자세가 필요하다. 하지만 뜻하지 않게 계를 범하게 되는 경우에는 지관수행에 앞서 참회(懺悔)를 먼저 하여야 한다. 참과 회는 모두 '뉘우치다'는 뜻이지만 양자의 의미가 조금 다르다. 참(懺)이란 범어 크샤마(kṣama)를 음차한 참마(懺摩)의 간략형으로서 삼보와 대중에게 잘못을 드러내 사죄하는 것이고 회(悔)는 스스로 부끄러워하는 것이다. 참회의 방법은 여러 경론에 나오고 있어서 종파에 따라 나름의 형식을 사용하지만 핵심만 취하면 세 종류로 나눌 수 있다. 첫 번째는 작법(作法) 참회로서 정해진 절차에 의거하여 참회하는 것이다. 비교적 소소한 계를 범한 출가자가 대중들이 모인 가운데 갈마를 행하여 참회시키는 소승 율장의 규정과 같은 것이다. 두 번째는 관상(觀相) 참회로서 여러 가지 상서를 보아 참회하는 방법이다. 『범망경』에 보면 무거운 잘못인 10중계를 범하여서 깊이 참회를 해야 하는 경우라면 반드시 부처님께서 머리를 쓰다듬거나 꽃·광명 등 상서로운 형상을 보아야 죄가 멸한 것이라는 내용이 있다. 이런 형상은 삼매에 들면서 일종의 경계로서 나타나는 것인데, 때로 허황되게 나타나는 경우가 있으므로 반드시 바른 스승에게 점검 받아야 한다. 대승의 다라니경에는 이 관상참법을 설한 것이 많고 『잡아함경』에도 관상참회법을 설한 것이 있다. 세 번째는 관무생(觀無生) 참회이니 일체가 자성이 없어서 죄 역시 생겨나고 멸하는 모습이 없다는 진제의 무생 도리에 의거하여 반야지혜로써 참회하는 것이다. 대중들이 많이 독송하는 『천수경』 가운데 '십악참회(十惡懺悔)'에 이어서 나오는 게송에 "죄는 자성이 없고 마음에서 일어나는 것 [罪無自性從心起], 마음을 멸할 때 죄 역시 사라지네[心若滅時罪亦亡]."라는 내용은 이러한 의미를 담고 있다.

참회법을 세 가지로 분별하기는 하였지만 사실 이것이 엄밀하게 나뉘는 것은 아니다. 참회의식을 행하는 가운데 상서를 볼 수도 있고 참회하는 마음이 지극하여 일심을 이루면서 무자성 도리를 볼 수도 있기 때문이다. 문제는 역시 얼마나 진정이 담겨 있는가, 얼마나 지극한 정성으로 임하는가 하는 '마음'에 달려있는 것이다. 천태대사가 『법화경』, 『관보현경(觀普賢經)』 등 여러 대승경전을 참고하여 참회의식을 정리해 놓은 『법화삼매참의(法華三昧懺儀)』는 이 세 가지가 모두 이루어질 수 있는 원돈(圓頓)의 참회행법이다.

지관을 수행하기 위해서 계율보다는 덜하지만 또 하나 중요한 조건으로서 선지식이 있다. 선지식(善知識)이란 '훌륭한 벗'을 뜻하는 범어 칼리

야나미트라(kalyāṇamitra)를 번역한 말로서 달리 선우(善友)라고도 한역한다. 천태대사는 선지식으로서 세 부류를 들고 있다. 첫 번째는 외호(外護) 선지식으로서 공양 등을 담당하면서 수행인을 보호하여 다른 번잡한 일이 없도록 도와주는 사람이고, 두 번째는 동행(同行) 선지식으로 함께 수도하면서 격려하고 이끌어주는 도반을 말한다. 세 번째는 교수(教授) 선지식이니 수행에 관한 여러 방편을 알아서 이끌어주는 스승을 말한다. 결국 선지식이란 수행자가 바르게 수행하여 정법을 깨닫도록 도와주는 모든 이들을 가리키는 말이다. 이와 반대로 수행에 장애가 되는 이들은 악지식(惡知識)이라고 부른다. 그런데 지관수행에 있어서 특히 중요한 사람은 교수선지식, 즉 바른 스승이다.

교수선지식에는 두 부류가 있다. 먼저 이미 도안(道眼)을 얻은 선지식이 있으니, 이들은 수행자를 보고 이전에 어떤 행을 많이 하였는지, 숙세에 어떤 수행을 하였는지, 또는 어떠한 장애가 있는지 분별하여 그에 맞는 수행법을 가르친다. 『열반경』 「광명변조고귀덕왕보살품」에 보면 사리불이 산란심이 많은 이에게 부정관을, 탐욕심이 많은 이에게 수식관을 행하도록 잘못 지도하여 삼매가 일어나지 않자 부처님께서 방법을 바꾸도록 한 뒤에 이들이 도를 얻은 사례가 나온다. 두 번째 부류의 스승은 아직 도안을 얻지 못한 사람이니 이들은 마음을 한 곳에 모으는 초보적 지(止)의 방법인 계연지를 가지고 제자를 지도하다가 어느 정도 수행이 익숙해짐에 따라 숙세의 업이나 번뇌 등이 발현되는 형상을 보고 그의 근기를 미루어 그에 알맞게 가르치게 된다. 후술하겠지만 수행이 깊어지면 감추어 있던 업이나 마장 등도 다양하게 나타나고, 때에 따라서는 정신이 이상해지거나 목숨을 잃는 경우도 있기 때문에 건강 등을 위해 초보적 수행에 머무는 사람이라면 몰라도 깊은 수행을 위해서는 경험이 풍부하고 지혜가 있는 스승의 지도가 반드시 필요하다.

2) 오욕(五欲)의 책망

지관을 수행한다는 것은 마음을 하나로 모아 고요하게 하는 것이 일차적 관건이고 이를 위해서는 마음을 스스로 통제하는 것이 반드시 필요하다. 하지만 전술하였듯이 일상생활을 하다보면 마음은 의지와 관계없이 스스로 움직인다. 예를 들어 맛있는 음식을 보면 먹고 싶다는 생각이, 좋은 물건을 보면 소유하고 싶다는 생각이 자신도 모르게 일어난다. 우리는 이를 본능적 욕구라고 부른다. 육신에게 일시적인 즐거움을 주는 대상에 대한 욕구는 조건반사적으로 일어나 사물이나 사태를 객관적으로 보는 눈을 가린다. 분노 역시 사물을 바로 보는 청정한 눈을 가린다. 그러므로 "욕심의 노예가 되어 …", "분노로 인해 판단력이 흐려져 …"라고 말하면서 후회하는 경우가 일상 중에 종종 나타난다. 즉 탐욕심이나 분노는 의지를 통제하는 것에 큰 장애를 일으키는 원인으로 작용하는 것이다. 그런데 분노는 욕구가 충족되지 않을 때 일어난다. 예를 들어 좋아하는 음식을 먹을 수 없을 때, 상대방이 내 뜻대로 행동하거나 말하지 않을 때 분노가 일어나 바른 판단을 하지 못하도록 작용하는 것이다. 그러므로 분노는 욕망과 동일한 근원에서 출발하는 심리작용이다.

보통의 인간이 가지고 있는 본능적 욕구는 대개 오욕(五欲)이라 하여 재물욕 · 성욕 · 식욕 · 명예욕 · 수면욕이 열거된다. 하지만 사람에 따라서는 이들 가운데 한두 가지만 강한 경우도 있고 이들 외에 다른 욕구가 강하게 나타나는 경우도 없지 않기 때문에 이 다섯 가지는 모든 욕구를 포괄하기에는 부족함이 있다. 그보다는 모든 인간, 나아가 육도의 모든 중생이 가지고 있는 보편적 욕구는 5근과 5경이 만나서 생기는 즐거운 느낌[樂受]을 얻으려는 것이니, 불교에서는 보통 이를 오욕이라고 부른다. 평소 생활 가운데 이러한 오욕이 일어나면 그것을 따라갈 것이 아니라 책망하고 그 대상에 따라가는 생각을 버려야 한다.

오욕의 첫 번째로서 안근을 통해 받아들이는 감각대상에 대한 욕심이 있으니 이는 색욕(色欲)이라고 부른다. 여기서 색욕이란 일상적으로 사용되는 의미로서 성욕이나 육욕만을 가리키는 좁은 의미가 아니고 육경 가운데 하나인 색경(色境)에 대한 욕구를 말한다. 안근을 통해 포착되는 색경은 형상과 색깔 두 가지라고 경론에서는 설한다. 그러므로 세상에서 구하기 힘든 진귀한 보물이나 미술작품, 명품 등도 모두 대상이 된다. 그러나 안근으로 포착되는 대상에 대한 욕구는 무엇보다도 아름다운 얼굴, 이상적인 몸매 등 이성에 대한 것이 일반적이다. 이성에 대한 판단 기준으로 성격이나 마음, 능력 등을 중시한다고 말하는 사람들도 관찰해 보면 외모가 가장 강력한 선택의 기준으로 작용한다는 실험결과가 이를 보여준다. 공자가 말하는 불혹(不惑)의 경지를 이룬 사람이 아니라면 누구나 아름다운 모습, 황홀한 광경이 나타날 때 무의식적으로 눈길이 가거나 잠시 넋을 잃기도 한다. 이때 이러한 대상에 대해 의식이 따라가는 자신을 발견하는 즉시 정신을 차려서 "내가 어디에 빠져 있지?" 하고 가책해야 하는 것이다.

두 번째는 소리에 대한 욕구, 즉 성욕(聲欲)을 책망하는 것이다. 뛰어난 연주나 명가수가 부르는 아름다운 노래 등은 들을 당시는 좋지만 마음을 가라앉힐 때 장애가 된다. 아침에 우연히 거리에서 들은 아름다운 노래를 저녁까지 흥얼거리는 자신을 본 일이 있는가. 특히 가슴을 미어지게 만드는 슬픈 음악이나 이별할 때 남긴 연인의 애절한 한마디는 오래 뇌리에 남을 것이다. 이런 소리를 들었다면 마음에 오래 저장되지 않도록 속히 생각의 대상을 다른 곳으로 옮겨야 하고 아직 젊은 수행자라면 이런 소리를 듣는 기회가 원천적으로 생기지 않도록 노력할 필요가 있다.

세 번째는 향기에 대한 욕구인 향욕(香欲)을 경계하는 것이다. 아름다운 꽃이나 맛있는 음식 등에서 나는 향기, 이성의 몸에서 느껴지는 체취 등은 애착을 일으키도록 만들기 쉽다. 향기에 탐닉하다 보면 선정에 장애가 될 뿐 아니라 일상 가운데서 번뇌를 일으키거나 심지어 범법에까지 이르도록 하므로 주의해야 한다. 음식에 대한 탐욕은 보통 맛에 대한 욕심이라고 생각하기 쉬우나, 감기에 걸려 코가 막혔을 때 "음식 맛을 모르겠다."고 하면서 먹고 싶은 마음이 일어나지 않듯이 사실 향에 대한 욕구인 경우가 많다.

네 번째는 맛에 대한 욕심인 미욕(味欲)을 절제하고 가책해야 한다. 서양에서는 맛을 신맛·쓴맛·단맛·짠맛의 네 가지로 분별하나 불교에서는 여기에 매운맛과 담백한 맛을 더하여 육미(六味)라고 한다. 이들이 어우러져 다양한 음식 맛을 내는데 맛의 조합이 잘 되어 맛있게 느껴지는 음식은 사람들이 욕탐을 일으키게 만드는 주요 원인이 된다. 음식을 먹을 때는 그 맛과 향을 충분히 즐기면서 그 음식을 마련한 사람에게 감사 내지는 칭찬의 한 마디가 필요하겠지만 일단 식사가 끝나면 음식에 대한 집착을 버리고 다른 대상으로 생각을 옮겨야 한다. 이후에도 그 음식을 먹고 싶은 욕구가 일어나고 나아가 찾아서 먹으려 애를 쓴다면 미욕이 있는 것이다. 세간에서는 음식의 맛과 향에 집착하는 것을 흔히 식탐이라고 부른다. 자신에게 식탐이 일어나고 있음을 알아차렸으면 즉시 꾸짖어야 한다.

오욕 가운데 마지막으로 감촉에 대한 욕구인 촉욕(觸欲)이 있다. 추울 때 따뜻한 감촉이나 더울 때 차가운 감촉을 바라는 것, 목마를 때 물을 마시고 싶은 것 등이 보통의 촉욕이다. 이는 자연스러운 욕구이지만 개선하기 어려운 상황일 때는 얼른 단념하고, 참을 만한 상황일 때는 욕구가 지속적으로 반복되지 않도록 가책해야 한다. 이보다 강력한 촉욕은 남녀의 신체에서 느끼는 부드럽고 매끈한 감촉에 대한 욕구이다. 성욕의 대부분은 이 촉욕에 기반을 둔 것으로서 오욕 가운데 가장 강력하여 버리기가 어렵다고 한다. 촉욕에 탐닉하는 것 역시 성범죄 등에 이르도록 하는 요인이므로 일상에서 이를 느꼈을 때 따라가지 말고 속히 생각의 대상을 바꾸어야 한다. 지관을 수행할 때 촉욕에 대한 기억은 마음을 집중하는 데 큰 장애가 되므로 일상 가운데서 촉감에 대한 욕구가 일어나면 뇌리에 쌓이지 않도록 책망하여 닦아내도록 노력해야 한다.

오욕이 일어날 때 그것을 가책해야 하는 이유는 그 대상을 취한다고 해서 욕구가 사라지지 않는다는 점에 있다. 오욕을 갈구하는 '한 번만'이라는 말은 결코 한 번으로 끝나지 않는다. 본질적으로 채워질 수 없는 오욕의 속성을 『대지도론』 17권에서는 다음과 같이 갈파하고 있다.

> 오욕이란 얻을수록 심해지는 것이니 마치 불에 장작을 넣는 것과 같아서 불꽃이 더욱 치성해진다. 오욕이란 이익이 없으니 개가 마른 뼈를 핥는 것과 같다. 오욕은 싸움을 부추기니 새들이 먹이를 다투는 것과 같고, 오욕은 사람을 불태우니 역풍에 횃불을 잡고 있는 것과 같다. 또 오욕은 사람을 해치니 독사를 밟은 것과 같고, 오욕은 실익이 없으니 꿈속에서 얻은 것과 같으며, 오욕은 오래 가지 못하니 잠깐 빌린 것과 같다. 그런데도 어리석은 사람들은 오욕에 탐닉하여 죽을 때까지 버리지 못하고 마침내 후세에 무량한 고통을 받는다.

새벽에 아름다운 꿈을 꾸다 깨었는데 그 꿈을 꿀 때의 달콤함이 아쉬워서 다시 잠들고 싶은 경험이 있는가. 실제로는 아무 이익이 없는데도 자꾸 그것을 채워보고자 노력하는 것이 보통 사람들의 마음이다. 오욕을 일으킬 만한 대상이 나타나면 그것이 빨리 사라지지 않기를 바라는 마음이 들고, 때로는 적극적으로 그 대상을 찾아다니기도 한다. 또 오욕을 만족시키기 위해 더 강한 맛, 더 웅장한 사운드, 더 강렬한 색채 등 점차 더욱 강한 자극을 원하는 방향으로 진전된다. 이리하여 구업이나 신업으로 악행을 짓는 것으로 발전하여 결국 사회적으로 범죄에 이르는 경우도 주변에서 흔히 볼 수 있는 것이다.

지관을 수행하기 위해 자리를 잡고 앉았을 때는 오욕을 일으킬 대상이 주변에 거의 없는 것이 일반적이다. 하지만 평소 생활하면서 오욕의 대상이 나타날 때 그 대상을 따라가는 자신의 마음을 빨리 알아채서 버리지 않으면, 그러한 욕구가 자꾸 쌓여서 의식의 심층에 자리 잡게 된다. 그리하여 마음을 고요히 하는 과정에서 그 욕구가 발현하여 일심이 되는 것에 장애로 작용하는 것이다. 그러므로 평소 오욕이 일어나는가 여부를 자주 관찰하여 그것이 정도를 벗어나는 것이라는 생각이 들면 바로 책망해서 그 경계를 떠나도록 연습해야 한다. 오욕이 일어날 때는 "오욕은 육도 중생이 모두 가지고 있어서 항상 오욕의 부림을 받으니 '욕망의 노예'라고 부른다. 이 욕망에 굴복되면 삼악도에 떨어질 뿐 아니라 선정에 장애가 되니 빨리 버려야 한다."고 생각하여 그 상태에서 벗어나야 한다. 수행공동체를 운영하여 수많은 제자를 길러낸 백성욱(白性郁, 1897~1981) 박사는 오욕이 일어날 때 '미륵존여래불' 하고 부처님께 생각을 바치라 가르쳤고, 천태종에서는 '관세음보살'을 부르라고 하는데, 이들 모두 일상에서 오욕을 벗어나는 훌륭한 방법이라고 생각된다.

3) 몸과 마음의 통제

외방편 가운데 네 번째 항목인 조오사(調五事)는 지관 수행을 위해 평소 신업의 조절을 통해 의업을 다스리는 내용이다. 즉 음식과 수면, 그리고 행위 동작과 호흡을 통제하고 조절하여 본 수행을 시작하였을 때 마음이 쉽사리 안정되도록 하는 것이다. 마치 현악기를 연주하기 전에 줄을 조율하는 것과 같아서 이들이 미리 조절되어 있어야 지관수행을 위해 자리에 앉았을 때 삼매나 선근들이 쉽게 일어날 수 있다고 한다. 그리고 본수행을 시작할 때 필요한 호흡법과 자세도 여기에 포함되는데 이 부분은 다음 장에 기술하도록 한다.

먼저 음식을 조절하는 것은 양을 조절하고 종류를 잘 선택하는 것을 말한다. 삼세의 모든 부처님이 깨달음을 얻기 위해서는 반드시 인간의 몸으로 태어나야 한다고 여러 경론에서 말하듯이(『기세경(起世經)』 8 등) 수행을 하기 위해서는 육신이 있어야 하고 육신을 유지하기 위해서 음식은 필수불가결한 것이다. 그러나 음식을 너무 많이 먹으면 기식의 흐름이 급격해지고 몸이 팽만해지며 맥이 잘 통하지 않게 된다. 이에 따라 마음의 작용도 원활하게 이루어지지 않아서 좌선할 때 마음이 쉽게 안정되지 못한다. 반대로 음식을 너무 적게 먹으면 몸이 허약해지고 마음이 들떠서 의지가 굳지 못하게 된다. 일정한 기간을 정하여 용맹정진할 때가 아니라면 수행이란 며칠이나 몇 달 만에 결판을 내려는 결기보다는 변치 않고 꾸준히 지속하는 의지와 노력이 중요하므로 적당한 양의 음식을 섭취하는 것도 소홀히 할 수 없는 요소이다.

음식을 가려 먹는 것도 필요하다. 천태대사는 병이 들어 약으로 먹을 때를 제외하고는 출가자들이 생선, 육류, 오신채, 술을 먹으면 안 된다고 하였다.(『국청백록』 1 '입제법') 이는 『범망경』의 보살계를 그대로 준용한 것이지만 현대사회에서는 출가자라 할지라도 산 속에서 떨어져 지내지 않는 한 이를 그대로 지키기는 어렵다고 보인다. 그러므로 종단에 따라 육식이나 음주를 어느 정도 허용하기도 한다. 예를 들어 천태종을 중창한 상월원각(上月圓覺, 1911~1974) 조사는 육류 가운데 쇠고기와 돼지고기 정도만 먹도록 허용하고 다른 고기들은 되도록 먹지 않도록 하였다. 특히 개고기와 닭고기, 뱀 고기 등은 수행에 큰 장애가 된다 하여 일절 금하고 있다. 어류 중에는 비린내가 강하거나 세속에서 영물로 여기는 종류는 먹지 못하도록 금하고 있다. 대개 제수로 사용되는 어류들은 식용해도 무방한 것들이다. 불결하거나 탁한 음식, 체질에 맞지 않는 음식도 모두 피해야 할 대상이다. 술은 완전히 금하지는 않지만 취한 모습이 보일 정도의 과음은 물론 삼가야 한다. 음식은 아니지만 담배 역시 수행에는 큰 장애가 되므로 멀리해야 한다. 남방불교권에서는 구족계에 금하는 조항이 없다 하여 담배를 피우는 승려들을 볼 수 있는데, 확언할 수는 없지만 역한 냄새로 인해 삼매가 발현하기는 어려울 것이다.

다음으로 잠도 조절해야 할 대상이다. 수행을 한다는 것은 사실 육신과 마음을 자신의 의지대로 움직이는 연습을 하는 것이라고 해도 크게 틀린 것은 아니다. 마음을 자비롭게 쓰려고 해도 나도 모르게 일어나는 분노나 질투, 마음을 하나로 모으려 해도 불쑥불쑥 일어나는 잡념 등을 의지대로 통제하여 궁극에는 의지와 관계없이 생로병사를 반복하는 육신까지 통제의 범위 안에 두려는 것이 수행의 1차적 목표[自利]이기 때문이다. 그런데 잠을 자게 되면 의식이 통제에서 벗어나 미혹에 덮이는 상태가 되기 때문에 수행이 지향하는 방향과 반대로 나아가는 결과가 된다. 잠을 많이 잔다면 수행하는 절대 시간이 부족해질 뿐 아니라 마음이 어두워져서 쌓아왔던 선근이 깊이 침잠해버리게 되므로 잠은 수행의 원수와 같다. 그렇다고 무조건 잠을 자지 않는다면 몸이 고달파지고 정신이 멍하게 되므로 곤란하다. 잠은 육신의 요구에 따라 졸리면 졸리는 대로 잘 수는 없고, 수행에 지장이 없을 정도로 적게 자는 것이 좋다. 『유교경(遺敎經)』에 "초저녁이나 새벽이나 (수행을) 폐하지 말지니 수면의 인연으로 일생을 얻는 것 없이 헛되이 보내는 일이 없도록 하라."고 하였다. 평소 잠이 많은 사람일지라도 조금씩 잠을 줄여나가는 연습을 하고, 잠과 사투를 벌이면서 철야정진을 이어가다 보면 잠을 조복하는 경지에 이를 수 있다.

음식과 수면 외에 일상적인 언행과 호흡도 잘 살펴서 조절하고 통제해야 한다. 평소 행위나 언사가 거칠다면 호흡과 기의 흐름도 거칠어져서 좌선하여 용심하려 하여도 마음을 단속하는 것이 어렵게 되기 때문이다. 언어나 행위는 마음의 상태를 반영하여 나타나는 것이지만 거꾸로 언어와 행위가 마음의 상태에 영향을 미치므로 잘 살펴 조절할 필요가 있다는 것이다. 자신이 어떠한 행위나 언설을 하려고 하는지, 혹은 현재 어떠한 행위나 언설을 하고 있는지 자꾸 자각하고 살피는 연습을 해야 통제가 가능하다.

02 본 수행에 임할 때 필요한 요소

1) 자세 · 호흡 및 마음상태의 조절

지관수행은 마음의 수행이므로 장소와 자세를 불문하고 실천할 수 있다. 즉 번잡한 시장에 앉아 있거나 극단적으로는 벼랑 끝에 매달려 있어도 수행할 수 있고 걷거나 누워 있을 때도 가능하다는 것이다. 그러나 보통 사람들이 행하는 가장 일반적 자세는 역시 앉아서 하는 것이다. 서 있으면 피곤하기 쉽고 누워 있으면 잠들기 쉬우니 앉는 자세가 중도에 맞는다고나 할까?

자리에 앉을 때는 평소 자주 앉아서 익숙해진 장소에 방석을 깔고 앉는 것이 좋다. 기혈이 잘 통하도록 편한 옷을 입고 허리를 조이는 띠 등이 있다면 느슨하게 풀어놓도록 한다. 수행을 시작하기 전 몸을 풀어준다. 안마하듯이 지압점을 눌러주고 문지르며 흔들어준 뒤 관절을 몇 차례 꺾었다 펴준다. 양 손바닥을 마찰하여 열을 낸 뒤 감은 눈 위를 덮어 준다.

이렇게 가벼운 몸 풀기가 끝나면 선정을 닦기 위한 바른 자세를 취한다. 좌법은 결가부좌 혹은 반가부좌가 가장 좋은 자세이고 이것이 여의치 않으면 무릎을 꿇고 앉는 정좌도 가능하다. 중요한 것은 신체가 안정적이어야 하고 든든한 바위처럼 같은 자세가 오래 유지될 수 있어야 한다는 점이다. 자세를 자꾸 바꾸면 삼매에 들기 어렵다. 가부좌의 요령은 다음과 같다.

흔히 아빠다리, 혹은 책상다리라고 하는 자세로 양 무릎을 접어 다리를 겹쳐 앉는다. 이 상태에서 왼쪽 다리를 들어 발바닥이 위를 향하게 오른쪽 넓적다리 위에 올린다. 다음에 오른쪽 다리를 들어 같은 방식으로 왼쪽 넓적다리 위에 올린다. 그리고 왼발의 발가락이 오른편 넓적다리 바깥 선과, 오른발 발가락이 왼편 넓적다리 바깥 선과 나란히 되도록 한다. 좌우를 바꾸어 오른쪽 다리를 먼저 올리고 왼쪽 다리를 나중에 올려도 된다. 다만 밑에 있는 다리가 위로 올라가지 않는 경우에는 두 번째 과정을 생략하여 한쪽 다리만 다른 쪽 넓적다리 위에 두어도 되는데 이것을 반가부좌라고 한다. 이때는 아래에 있는 발을 엉덩이 쪽으로 바싹 당겨서 위에 놓인 무릎이 허공에 뜨지 않도록 해야 한다. 마치 삼각뿔 밑변의 세 꼭짓점처럼 양 무릎과 꼬리뼈 부분이 바닥에 수평으로 닿아 있으면 자세가 안정적이어서 오래 유지하기 좋다. 결가부좌를 한 자세로 앉아 있으면 30분가량 지난 후부터 아래에 놓인 다리의 발목이 끊어질 듯이 아파오게 된다. 너무 아파서 신체에 이상이 오는 것은 아닌가 걱정이 될 정도이지만 몇 차례만 참아내면 이후부터는 결가부좌가 매우 편하게 여겨지게 된다.

양 손은 겹쳐서 다리 위 중앙에 몸 가까이 둔다. 먼저 오른손을 손바닥이 위로 가게 놓고 그 위에 왼손도 손바닥이 위로 가게 놓는다. 손가락 부분이 겹치도록 하고 양쪽 엄지손가락을 조금 세워 맞닿게 한다. 이러한 손 모습을 보통 선정인(禪定印)이라고 한다. 허리를 펴고 척추를 반듯하게 세우는데 너무 솟지 않도록 한다. 어깨도 자연스럽게 펴고 머리는 너무 쳐들지 말고 반대로 너무 숙여도 안 된다. 턱을 당겨 약간 아래로 향하게 하되 코와 배꼽이 수직선상에 놓이도록 한다.

이렇게 바르게 앉은 뒤에는 심호흡을 한다. 먼저 입을 열어 숨을 내쉬는데 이때 몸속에 맥이 통하지 않던 곳이 모두 뚫리면서 탁한 기가 숨을 따라 다 나온다고 상상하면서 숨을 내쉰다. 모두 내쉰 뒤에는 입을 닫고 코로 숨을 들이쉬어 맑은 기운을 받아들이다. 이렇게 숨을 내쉬고 들이쉬기를 두세 차례 반복하는데 익숙해져서 쉽사리 몸과 호흡이 안정된다면 한 차례만 하여도 된다.

다음에는 입을 가볍게 다물되 혀는 살짝 말아서 혀의 밑 부분이 입천장에 닿도록 한다. 눈은 완전히 감으면 졸음이 오기 쉽고 완전히 뜨면 집중하기 어려우므로 빛이 겨우 차단될 정도로 반쯤만 감는다. 다만 염불이나 주송과 같이 입을 열어 소리를 내는 수행을 할 때는 혀는 신경 쓰지 않아도 되며 눈은 완전히 감아도 무방하다. 이상과 같은 신체 조절의 핵심은 너무 강하게 조이거나 너무 느슨하게 하지 않고 졸리지도, 산란하지도 않으며 오래도록 같은 자세로 유지할 수 있도록 하는 것이다.

호흡은 수식관과 같이 숨을 세는 수행뿐 아니라 화두를 들거나 관상을 하는 수행 등에서도 중요하다. 호흡이 알맞게 이루어져야 신체도 편안하게 유지되고 마음도 쉽게 안정될 수 있기 때문이다. 호흡은 소리가 나거나, 숨이 코를 통과하는 것이 쉽사리 느껴지거나, 숨의 양이 일정하지 않은 것을 피하면 된다. 즉 숨을 쉬고 있는지 남들이 알기 어려울 정도로 고요하고 미세하며 면면히 이어지는 호흡이 좋다. 이러한 방식의 호흡이 잘 이루어지지 않으면 마음을 아래에 두고 몸을 느긋하게 풀면서 숨이 아무 장애 없이 전신의 모공에서 출입하고 있다고 상상하도록 한다. 이렇게 하여 마음이 미세해지면 호흡이 미미하게 계속 이어지도록 하면 된다. 이러한 호흡법이 익숙해져서 오래 연습하면 병도 잘 생기지 않는다.

삼매에 들기 위해서는 무엇보다도 마음이 잘 조절되어야 한다. 정해 놓은 한 가지 대상에서 마음이 떠나가지 않도록, 즉 다른 잡념이 일어나지 않도록 생각을 모아야 하는데 이 과정에서 생각이 위로 뜨거나 반대로 아래로 처지는 경우가 종종 발생한다. 예를 들어 다른 인연이 자꾸 떠올라 의식작용이 활발히 일어나거나, 혹은 삼매를 속히 성취하고 싶은 욕심이 강하게 되면 기가 위로 솟으면서 심신이 안정되지 못한다. 이러한 상태가 자각되면 바로 마음을 발바닥이나 하단전 등 하부에 두면서 생각을 이완시켜야 한다. 이와 반대로 생각을 모으는 작용이 너무 느슨하게 되면 점차 의식이 어두워져서 분별되는 것이 없게 되고 머리가 처지거나 침을 흘리거나 머릿속이 암흑처럼 캄캄하게 되기도 한다. 이런 상태에 들어가면 알아채기 쉽지 않지만 일단 자각이 되면 의식을 코끝에 두어 기를 끌어올리거나 생각을 정해진 대상에 더욱 강하게 집중시켜야 한다. 즉 자신의 마음을 점검하여 들뜨거나 가라앉지 않도록 조절하는 것이 필요하다.

수행을 시작할 때는 자세와 호흡 그리고 마음이 알맞게 조화되었어도 시간이 경과하면서 조금씩 잘못되기도 한다. 그러므로 지관수행이 진전되는 중에도 이 세 가지를 점검하여 바르고 안온하게 유지하는 것이 필요하다.

지관수행을 마치고 선정에서 나오려 할 때에도 이 세 가지는 잘 조절해야 한다. 먼저 대상에 집중되어 있던 의식을 풀어놓은 뒤 입을 통해 크게 숨을 쉬어 기를 내보낸다. 숨을 내쉴 때는 온 몸의 맥에 있던 숨이 생각에 따라 흩어진다고 상상한다. 다음에는 몸을 조금씩 움직여보고 견갑골, 머리와 목, 양 발의 순서로 움직여서 부드럽게 풀어준다. 두 손으로 온몸의 모공을 두루 문지르고, 양손을 비벼 따뜻하게 하여 두 눈을 덮었다가 뗀 뒤에 눈을 뜬다. 이후 몸의 열기와 땀이 식은 뒤에 비로소 일상적인 행동을 할 수 있다. 만일 이렇게 하지 않고 대상에 집중하던 상태에서 갑자기 일어나면 선정 중의 미세한 법이 미처 흩어지지 않은 채 몸에 머물게 되어 두통이 생기고 풍병이 든 것처럼 온 몸의 뼈마디가 쑤시게 된다. 그리하여 다음에 좌선할 때는 답답하고 조급하게 안정이 되지 않아서 좌선하기가 싫어지므로 매우 조심해야 한다.

선정에 들어간다는 것은 거친 몸과 마음의 상태에서 미세한 상태로 들어가는 것이고, 선정에서 나온다는 것은 반대로 섬세한 법에서 거친 법으로 나오는 것이다. 몸이 가장 거친 법이고 호흡은 중간, 마음은 미세한 법인데 지관수행을 시작할 때와 마칠 때는 이 세 가지를 잘 조절하는 것이 요체가 된다.

2) 오개(五蓋)를 버릴 것

지관을 수행하여 들어가는 삼매의 첫 번째 단계는 초선(初禪)이라고 부른다. 초선에 들어가는 모습에 대해 대·소승 경론들의 묘사는 한결같은데, 그것은 "욕심과 악법을 버리고 각(覺)과 관(觀)이 있는 선정 …"이라는 내용이다. 여기서 욕심이란 앞에서 설명한 오욕을 말하고 악법이란 오개를 가리킨다는 것이 『대지도론』 등의 논서와 천태대사의 설명이다. 오개란 탐욕(貪欲)·성냄[瞋恚]·수면(睡眠)·도회(掉悔)·의심[疑]을 말한다. '개(蓋)'란 범어 아바라나(āvaraṇa)의 번역어로서 '덮어서 가린다.'는 뜻이니, 밝은 마음을 덮어서 선(善)이 자라나는 것을 가리는 마음작용을 말한다. 오욕은 현재 나타난 외부의 5경(境)에 대해 일어나는 욕심을 말하고 오개는 자신의 의근(意根)에서 비롯된 마음작용이니 현재 나타난 것이 아니라 과거의 기억이나 미래에 일어날 상황 등을 대상으로 일어나는 것이다. 오개는 삼독, 근본적으로는 무명에서 기인하는 번뇌이지만 평소에 일어나는 오욕을 제어하지 않으면 더욱 강화된다. 이들은 산심 상태의 일상생활 중에서는 잘 감지되지 않다가 수행을 시작하여 마음이 점차 고요하게 되면 발현하여 장애를 일으킨다.

오개의 첫 번째는 탐욕개(貪欲蓋)이다. 수행자가 좌정하여 지관을 닦는데 문득 마음에 어떤 욕심이 일어난다. 예를 들어 과거에 보았던 아름다운 장면이나 미래에 먹고 싶은 맛있는 음식 등이 떠올라 그 생각이 꼬리에 꼬리를 물고 이어지는 경우가 있다. 그러면 그 생각이 선한 법을 덮어서 자라나지 못하게 한다. 『대지도론』 17에 "욕망이란 구할 때 괴롭고 얻고 나면 (잃을까) 두려움이 생기며 잃어버리면 슬픔에 싸이나니 즐거울 때가 없네."라는 게송이 있듯이 자신의 마음에 이러한 욕망이 일어나고 있음을 자각하면 바로 자책하여 버려야 한다. 예를 들어 지관 수행 중에

철야정진을 하다 보면 공복감이 일어나 맛있는 음식을 먹고 싶은 욕구가 강하게 생겨 수행을 방해하는 경우가 종종 있다. 이는 삼매가 일어나지 못하도록 마음을 덮어버리는 작용을 하므로 알아차리는 즉시 이를 버리고 집중 대상으로 마음을 옮기도록 한다.

두 번째는 진에개(瞋恚蓋)이다. 화는 온갖 선하지 않은 법이 생기는 근본이고 악도에 떨어지는 인연이다. 분노는 불과 같이 빠르게 일어나 쌓아 놓은 공덕의 장작더미를 한순간에 태워버리는 주범이기도 하다. 화란 원하는 대로 이루어지지 않을 때 일어난다. 평소 오욕이 일어나는 것을 자제하는 연습을 자주 하였다면 진에개의 뿌리가 약하겠지만 그렇지 못하였다면 수행자가 좌선을 할 때 문득 분노를 일으킬 대상이나 상황이 떠올라 마음을 덮어버린다. 빨리 자각하여 차단하지 않으면 작은 번뇌로 시작한 화가 원한으로 바뀌고 증오심으로 번져서 복수하고 싶은 욕구로 자라난다. 마음을 고요하게 하려는 수행이 오히려 의식 심층에 묻혀 있던 분노를 이끌어내는 계기로 작용하는 것이다. 이리하여 삼매에 들지 못할 뿐 아니라 과거에 심은 선근이 발현하지도 못하게 되니 진에심은 자각되는 순간 바로 버려서 자라나지 못하게 해야 한다.

세 번째는 수면개(睡眠蓋)라고 한다. 여기서 수면이란 '잠'이라는 의미의 수면과 한자가 같지만 바로 잠을 가리키는 것이 아니고 잠을 잘 때와 같이 분별이나 판단작용이 중지되어 있는, 각성되지 않은 마음상태를 말하는 심소법이다. 본래 수면은 휴식의 기능도 있어서 구사학(俱舍學)과 유식학(唯識學)에서는 선악이 정해지지 않은 부정(不定)의 법으로 분류하지만 여기서 말하는 수면개는 번뇌법의 하나인 혼침(惛沈)과 수면이 섞인 작용으로서 혼면(惛眠, styāna-middha)이라고 부르기도 한다. 즉 마음이 혼미하게 가라앉아 감각이나 의식작용이 일어나지 않는 것이니, 이런 상태에 들어가면 자각하기가 매우 어렵다. 평소 잠을 줄이는 연습을 하고 정진력으로 이겨내도록 하며, 졸음이 오는 초입에 바로 깨달아 선장(禪杖) 등과 같은 도구를 사용하거나 염불, 절 등 입과 몸을 움직이는 청정한 행위를 통해 쫓아내야 한다.

네 번째는 도회개(掉悔蓋)를 버리는 것이다. 도회란 심소법 가운데 마음이 자화자찬으로 들떠 있는 도거(掉擧, auddhatya)와 후회하는 마음인 회(悔, 惡作, kaukṛtya)가 혼합된 마음작용이다. 도거는 항상 번뇌가 수반되는 마음작용이고 후회는 잘못을 저지른 뒤에 반성하는 것과 같이 선한 경우도 있으므로 부정의 심소로 분류되지만 어느 경우라도 마음이 안정되는 것을 방해한다는 점에서는 같다. 평소 돌아다니는 것과 놀이를 좋아하고 노래나 논쟁 등을 즐겨서 몸과 입을 통제하지 않는다면 좌선을 할 때에도 마음이 들떠 있기 쉽다. 그리하여 세간의 화제나 과거에 겪었던 즐거움과 관련하여 문득 떠오르는 느낌 등을 대상으로 생각이 이리저리 옮겨 다니면 수행에 큰 장애로 작용한다. 마음을 잘 지켜도 정(定)을 얻기가 어려운데 하물며 산만하여 흩어진다면 말해 무엇하겠는가? 설사 앞서 행한 잘못이 떠올라 올바른 후회를 한다 해도 지금은 이미 소용이 없으니 후회는 한 번으로 족하다. 그러므로 이러한 마음작용이 간취되면 급히 버려서 마음을 맑게 해야 한다.

마지막으로 버려야 할 것은 의개(疑蓋)이다. 수행 중에 의심이 일어나면 선정이 일어날 수 없고 정에 들어가지 못하면 불법을 얻을 수 없다.

어떤 사람이 보배산에 들어갔다 할지라도 손이 없다면 아무것도 가질 수 없는 것과 같다. 의심에는 크게 세 가지가 있다. 첫째는 자신을 의심하는 것으로서 "나는 근기가 둔하고 죄도 무거워 도를 닦을 그릇이 되지 못한다."고 생각하는 것이다. 선정을 닦으려면 자신을 가볍게 보지 말아야 하니 숙세에 닦은 선근이 어느 정도인지 쉽사리 알 수 있는 것이 아니기 때문이다. 두 번째는 스승을 의심하는 것으로서 외모나 한두 가지 언행으로 속단하여 가르침을 믿지 못하면 수행 가운데 의심이 꼬리를 물고 일어나 정에 들어갈 수 없다. 세 번째로 법을 의심하는 것이니 자신의 고정관념에 얽매여 새로 접한 진리에 대해서는 쉽사리 믿음을 갖지 못하는 경우이다. 그러면 아무리 훌륭한 방법이라도 진지한 마음으로 실천에 임하지 못하고 주저하게 되어 선정법이 일어나기 매우 힘들다. 또한 불법에는 믿음이 있어야 능히 들어갈 수 있어서 만일 믿음이 없다면 끝내 얻을 수 있는 법이 없다. 그러므로 의심이 일어나는 것을 자각하면 바로 버려야 한다.

이 오개는 삼독(三毒)과 성질이 같아서 모든 번뇌가 이 가운데 포함된다. 즉, 탐욕개는 바로 탐독(貪毒)이고 진에개는 바로 진독(瞋毒)이며 수면개와 의개는 바른 인식과 판단이 일어나지 못하게 장애하므로 치독(癡毒)과 같다. 그리고 도회개는 삼독이 함께 작용하는 상태에서 일어나는 것이다. 그러므로 오개를 없애면 바로 일체의 선하지 않은 법을 없애는 것이 되어 선정법이 일어날 수 있다. 단, 오개를 근본으로부터 완전히 제거하는 것은 선정에 들어 오개의 자성을 관해야 가능한 것이고, 여기서는 삼매에 들어가기 위해서 이러한 번뇌가 현현하지 않도록 통제하는 것을 말한다. 오개와 같은 번뇌를 완전히 끊는 것은 '단(斷)' 혹은 '멸(滅)'이라 표현하고, 통제하여 발현하지 않도록 하는 것은 '조(調)' 혹은 '복(伏)' 등의 용어를 사용하므로 여기서는 오개를 조복하는 것으로 이해하면 된다. 오개를 단멸하지 못한 채 선정에서 나오면 오개는 다시 발현할 수 있다.

그런데 평소 오욕을 잘 단속하지 못하였거나 타고난 성품 등의 이유로 지관 수행을 하려 해도 오개로 인하여 마음이 안정되지 않는다면 어떻게 하는가? 이럴 때는 먼저 참회를 하거나 관법을 행해야 한다. 참회의 방법은 앞서 계를 지키지 못하였을 때 설명한 바 있고 관법에 대해서는 『잡아함』715경에 설명되고 있다. 그에 따르면 탐욕개가 일어나면 부정관을 행하고 진에개가 일어나면 자비관을 행하라고 한다. 수면개가 장애를 하면 그것을 밝게 비추어보는 사유를 행하고 도회개가 장애하면 그것을 고요하게 그치는 사유를 하여 없앨 수 있다고 한다. 또 의개가 자꾸 일어나는 경우에는 연기법을 사유하면 멸할 수 있다고 한다. 이 관법의 자세한 내용은 제4장에서 설명할 것이다.

3) 작용해야 하는 다섯 가지 마음

지관수행을 위해 필요한 것으로 천태대사가 정리한 마지막 조건은 다섯 가지 마음을 일으키라는 것이다. 행오법(行五法)이라는 명칭으로 된 이 조목은 욕(欲)·정진(精進)·염(念)·교혜(巧慧)·일심(一心)으로서 삼매에 들기 위해, 또 삼매가 점차 깊어지기 위해서 꼭 필요한 마음의 작용이다.

이 다섯 가지는 모두 구사학과 유식학에서 설명되는 심소법이다. 그러므로 그 각각의 의미를 알기 위해서는 『구사론』과 『성유식론』 등의 심소법 설명을 참고할 필요가 있다.

다섯 가지 법 가운데 정진을 제외한 나머지 네 가지를 구사학에서는 모든 마음 작용에 늘 수반되어 일어난다는 의미로 대지법(大地法)으로 분류하고 있다. 이와 달리 유식에서는 이 네 가지의 개념을 좁게 정의하여 각각 작용하는 대상이 다르다는 의미의 별경심소(別境心所)로 분별하고 있는데, 천태대사는 지금 삼매를 일으키는 조건으로 이들을 제시하고 있다는 점에서 유식학의 견해와 가깝다고 하겠다. 『성유식론』 제5권에 따르면 별경심소는 욕(欲)·승해(勝解)·염(念)·정(定)·혜(慧)이다. 욕(欲)이란 '좋아하는 대상을 바라는 마음'으로서 그 좋아하는 대상이 선한 것이라면 정진의 원동력이 된다. 염(念)이란 예전에 익혀 두었던 대상에 대하여 밝게 기억하여 잊지 않도록 하는 작용으로서 이것이 있어야 삼매가 일어날 수 있다. 팔정도에서 정정(正定)의 바로 앞에 정념(正念)이 위치하는 것은 이러한 이유이다. 혜(慧)는 관찰되는 대상의 옳고 그름과 득실을 분별하는 작용이다. 행오법에서 '교묘한 지혜[巧慧]'라고 표현한 것은 혹 분별이 끝나 의심 없이 뚜렷하게 결정하여 지니는 마음작용인 승해(勝解)가 포함된 개념이기 때문일 수도 있다. 다음에 정(定)이란 관찰되는 대상에 마음이 집중되어 산란하지 않은 작용이라고 설명되므로 행오법의 일심(一心)과 같은 개념이라고 보인다. 그리고 행오법 가운데 정진은 선심소(善心所)에 포함되는 것으로 부지런하다는 의미의 근(勤)이라고도 한다.

이 다섯 가지 법은 또한 깨달음을 얻기 위한 수행에 필요한 요소를 정리한 37도품(道品) 가운데 오근(五根), 오력(五力)과 거의 일치한다. 오무루근(五無漏根)이라고도 하는 오근은 신(信)·정진(精進)·염(念)·정(定)·혜(慧)를 말한다. 범부들이 이러한 마음을 일으켜서 아직 힘이 약할 때는 '근(根, indriya)'이라 부르고 이 힘이 성장하여 수승한 근기가 일으킬 때는 '역(力, bala)'이라고 부른다. 즉 신근과 신력 내지 혜근과 혜력이라 부르는 것이다. 이 가운데 믿음(信)과 정진은 모두 선심소로 분류되고 나머지 세 가지는 위와 같이 별경심소에 해당하는데 행오법은 믿음의 자리에 욕(欲)이 들어가 있다는 점만 다르고 나머지는 오근, 오력과 같은 내용이 된다. 어떤 대상에 대해 욕구를 일으키기 위해서는 그 대상이 내게 좋은 결과를 가져올 것이라는 믿음이 전제되어야 하므로 오법은 내용적으로 오근, 오력과 같다고 보아도 무방하다.

이러한 다섯 가지 법이 지관을 수행하는 지금 시점에서는 구체적으로 어떤 내용을 담고 있는가? 예를 들어 욕구의 대상은 여러 가지가 있는데 무엇을 욕구하며, 염의 내용 또한 다양한데 무엇을 염한다는 것인가? 이에 대해 천태대사는 『대지도론』 권17에 나오는 내용에 의거하여 다음과 같이 설명하고 있다.

첫 번째 욕(欲, 욕구)이란 수행자가 처음 지관을 수행할 때 욕계에서 벗어나 초선을 얻고자 바라는 마음을 말한다. 그러므로 '뜻[志],' '원(願),' '좋아함[樂]'이라고도 한다. 지관을 수행할 때 반드시 삼매에 들어야 한다고 하였는데 삼매의 첫 단계는 욕계를 벗어나 색계(色界)에 포함되는 초선(初禪)이다. 다시 말해서 일체의 욕심이 일어나지 않는 상태에 들어가는 것이 지관수행에서 꼭 필요한 과정이므로 초선에 들어가기를 간절히 바라는 마음이 일어나야 하는 것이다. 어째서 색계에 들어가야 하는가? 욕심이 남아 있는 상태, 즉 욕계(欲界)에 있다면 사물이나 법을 사실 그대로, 왜곡되지 않은 맑은 눈으로 관할 수 없기 때문이다. 그러나 이렇게 법을 얻기 위한 선한 욕구라 할지라도 이 마음이 계속 뇌리에 떠돌면 안 된다. 다시 말해서 수행을 처음 시작할 때 축원을 하는 것처럼 나아갈 목표를 정하기 위하여 욕구가 필요한 것이지, 이후 수행이 진전될 때는 이를 잊어야 한다. 이 욕구가 계속 남아 있다면 성취를 바라는 조급함으로 이어져 오히려 장애가 된다.

두 번째는 정진(精進)이 필요하다. 정진이란 선을 닦고 악을 끊는 것에 게으름 부리지 않고 부지런하고 용맹하게 노력하는 것이다. 몸의 정진과 마음의 정진이 있고, 또한 일상 중에 행하는 정진과 본 수행에 들어갔을 때 행하는 정진이 있다. 일상 중에서는 계율을 청정하게 지키고 오욕을 가책하며 방일한 마음을 버리는 것이 정진이다. 방일(放逸)이란 어떤 대상을 만났을 때 의식이나 감정이 일어나는 것을 통제하지 않고 내버려 두는 것을 말한다. 즉 평소 언행을 하면서 자신의 행위나 말이 계에 어긋나지 않는지, 또한 자신에게 일어나는 감정을 지켜보면서 십선계 가운데 뒤의 세 가지인 탐욕 · 진에 · 사견을 범하고 있지는 않은지를 살피고 있다면 방일하지 않는 것이다. 본 수행을 시작하면 오개를 속히 버리고 몸과 마음이 힘들어도 초저녁부터 새벽까지 쉽사리 자세와 마음을 바꾸지 않는 것이 정진이다. 나무를 비벼서 불을 일으킬 때 중간에 힘들다고 쉬었다 비비고, 또 쉬었다 비빈다면 오래도록 비벼도 불은 영영 일어나지 않듯이 삼매가 일어나기 위해서는 일정 시간 쉬지 않고 공력을 들여야 한다. 일정 시간이 어느 정도냐 하는 것은 사람의 근기에 따라 다르겠지만 보통 서너 시간은 유지되어야 한다고 경험자들은 말한다.

세 번째 염(念)이란 전술하였듯이 '이미 익힌 것을 기억하여 잊지 않는 것'이 기본적인 정의라고 하였는데 색계인 초선에 들기 위한 지금은 무엇을 기억하는 것인가? 『대지도론』17에는 "초선의 즐거움을 억념(憶念)하여 욕계는 부정하고 현혹하는 곳이니 천하고, 초선은 존중해야 하고 귀한 곳임을 아는 것."이라고 간략히 설명되어 있다. 천태대사는 이 내용이 육행관(六行觀)이라고 자세히 부연하고 있다. 육행관이란 선정이 진행되면서 얕은 단계의 삼매는 괴롭고[苦] 거칠고[麤] 장애가 되며[障], 깊어진 단계는 수승하고[勝] 묘하고[妙] 벗어났다[出]고 생각하는 것을 말한다. 『구사론』24에도 이에 대한 설명이 있는데 그곳에서는 깊은 단계에 대해 수승하다는 말 대신 고요하다[靜]를, 벗어났다는 말 대신에 여의었다[離]는 용어를 사용하고 있다. 수행자가 지관을 닦기 위해 자리에 앉았을 때 억념해야 할 구제적인 내용은 다음과 같다.

욕계의 육신은 허기와 갈증, 추위와 더위, 그리고 병과 폭력 등의 고통을 겪어야 하므로 괴롭다. 이 몸은 똥과 오줌 등 더러운 36물로 이루어진 것이니 누추하고 거칠며 또한 산이나 벽 등을 자유롭게 통과하지 못하므로 장애가 많다. 색계의 육신은 이러한 고통이 없으므로 수승하고, 산이나 벽 등에 걸리지 않고 다니므로 묘하며, 5신통을 얻으면 장애 너머도 자유롭게 볼 수 있으므로 벗어난 것이다.
－『차제선문』2

인용문의 내용은 욕계와 색계의 중생이 모두 색법(色法)으로 이루어져 있다는 점은 같으나 색계의 중생은 욕계에 비해 섬세한 색법으로 이루어져 있어서 거친 고통과 장애가 없다는 것이다. 후술하겠지만 욕계의 산심 상태에서 색계의 정심 상태로 들어가면 신체 또한 미세한 색법으로 변화되기 때문에 몸이 진동하거나 뜨거워지는 등의 팔촉(八觸)이 일어난다고 한다. 위와 같은 내용은 과보로 받은 현재 자신의 심신에 대해 생각하는 것이고 각 세계에 나는 원인에 대해 생각하는 육행관은 다음과 같이 사유하는 것이다.

> 욕계에서 일어나는 마음 작용은 탐욕에서 비롯된 것이므로 괴롭고, 외부의 5경을 대상으로 마음이 일어나므로 거칠며, 번뇌에 덮이므로 장애가 된다. 이에 비해 색계의 즐거움은 마음에서 비롯된 것이므로 수승하고, 욕심을 벗어나 고요한 정에 들어 얻어지는 것이므로 묘하며, 오개의 장애를 벗어나서 이루어지는 것이므로 벗어난 것이다.

지관을 수행할 때 수행자가 삼매에 들기 위해서는 깊은 경지에 들어가고자 하는 욕구를 일으킴과 더불어 위와 같은 생각을 지속하여야 한다. 그런데 염의 내용이 위와 같은 것에 머무르지 않고 부처님의 형상이나 공덕 등 수승한 법으로 전환되면 그것을 통해 수행 중에 일어나는 공포를 이겨낼 수도 있고 나아가 삼매에 들거나 도를 성취할 수도 있다. 이러한 수행은 팔념(八念), 즉 염불(念佛)·염법(念法)·염승(念僧)·염계(念戒)·염사(念捨 ; 보시)·염천(念天)·염입출식(念入出息 ; 호흡)·염사(念死 ; 시신)라고 하여 여러 경전에 설해져 있다. 뒤의 두 가지를 빼고 육념(六念)으로 설해진 경전도 있다. 자세한 행법은 『대지도론』이나 『차제선문』 등에서 볼 수 있는데 중요한 것은 행오법 가운데 삼매에 들기 위하여 염이 특히 핵심적인 작용을 하고 그 공덕이 수승하다는 점이다.

행해야 할 마음작용으로서 네 번째는 '교묘한 지혜'라는 의미의 교혜(巧慧)이다. 요즘에는 교묘하다는 말을 부정적 의미로 사용하는 경우가 많아서 적당한 번역은 아니지만, 불교에서는 '공교(工巧)' 혹은 '선교방편(善巧方便)'이라는 용례로 빈번하게 사용하는 말이 '교(巧)'이다. 교묘한 지혜란 욕계의 즐거움과 초선의 즐거움을 비교하여 득실과 경중을 잘 헤아리는 것을 말한다. 예를 들어 욕계의 즐거움은 대개 맛있는 음식, 좋은 음악 등과 같이 5경에 대해 전5식이 상응하여 원하는 것이 충족되었을 때 생기는 것이다. 그러므로 즐거운 감정이 신속하게 일어나는 반면 쉽게 사라지므로 깊이가 얕아서 가벼운 것이고, 반드시 뒤따르는 허물이 있으므로 과실이 있다고 할 수 있다. 예를 들어 맛있는 음식을 먹었다면 반드시 소화된 찌꺼기를 배출하는 과정을 겪어야 하고, 좋은 음악을 너무 듣다 보면 청력이 나빠진다거나 하는 것이 욕계에서 얻는 즐거움의 허물이다. 이에 비해 색계 초선의 즐거움은 내부의 마음 작용에 따라 제6의식이 상응하여 생기는 것으로서 깊고 오래 머물기 때문에 무겁다 할 것이고 뒤따르는 허물이 없으므로 과실이 없다고 한다. 이렇듯 욕계와 색계의 차이를 잘 비교하는 지혜는 욕계의 즐거움에 집착하는 마음을 버리고 깊은 경지인 색계로 들어가도록 하는 공덕이 있으므로 교혜는 삼매에 들어가기 위해, 또 선정을 진전시키기 위해 반드시 필요한 요소이다.

마지막으로 일심(一心)이 있다. 이 말의 뜻은 별경심소의 정(定)이나 오근 가운데 정근(定根)과 같은 것으로서 마음이 한 대상에 굳게 매어 있어서 다른 것에 분산되지 않도록 하는 작용을 말한다. 그런데 여기에도 깊고 얕은 차이가 있어서 깊어지면 삼매에 들어있는 상태로서의 일심이 되지만 지금은 초기 단계이므로 마음을 오로지 한 길로 나아가는 것을 의미한다. 즉 행오법 가운데 욕, 염, 교혜 등이 잘 작용하여 수행이 바른 길로 나아가고 있다고 판단되면 마음을 오로지 하나로 하여 정진해 나가는 것을 말한다. 마치 어떤 사람이 여행을 떠나는데 자신의 행로가 바르다는 판단이 선다면 주저함 없이 한마음으로 나아가는 것과 같다.

제3장 · 삼매의 단계

지와 관을 수행하는 것은 깨달음을 얻는 것이 가장 중요한 목표이고, 깨달음을 얻는다는 것은 진리를 사실 그대로 알고 보는 것, 즉 여실(如實)하게 지견(知見)하는 것이 동반되어야 한다. 진리를 여실지견하기 위해서는 대상에 대한 주관적 견해, 왜곡된 선입견 등이 모두 작용하지 않는 심적 상태가 유지되어야 하는데 이러한 상태를 삼매라고 부른다. 불교 논서의 용어를 빌리면 마음이 한 대상에 고정되어 있는 '심일경성(心一境性)'의 상태를 말한다. 즉 일체의 욕심이나 성내는 마음, 산란한 마음작용 등이 일어나지 않고 강하게 한 대상에 집중되어 고요한 정적 속에 있는 것을 말한다. 이러한 상태에 들어가는 것을 달리 표현하면 욕계를 벗어나 색계나 무색계에 들어갔다고 한다.

삼매에 드는 것은 불교뿐 아니라 여러 다른 계파의 수행을 통해서도 가능하다. 요즘도 불교 이외의 다른 종교나 무속 등에서 삼매에 드는 것을 볼 수 있다. 하지만 대부분 이를 예외적 상태로 여기거나 일종의 신비 현상으로 생각하여 이 전후 과정에 대한 상세한 지식은 갖지 못하고 있다고 보인다. 석가모니 시대 전후에는 수정주의(修定主義)라 불리는 수행 종파에서 삼매에 드는 것을 주요 행법으로 사용하기도 하였다. 불교에서도 삼매에 드는 것을 수행과정에서 필수로 거쳐야 하는 단계로 삼고 있다. 즉 지관 수행에 있어서 삼매에 드는 것은 반드시 거쳐야 할 관문으로서 삼매는 깨달음을 얻는 데 있어서 충분조건은 아니지만 반드시 전제되어야 하는 필요조건이라 할 수 있다. 때문에 이 전후 과정에 대한 매우 상세하고도 체계적인 이론이 수립되어 있다.

삼매에 들게 되면 신체적으로나 정신적으로 일상 상태와 다른 특징이 나타나기 때문에 뚜렷이 구분이 된다. 또한 삼매에 들었다고 하여 다 같은 상황이 아니라 그 깊이의 층위가 있고 각각의 단계마다 나타나는 양상 또한 다른데 이러한 층위는 도합 여덟 가지 혹은 아홉 가지로 설명되고 있다. 여덟 가지 단계는 흔히 사선팔정이라 부르는 것으로서 색계의 사선(四禪)과 무색계의 사정(四定)을 가리킨다. 초선(初禪) - 제2선 - 제3선 - 제4선의 단계로 심화되는 것이 색계의 사선이고 이보다 깊이 들어가면 공무변처정(空無邊處定) - 식무변처정(識無邊處定) - 무소유처정(無所有處定) - 비유상비무상처정(非有想非無想處定)이라는 네 단계로 삼매가 심화된다. 이 여덟 단계는 불교뿐 아니라 선정을 수행 방법으로 삼고 있는 석가모니불 당시의 모든 교파가 공유하는 것이다. 이들보다 더욱 깊은 경지로서 살아 있는 생명체가 들어갈 수 있는 가장 깊은 단계의 삼매는 멸진정(滅盡定)이라고 부른다. 이것은 불교수행을 하여 깨달음을 증득한 성인만 들어갈 수 있는 경지이므로 불교에만 고유한 단계이다. 이러한 삼매의 단계에 대하여 그간 여러 가지 잘못된 견해들이 적지 않았고, 이해하기 어려운 부분도 상당히 존재하고 있었다. 이제 삼매가 심화되는 이 아홉 단계를 『차제선문』과 『마하지관』을 기초로 하고 여러 경론에 근거하여 하나하나 살펴보면서 이러한 잘못과 의문들도 풀어가 보기로 한다.

삼매에 들기 위하여 필요한 심리 작용은 앞에서 행오법으로 정리하였지만 이 가운데 특히 염(念)이 삼매와 직접적인 관계를 갖는다. 즉 '이미 익힌 것을 기억하여 잊지 않는' 작용을 통해 삼매에 들어갈 수 있는 것이다. 염의 방법이나 종류에 대해서는 경전에서 흔히 사념처(四念處, 신역은 사념주四念住)로 설명되고 있다. 즉 자신의 신체[身]나 느낌[受], 마음작용[心]이나 법(法)에 생각을 집중하여 삼매에 들어가는 것이다. 『중아함』 52 「조어지경(調御地經)」에 계를 지키고 염을 수행하여 사념처를 획득한 뒤 사선을 차례대로 성취하는 내용이 있다. 다시 말하면 삼매에 들기 위하여 집중하는 대상은 여러 가지가 가능하나 그 중요한 마음작용은 염이라는 것이다. 불교 신행의 대체적인 차례를 밝혀놓은 팔정도에서 마지막 정정(正定)의 앞에 정념(正念)이 놓인 것은 이를 반영한 것이다. 삼매에 드는 방법은 여러 가지 길이 있으나 특별히 욕심이나 성내는 마음 등이 많은 사람이 아니라면 자신의 들고 나는 호흡에 집중하는 염입출식(念入出息)의 방법을 통해 삼매의 첫 단계인 초선에 들어가는 것이 일반적이다. 여기서는 염입출식의 한 방법인 수식(數息)을 행하는 것을 바탕으로 설명을 진행해 나가기로 한다.

01 색계의 사선(四禪)

앞서 '본 수행에 임할 때 필요한 요소'(2장2절)에서 설명하였듯이 좌선, 즉 앉아서 수식관(數息觀)을 닦고자 할 때는 먼저 방석을 깔고 가부좌를 한 채 바른 자세로 앉는다. 두세 차례 심호흡을 한 뒤 천천히 미세하게 숨을 쉬면서 호흡의 숫자를 센다. 수를 셀 때는 날숨[出息]과 들숨[入息] 가운데 한 가지만 세어야지 양쪽을 모두 세면 안 된다. 양쪽을 모두 오래도록 세게 되면 기도에 무엇인가 걸린 듯 답답하게 막히는 증상이 생길 수 있다고 한다. 들숨과 날숨 모두 가능하지만 들숨을 세는 것이 신체적으로도 좋고 삼매에 빨리 들어갈 수 있으므로 권장된다. 심호흡을 한 뒤 먼저 천천히 숨을 내쉬고 다음 들이쉬면서 '하나' 하고 세고 다시 숨을 내쉬고 들이쉬면서 '둘' 하고 세는 것이 '숨을 센다.'는 의미의 수식(數息)이다.

호흡을 세는 것은 정확히 열까지만 세고 열을 채운 뒤에는 다시 하나로 돌아간다. 별다른 가행(加行)이 없는 단순한 방식이지만 집중이 되지 않으면 중간에 숫자를 잊어버리게 된다. 예를 들어 지금의 호흡이 여섯 번째인지, 일곱 번째인지 애매한 경우가 있는데 이때는 무조건 하나로 돌아가야 한다. 사실은 여섯 번째인데 일곱이라고 세면 수가 증가한 것[數增]이라 부르고 반대로 일곱 번째인데 여섯이라고 세면 수가 감소한 것[數減]이라고 한다. 수증과 수감은 『대방등대집경』이나 『구사론』 등에서 잘못된 수식의 대표적 사례로 거론되는 것이다. 또 들숨을 세다가 잘못하여 날숨을 세는 경우도 있고 수를 세는데 열을 넘어 열하나, 열둘 하고 세는 경우도 있다. 이 또한 잘못임은 두말할 나위 없다. 자신이 수를 잘 못 세고 있음이 자각되거나, 숫자가 몇인지 분명치 않다면 지체 없이 하나로 돌아가 다시 세어야 한다. 이렇게 자연스럽게 호흡을 하면서 하나에서 열까지 숫자를 정확히 세는 것이 잘 유지될 수 있으면 호흡을 세는 법이 성취된 것이다. 성취되는 기간은 수행자의 근기에 따라 다르지만 대개 짧지 않은 기간이 소요된다.

호흡의 숫자를 세는 것이 오래 지속되어도 전혀 틀림이 없고 호흡 자체도 깊고 미묘하게 바뀌었음이 감지되면 호흡 세는 것을 중지한다. 그러고는 자연스럽게 깊고 천천히 호흡하면서 나가는 숨은 나가서 어디까지 이르는지, 들어가는 숨은 코와 기도를 지나 어디에까지 이르는지 의식으로 따라가도록 한다. 이를 '따를 수(隨)'를 써서 수식(隨息)이라고 한다. 앞의 수식(數息)은 의식적으로 숨을 쉬어야 하므로 의식을 호흡이 따라간 것이라면 이번 수식은 자연스러운 호흡을 의식이 따라가는 것이라 할 수 있다. 이렇듯 집중된 마음으로 호흡을 따라가는 과정이 오래 축적되면 마음이 갑자기 고요해짐을 느낄 수 있다. 이때는 호흡을 의식하지 말고 오직 마음을 한데 응집하도록 한다. 이를 응심지(凝心止) 혹은 제심지(制心止)라고 한다. 마음을 응집하다보면 어느 순간 팔촉 등이 일어나면서 삼매에 들게 된다.

호흡을 세는 수식(數息)을 하다가 마음이 점차 깊어져서 호흡을 따라가는 수식(隨息)으로 방법을 바꾼 뒤 응심지를 행하는데 이 무렵에 마음이 가라앉아 아무것도 인식되지 않는 어두운 상태가 되면 호흡을 관찰하고,

반대로 마음이 들뜨게 되면 다시 수를 세는 첫 번째 단계나 숨을 따라가는 두 번째 단계로 돌아가도록 한다. 이러한 과정을 반복하여 마음이 지나치게 가라앉거나 들뜨지 않는 알맞은 상태가 되어야 비로소 제심지가 바르게 행해져 삼매가 일어날 수 있다.

1) 욕계정(欲界定)과 미도지정(未到地定)

숨을 쉬면서 숫자를 세는 단계와 의식이 숨을 따라다니며 관찰하는 단계를 지나 호흡을 한다는 의식도 없이 마음이 고요하게 응집되는 무렵을 전후하여 욕계정(欲界定)이 일어난다. 욕계정은 다시 세 단계로 세분할 수 있다. 첫 단계는 마음이 잘 응집되어서 외부의 경계에 마음이 이끌리지 않게 되는 추주심(麤住心 ; 거칠게 머무는 마음)의 단계이고 두 번째는 마음에 아무런 상도 나타나지 않아서 존재가 자각되지 않는 단계로서 세주심(細住心 ; 미세하게 머무는 마음)이라고 하며 이를 거치고 나서 마음이 정법(定法)과 상응하는 세 번째 단계를 욕계정이라고 한다.

추주심이나 세주심이 일어나는 것을 전후하여 반드시 몸이 편안해지는 상태가 찾아오니 이를 지신법(持身法)이라고 한다. 보통 좌선을 시작한 뒤 한두 시간이 경과하면 가부좌를 한 다리는 감각이 이미 사라져 별 문제가 되지 않으나 등과 허리에 통증이 느껴진다. 이때 지신법이 일어나면 마치 등받이 같은 것이 몸을 지탱해주는 것처럼 등이 저절로 펴지면서 통증도 사라지고 피로감이나 권태감이 없어지게 된다. 이 지신법이 적당하게 일어나면 좋지만 너무 강하게 일어나서 몸이 오히려 딱딱하게 경직이 되는 수가 있는데 이럴 때는 지신법이 사라지고 난 뒤 몸이 노곤해지므로 올바르지 않은 경우이다.

세주심의 단계에서 감각이 예민해지면서도 정법(定法)이 상응하여 전혀 마음이 분산되지 않는 상태가 되면 욕계정이 일어난 것이다. 욕계정이라고 부르는 이유는 아직 오욕이나 오개가 완전히 잠재워지지 않아서 욕계의 몸에 대한 느낌과 욕구가 남아 있기 때문이다. 또한 욕계정은 색계의 초선과 같은 지림공덕(支林功德, 뒤에 설명)이 없기 때문에 삼매가 쉽사리 깨어진다. 그러므로 이를 삼매의 한 단계라고 보기보다는 삼매의 첫 번째 단계인 초선에 들어가기 위한 전 과정으로 간주하는 논서들이 대부분이다.

욕계정은 아직 깊은 단계에 들어간 것이 아니므로 깨어지기기 쉽다고 하였는데, 정이 깨어지는 이유는 크게 외부의 인연과 내부의 인연으로 나눌 수 있다. 외부의 인연이란 욕계정을 얻었을 때 중도에 내외 방편을 어기거나, 남에게 얻은 사실을 말하거나 선정의 상을 드러내어 남들이 알도록 하는 경우, 혹은 갑자기 예기치 못한 일이 발생하여 수행환경이 깨어지는 경우 등이 있다. 예를 들어 매일 네 시간 내지 여섯 시간씩 수식을 연습하여 한 달쯤 경과한 뒤 욕계정에 들어갈 수 있었는데 정에서 나온 뒤 일상생활을 하면서 계를 어기거나 음식·수면 등을 제대로 조절하지 못하는 등 외방편의 조목을 어기게 되면 이후에는 자리에 앉아도 다시 욕계정이 일어나지 않는다. 또 정을 얻은 것이 기쁜 나머지 다른 사람들에게 "이런 경지를 얻었다."고 자랑하듯 말하거나 상을 내는 것도 선정의 진전을 막는 결과를 초래하게 되므로 주의해야 한다.

두 번째로 내부의 인연이란 자신의 마음가짐이 잘못되어 정이 깨어지거나 진전되지 않는 경우이다. 선정을 잃어버리게 만드는 잘못된 마음은 대략 여섯 가지가 있으니 ① 조급한 마음, ② 의심, ③ 놀라는 마음, ④ 크게 기뻐하는 마음, ⑤ 지나친 애착, ⑥ 후회이다. 이 가운데 선정에 들기 전에는 속히 삼매를 성취하려고 조급하게 바라는 마음이 주된 장애가 되고, 정에 든 이후에는 의심부터 애착까지 네 가지가 선정을 잃게 하는 주범이다. 정에서 나온 뒤에는 주로 더 진전시키지 않은 것에 대한 자책 등 후회하는 마음이 선정을 깨뜨려 이후부터 정이 일어나지 못하도록 만드는 원인이 된다.

여러 장애에 걸리지 않고 욕계정에 드는 것이 익숙해지면 이후에 몸과 마음이 없어진 듯 텅 빈 느낌으로 충만해지는 단계가 온다. 좌선을 하고 있으면서도 마치 허공에 떠 있는 것처럼 머리나, 손, 다리, 방석 등에 대한 촉감을 전혀 느낄 수 없으면 미도지정(未到地定, anāgamya-samādhi) 단계에 들어간 것이다. 미도지정은 미지정(未至定), 미래선(未來禪)이라고도 부르니 '아직 (특정한) 단계에 이르지 않은' 상태를 의미한다.

여기서 삼매의 진전 단계를 잠깐 언급할 필요가 있을 것 같다. 색계 사선의 네 단계와 무색계 사정의 네 단계는 각각 근본선(정)이라 부르고 이 단계에 이르기 직전에 오는, 의식과 감각이 없어진 듯한 단계를 근분정(近分定, sāmantaka-samādhi)이라고 부른다. 마치 봉우리의 정상에 이르기 직전에 흔히 '깔딱고개'라 불리는, 아무 생각 없이 집중해서 올라가야 하는 가파른 언덕을 만나게 되는 것과 같다. 근분정 이전에는 또 중간선 혹은 중간정려(中間靜慮, dhyānāntara)라는 단계가 있는데 이때는 분별의식이 작용한다. 그런데 초선은 삼매에 들어가는 첫 단계로서 매우 각별한 의미가 있으므로 초선 근본정에 들기 이전의 근분정은 미도지정이라고 부른다. 천태대사는 근분정과 미도지정을 구분하지 않고 모두 미도지정으로 부르고 있으나 이해의 편의상 둘을 구분하여 간단히 도식화하면 다음과 같다.

욕계정 → 미도지정 → 초선 → 중간선 → 근분정 → 제2선 → 중간선 → 근분정 → 제3선 → 중간선 → 근분정 → 제4선 → 중간선 → 근분정 → 공무변처정 … 중간선 → 근분정 → 비유상비무상처정

도식에서 보듯이 초선에서 비유상비무상처정에 이르기까지 각 단계마다 근분정이 나타나는데 이는 뒤따라 일어나는 근본정의 명칭을 따라 제2선 근분정, 제3선 근분정 등으로 부른다. 논사에 따라 이렇게 단계를 세분화하는 것을 찬성하지 않는 이도 있으나 중간선과 근분정, 그리고 근본정의 사이에는 분명하게 구별할 수 있는 차이점이 있다. 즉 초선은 유각유관삼매(有覺有觀三昧), 신역(新譯)으로는 유심유사정(有尋有伺定)이고, 제2선 이후부터 모든 근본정과 근분정은 무각무관삼매 혹은 무심무사정인데 비해, 중간선은 각은 없지만 관은 작용하는 무각유관삼매 혹은 무심유사정이라는 차이가 있는 것이다. 이에 대한 상세한 설명은 초선 설명 이후로 미루고 이곳에서는 중간선과 근분정 사이에 이러한 차이가 있으므로 분별해서 설명하는 것이 이해하기 편하다는 점만을 적시하기

로 한다.

원효대사는 『기신론소』에서 수행자가 초선에 들기까지의 과정을 『유가사지론』 「성문지」에 나오는 구종심주(九種心住)로써 설명하고 있다. 즉 처음 외부의 경계로 향하는 마음을 거두어들여 내부에 머물게 하는 ① 내주(內住)의 단계에서 시작하여 내부에 머무는 것이 오래 지속되는 것이 ② 등주(等住)이다. 그러다가 잠깐 실념(失念)하거나 외부 경계로 산란해지면 다시 내부 경계로 편안히 돌아오게 하는 것이 ③ 안주(安住)이고 가까운 것을 먼저 생각하여 생각이 외부로 멀리 가지 않고 근처에 머무는 것이 ④ 근주(近住)이다. 음식이나 이성에 대한 생각으로 집중이 어려우면 이것이 근심을 일으킨다는 연상을 하여 마음을 조복하는 것이 ⑤ 조순(調順)이고 오욕이나 오개 등의 번뇌로 동요가 되면 이것을 먼저 조복시켜 고요하게 하는 것이 ⑥ 적정(寂靜)이다. 이렇게 하다가 잠깐의 실념으로 오욕이나 오개가 마음에 나타나면 이를 따라가지 않고 바로 지워버리는 것이 ⑦ 최극적정(最極寂靜)이고 이러한 노력의 결과로 생각이 간단없이 한 경계에 머물게 되는 것이 ⑧ 전주일취(專注一趣)이다. 이리하여 더 이상 집중을 위해 노력하지 않아도 마음이 한 경계에서 떠나지 않는 삼매 상태에 들어가게 되면 ⑨ 등지(等持)라 하는데 이 아홉 번째 단계에 이르면 팔촉(뒤에 설명함)이 일어나면서 초선에 들어가게 된다고 한다. 이 구종심주는 내주가 가장 처음이고 등지가 가장 마지막이긴 하지만 반드시 이 아홉 단계를 거치는 것은 아니고 수행자의 근기와 상황에 따라 중간 과정의 선후가 바뀌거나 필요하지 않은 경우도 있다.

욕계정이나 미도지정에 들어갔다는 것은 수식 등 지(止) 중심의 수행을 오래 반복적으로 이어가다가 정신적으로나 신체적으로 처음 큰 변화를 체험하게 됨을 의미한다. 자신의 수행이 진전되고 있음을 분명하게 느낄 수 있어서 자못 흥분될 수도 있다. 그러나 이 가운데는 잘못된 현상이 나타나는 경우도 적지 않으므로 자신이 증득한 정이 바른 것인지 점검해야 할 필요가 있다. 욕계정이나 미도지정 단계에서 나타나는 잘못된 현상은 크게 두 가지로 나눌 수 있으니 지나치게 밝은 것과 반대로 지나치게 어두운 것이 그것이다. 밝다는 것은, 정에 들었을 때 청·황·적·백색으로 빛나는 외부의 경계가 보이거나 해·달·별·궁전과 같은 것이 보이는 상태를 말한다. 하루나 내지는 7일이 되도록 선정이 이어지면서 마치 신통을 얻은 것처럼 여러 가지 현상을 보게 되는 것은 삿된 것이니 빨리 떠나야 한다. 두 번째로 이 정에 들었을 때 깜깜하게 어두워 마치 깊이 잠든 것처럼 아무것도 알아채거나 느끼지 못한다면, 이것은 바로 심상(心想)이 없는 법이다. 이는 수행인으로 하여금 전도된 마음을 일으키게 만들므로 급히 버려야 한다.

2) 초선(初禪)

초선의 근분정, 즉 미도지정 상태는 짧게는 하루 만에 끝나기도 하고 일주일이나 한 달, 심지어 1년 정도를 더 이상의 진전 없이 이어지기도 한다. 이렇게 오래도록 진전이 없다 할지라도 정심(定心)이 흐트러지지 않도록 잘 지키고 증장시키다 보면 어느 순간 몸이 조금씩 진동하는 것을 느끼게 되는 때가 온다. 몸에 진동이 느껴질 때 다시 몸에 대한 감각이 살아나기는 하지만 그 느낌은 구름 같고 그림자 같아서 평소와는 다르다. 진동은 머리 등 신체 상부에서 시작하는 경우가 있고 허리나 발바닥 등 하부에서 시작하는 경우가 있는데 위에서부터 생기면 대개 선정이 끝나고 아래에서 생겨서 몸 전체에 퍼져나가면 더욱 진전이 되는 경우가 많으므로 이에 따라 수행을 이어갈지 여부를 결정해야 한다.

진동하는 느낌, 즉 동촉(動觸)이 일어날 때는 좋은 느낌이나 공덕이 수반된다. 그것은 대략 열 가지 선법(善法)으로 나눌 수 있으니 ① 마음이 편안하게 안정되는 것[定], ② 마음에 장애물이 없어지는 것[空], ③ 마음이 밝고 깨끗해지는 것[明淨], ④ 희열[喜], ⑤ 즐거움[樂], ⑥ 자연히 선한 마음이 생기는 것[善心生], ⑦ 지견이 밝아지는 것[知見明了], ⑧ 번뇌에서 벗어나는 것[無累解脫], ⑨ 경계가 나타나는 것[境界現前], ⑩ 마음이 조복되어 부드러워지는 것[心調柔軟] 등이다. 이러한 선법이 수반되는 동촉이 신체에 일어나는 현상은 하루 만에 끝나기도 하고 혹은 열흘이나 1개월, 심지어 1년 동안 계속되는 경우도 있다.

몸이 진동하는 현상이 끝나면 다시 다른 감촉이 차례로 일어나게 되는데 이러한 감촉들을 앞의 촉감과 합쳐서 보통 팔촉(八觸)이라고 부른다. 팔촉이란 ① 진동하는 느낌[動觸], ② 간지러운 느낌[痒觸], ③ 서늘한 느낌[凉觸], ④ 따뜻한 느낌[暖觸], ⑤ 가벼운 느낌[輕觸], ⑥ 무거운 느낌[重觸], ⑦ 껄끄러운 느낌[澁觸], ⑧ 매끄러운 느낌[滑觸]이다. 각각을 조금 세분하여 16촉으로 나누기도 하지만 양자의 차이는 미세하므로 언어로는 분별하기 쉽지 않다. 이 팔촉이 일어나는 것은 정해진 순서는 없지만 대개 진동하는 느낌이 가장 먼저 일어나며, 차례대로 팔촉이 모두 일어나는 경우도 있고 한두 가지만 일어나는 경우도 있다. 다만 미도지정 상태에 미처 이르지 못하였는데 이러한 촉감이 일어나는 것은 대개 잘못된 경우이므로 주의해야 한다. 또한 팔촉이 일어났는데 앞서 열거한 열 가지 선법이 수반되지 않거나 촉감이 지나치게 강력하게 일어나는 것 등도 모두 잘못된 경우이므로 수행을 일단 멈추어야 한다.

팔촉이 일어나는 것은 초선에 들어갔다는 징후이므로 수행자로서는 크게 고무되는 일이 아닐 수 없다. 그런데 이 팔촉은 어떤 물체가 몸에 닿은 것과 같이 신근(身根)과 촉경(觸境)이 만나서 일어나는 감촉, 즉 외부로부터 오는 것이 아니다. 그렇다면 어떻게 일어나는 것일까? 천태대사는 이에 대해 "색계의 오온이 욕계의 몸에 머물면 거친 색과 미세한 색이 서로 어긋나게 되므로 팔촉이 생긴다."고 설명한다. 삼계 가운데 색계는 천신들만의 세계이다. 그들을 이루고 있는 신체도, 그들이 입는 옷(天衣)이나 머리에 쓰는 화관(花冠)도 모두 사대(四大)로 이루어진 색법이다. 다만 그 색은 매우 미세하고 청정하여 거친 색법으로 이루어진 욕계의 존재들로서는 오관으로 포착하기 어렵다. 그런데 욕계에 살고 있는 범부였던 수행자가 초선에 들어간다는 것은 색계에 들어감을 의미하고 색계에 들어간다는 것은 색계 천신들과 몸과 마음에서 동일한 상태가 된다는 것을 말한다. 마치 마음에 큰 근심이 있으면 육신도 그에 따라 병이 드는 것과 같이 수행자의 마음 상태가 욕심을 버리고 색계의 존재들과 같이 되니 신체도 그에 따라 변화하게 된다는 것이다. 이렇게 변화하는 과정에서 거친 색과 미세한 색이 서로 저촉하게 되어 팔촉이 일어나는 것이니 외부의 촉경을 인하여 발생하는 감촉이 아니라 신근 자체에서 일어나는 감촉이 된다.

수행자가 지관을 수행하는 것은 외견상 그냥 눈을 반쯤 감고 방석 위에 가부좌를 하고 앉아 있는 것이지만 내면적으로는 욕계정, 미도지정을 거쳐 초선, 제2선 등 점차 심화되는 과정을 겪는다. 이러한 단계의 차이를 구분하는 지표는 심리상태의 특성에 따른 것이 대부분이지만 신체적 변화가 수반되는 경우도 있다. 지금 초선에 들면서 팔촉이 일어나는 것도 신체적 변화의 한 가지라고 할 수 있다. 그렇다면 심리적 상태는 어떤 변화를 보이게 되는가?

디야나(dhyāna)를 번역한 용어 가운데 공덕총림(功德叢林)이라는 것이 있다. 온갖 공덕이 숲처럼 모여 있는 것이 선(禪)이라는 의미인데, 이 가운데 삼매 자체에서 얻어지는 심리적인 특징은 '지림(支林)' 혹은 '지림공덕(支林功德)'이라고 표현한다. 즉 '가지들이 모인 숲'이라는 의미로서 초선과 제3선에 각각 다섯 가지, 제2선과 제4선에 각각 네 가지씩의 가지[支]가 있다. 앞의 욕계정이나 미도지정, 또 이후에 설명하게 될 중간선과 근분정들은 이러한 지림공덕이 없으므로 정지(正地)로 인정되지 않고 다음 단계로 가기 위한 중간적 역할, 혹은 다음 단계에 도달하기 직전에 나타나는 상태 정도로 간주되는 것이다. 또한 지림공덕은 삼매의 정법(定法)이 쉽사리 깨지지 않도록 지탱해 주는 역할을 하므로 이러한 지림공덕이 없는 중간선이나 근분정은 정의 깊이가 얕아서 쉽사리 깨질 수도 있다. 이 지림의 숫자는 논서에 따라 조금씩 차이를 보이고 있고 용어도 번역자에 따라 다르지만 『대지도론』을 주된 전거로 삼고 있는 천태대사의 방식을 기준으로 설명을 진행한다.

초선에서 나타나는 다섯 가지의 지림공덕, 즉 초선의 5지(支)란 각(覺)·관(觀)·희(喜)·락(樂)·일심(一心)이다. 이와 관련하여 초선에 들어간 모습을 묘사하는 경전 구절은 대체로 유사한 형태로 나타나는데『잡아함경』의 여러 곳에서 묘사된 내용을 기준으로 예를 들어보면 다음과 같다.

> 선하지 않은 법인 욕심과 악을 떠나는 것을 익혀서 각과 관이 있으며 떠남에서 기쁨과 즐거움이 생기는 초선을 갖춘다[學離欲惡不善法 有覺有觀 離生喜樂 具足初禪].

경문 가운데 "욕심과 악을 떠난다."고 할 때 욕심이란 외방편 항목에서 설명하였듯이 오욕(五欲)이고 악이란 오개(五蓋)를 가리킨다. 이 두 가지를 버리는 것은 초선에 들기 위한 조건을 설한 것이고 "각과 관이 있으며 떠남에서 기쁨과 즐거움이 생긴다."는 것은 초선에 들었을 때 생기는 지림공덕을 가리키는 것이다.

각과 관이란 무엇인가? 천태대사는 각(覺, vitarka)이란 '어떤 대상을 깨달아 아는 첫 마음'이고 관(觀, vicāra)이란 '뒤따라서 세밀하게 분별하는 마음'이라고 설명하고 있다. 그런데 각이라는 한자어는 대각(大覺)을 이룬다고 하듯이 '깨달음'을 가리키기도 하고 감각(感覺)이 있다는 말처럼 '통각'이라는 의미로도 사용된다. 또한 관에도 관찰한다는 지관의 관이 있으므로 혼동되기 쉬운 번역이다. 이를 피하고자 한 때문인지 현장이 번역한 신역으로는 이를 바꾸어서 심(尋)과 사(伺)라고 하였다. 이 두 가지는 심소법 가운데 선악이 결정되지 않은 부정심소(不定心所)로서 '찾아 구하는 것[尋求]'과 '(슬쩍) 살피는 것[伺察]'이라고 『성유식론』 7에서는 정의하고 있다.

　사람의 마음(제6의식)은 항시 여기저기를 돌아다니면서 인식할 대상을 찾아 헤매는 속성을 가지고 있다. 돌아다니다가 안근(眼根)에 잠깐 머물면 비추어진 색경(色境)에 대해 안식을 일으켰다가 금세 이근(耳根)으로 옮아가 접촉된 성경(聲境)에 대해 이식을 일으키곤 한다. '찾을 심(尋)'이라는 단어는 배고픈 승냥이가 먹이를 찾아 헤매듯 마음이 계속 육근의 여기저기를 돌아다니며 인식대상을 찾는다는 느낌을 주는 용어이고 '엿볼 사(伺)'는 지관의 관(觀)과 같이 인식대상을 정면으로 연구하고 분별하는 것이 아니라 슬쩍 곁눈질하여 무엇이라고 개략적인 판단을 내리는 정도만의 작용을 한다는 분위기를 가진 단어이다. 이 두 가지는 언어를 매개로 하여 일어나는 인식작용이다. 『잡아함경』 568경에 "각과 관이 있어서 입으로 말을 하므로 각과 관은 구행(口行)이라 한다." 하였고 『성유식론』 7에서는 "심과 사의 심소는 단어[名身]·문장[句身]·글자[文身]를 인식대상[所緣]으로 삼는다."고 하였다. 즉 어떤 대상을 찾아 인식을 일으킬 때, 예를 들어 팔촉이 일어난다면 그 자체로 느끼기만 하는 것이 아니라 "진동한다." 혹은 "동촉이다."라고 언어를 매개로 하여 판단한다는 것이다.

　소리나 냄새 등 5경과 늘 뒤섞여 생활하고 있는 산심 상태에서는 각관, 즉 심사가 항상 작용하겠지만 눈을 감고 방석에 앉은 채 삼매에 든 지금 무슨 각관이 작용하는가? 그것은 바로 신근(身根)에 작용하는 촉경에 대해서이다. 앞서 미도지정 상태에서는 몸에 대한 감각이 전혀 없다가 문득 신체가 꿈틀꿈틀 움직이는 느낌[동촉]이나 따뜻해지는 느낌[난촉] 등 팔촉이 일어난다고 하였다. 이 순간 표면적인 인식활동이 다시 살아나서 지금 자신의 신체에 특이한 촉감이 일어나고 있음을 대략적으로 느끼는 것이 각(尋)이고 그것이 동촉인지 난촉인지를, 언어라는 매개를 통해 분별하는 것이 관(伺)이다.

각과 관은 같은 대상에 대해 작용하는 것이지만 미세한 차이가 있다. 각은 신근과 신식이 상응한 것이고 관은 의근과 의식이 상응한 것이다. 각이 작용할 때는 관이 명료하지 않고 관이 작용할 때는 반대로 각이 명료하지 않다. 이 두 가지 심소의 사이를 명확하게 가르는 것은 불가능하지만 짧은 시간이나마 두 심소가 발생하는 사이에 전후의 차이가 있으므로 둘로 나누어 설명하는 것이 편리하다. 수행자에게 팔촉이 일어났을 때 각관을 통해 이것이 어떤 현상인지를 대략 분별한 뒤 이 정을 계속 유지할지 여기서 일단 멈추어야 할지, 지금 수행이 정상적으로 진행되고 있는지 등등의 많은 판단을 하게 되는 것은 앞서 외방편 조목에서 밝힌 다섯 가지 마음 가운데 교혜(巧慧)의 작용이 된다. 이 각과 관은 기본적으로는 부정심소이지만 여기서는 초선을 유지시켜 주는 역할을 하므로 선한 마음작용이라고 할 수 있다.

초선을 특징짓는 세 번째와 네 번째 지림은 희(喜, prīti, 기쁨)지와 낙(樂, sukha, 즐거움)지이다. 각관과 교혜 등의 분별작용을 통하여 지금 자신에게 일어난 팔촉이 과거에 경험해 보지 못한 진귀한 느낌임이 자각되면서 기쁜 마음이 일어난다. 이 기쁨과 즐거움은 맛있는 것을 먹었거나 아름다운 소리를 듣는 등 세속의 오욕이 충족되었을 때 느껴지는 것과는 근원과 정도가 많이 다르다. 즉 오욕이 충족되는 것은 전5근에서 오는 만족감이지만 초선에서 나타나는 기쁨과 즐거움은 신근에서 비롯되는 것도 없지 않으나 근본적으로는 의근에서 비롯된 것이다. 구체적으로 말하면 팔촉을 통해 느끼는 감정도 매우 기분 좋은 것이지만 그보다는 그토록 바라던 삼매의 경지, 초선에 든 것임을 말해주는 징표가 팔촉이므로 기쁨과 즐거움이 일어난 것이다. 초선에 들었다는 것은 달리 말하면 현재 수행자의 마음에는 오욕과 오개가 전혀 현현하지 않는다는 것을 의미한다. 경문에서 "떠남에서 기쁨과 즐거움이 생기는 초선"이라고 표현한 것은 바로 오욕과 오개를 떠났기 때문에 기쁨 등이 생겼음을 말하는 것이다. 이 기쁨은 또한 삼매에 들기 위하여 버려야 했던 오욕락이 사실 곧 깨어질 미미한 것이고 현재 얻은 초선의 즐거움이 한결 큰 것임을 확인한 데에서도 기인한다. 이렇듯 팔촉을 각과 관으로 확인한 이후 마음에 찾아오는 기쁨과 즐거움이 희지와 낙지이다.

용어만으로는 희와 낙, 즉 기쁨과 즐거움을 구별하기 어렵지만 둘 역시 각과 관의 관계처럼 구별이 된다. 먼저 팔촉이 일어났음을 각과 관을 통해 감지하였을 때 일어나는 정신적인 감동이 기쁨이고 몸 전체에 퍼지는 팔촉 자체를 감성적으로 느긋하게 즐기는 만족감이 즐거움이다. 비유하면 목마른 사람이 샘을 발견하였을 때의 감정이 기쁨이라면 샘물을 마셔서 시원함을 온몸으로 느끼는 것이 즐거움이다. 기쁨은 희근(喜根)과 상응하고 섬세하지 못하며 뛸 듯한 느낌으로 빨리 나타나는 데 비해 즐거움은 낙근(樂根)과 상응하고 섬세하며 편안하고 고요하게 천천히 나타난다. 기쁨과 즐거움은 제2선에서도 나타나지만 제3선에 들어가면 기쁨은 사라지고 즐거움만 일어나므로 이 두 가지는 구별되는 감정임을 알 수 있다.

초선의 다섯 번째 지림은 일심지(一心支)이다. '일심'이란 마음이 하나로 모였다는 의미인데 앞에서 외방편 가운데 행해야 하는 다섯 가지 중 하나인 일심(一心)과는 내용이 조금 다르다. 즉 외방편으로서의 일심이 의지적 작용이 가해지는[加行] 과정으로서 마음을 하나로 모으기 위한 노력을 가리키는 것이라면, 여기서의 일심은 새롭게 가행하지 않고도 자연히 이루어지는 상태로서의 일심이다. 그러므로 일심이라는 용어보다는 신역인 심일경성(心一境性, cittasyaikāgratā)이 의미 전달에는 더 적합하다고 여겨진다. 시간이 경과하면서 각과 관, 그리고 기쁨과 즐거움이 어느 정도 잦아들면 팔촉이 지속된다 하여도 그로 인해서 마음이 분산되는 일이 없고 고요한 상태에 머물 수 있게 되니 이것이 일심지, 즉 심일경성의 마음 상태이다.

초선의 5지는 앞의 한 가지가 사라지고 나면 뒤의 한 가지가 앞을 대체하여 나타나는 것이 아니고 전체적으로 다섯 가지가 함께 작용을 하지만 첫 시기에는 각과 관의 작용이 강하고 뒤의 단계에서는 일심의 작용이 강해서 앞의 네 가지가 덮이는 것이다. 천태대사는 앞에 종을 치고 조금 뒤 다시 종을 치면 앞의 종소리는 들리지 않고 뒤의 종소리만 들리는 것 같지만 사실 앞의 종소리가 사라진 것은 아닌 것과 같다는 것으로 비유하고 있다. 이 다섯 가지가 함께 모여서 초선이라는 삼매를 지켜주는 기둥처럼 작용하므로 이 상태는 매우 견고하여 쉽사리 깨어지지 않는다.

지금까지 살펴본 특징들로 인해서 초선을 부르는 별칭이 있다. 각과 관이 유지되고 있는 정이라는 면에서는 유각유관삼매(有覺有觀三昧), 신역으로는 유심유사정(有尋有伺定)이라고 한다. 이에 비해 다음 단계인 제2선에 들어간 이후부터 각 단계의 근본정과, 근본정에 이르기 직전인 근분정에서는 각과 관이 작용하지 않으므로 무각무관삼매(無覺無觀三昧), 무심무사정(無尋無伺定)이라고 한다. 또 『대방등대집경』22에서는 초선이 5지 공덕을 갖추고 있다는 점에서 '구족(具足),' 오개를 떠났다는 점에서 '원리(遠離)'라고 부른다고 설명한다. 또 제2선부터는 의식 가운데 언어작용이 없으므로 성묵연정(聖默然定)이라 부르는 데 비해 초선은 언어작용인 각관이 있으므로 성설법정(聖說法定)이라고 부르기도 한다.

초선을 얻게 되면 발현하는 공덕이 매우 많다. 전술한 것처럼 팔촉에 따른 열 가지 공덕이나 삼매를 얻은 데 따른 기쁨과 즐거움 등 5지의 공덕도 좋은 것이지만 이밖에 믿음과 계를 지키는 힘이 강해지고 평정심과 지혜가 늘어난다. 그러나 무엇보다도 중요한 것은 초선에 들었을 때 오욕과 오개가 작용하지 않는다는 점이다. 이들은 마음을 산란하게 할 뿐 아니라 선입견으로 작용하기 때문에 사물의 실상을 바로 보는 데 장애가 되는데 이들이 현현하지 않는 상태가 되었으므로 근기에 따라서는 외부 사물이나 자신의 마음을 본래 모습 그대로 관찰하여 도를 깨칠 수도 있게 되는 것이다. 이를 '도를 본다[見道]'고 표현하기도 하고 '견도위(見道位)에 들어간다.'고 부르기도 한다. 도를 깨치는 것, 즉 무루지혜를 얻는 것은 이 상태에서 자연히 이루어지는 경우도 있고 의도적으로 관을 행하여 진리를 보는 경우도 있다. 도를 깨친다면 삼매에서 나와 산심 상태로 돌아간다 해도 삼독의 작용이 매우 약해지게 되며 수도(修道) 단계에서 끊어야 하는 번뇌, 즉 사혹(思惑=수혹修惑)을 끊을 수 있는 경지에 이르게 된 것이라 할 수 있다. 하지만 초선에서 도를 깨치지 못한다면 출정(出定)하여 산심 상태가 되었을 때 이전보다는 약할지라도 다시 오욕과 오개가 발현하게 된다. 초선에 들어갔다는 것은 도를 얻기 위한 조건적 상태가 이루어진 것일 뿐 그것 자체로 도를 얻은 것은 아니다.

3) 중간선(中間禪)과 근분정(近分定)

초선은 욕심이 작용하지 않는 매우 고요한 상태이지만 아직 완전히 안온한 단계라고 하기 어렵다. 그것은 5지공덕 가운데 각과 관이 있기 때문이다. 전술하였듯이 각과 관은 언어를 매개로 일어나는 분별작용이라 하였는데 이러한 분별작용은 마음을 적정하게 하여 삼매가 심화되는 것에 장애가 된다. 각관은 초선을 일으키고 유지하는 것에는 디딤돌로 작용했지만 삼매를 더 심화하기에는 걸림돌이 되는 이중적 성격을 가지고 있다. 그러므로 초선에 든 상태에서 각과 관을 제거해야 더욱 깊고 고요한 단계인 제2선에 들어갈 수 있다.

초선에 들어 5지공덕이 차례로 나타난 이후에는 심일경성만 강하게 나타나는 상태가 유지되는데, 이를 성묵연심(聖默然心)이라고 한다. 이때 수행자는 출정을 할지 더욱 삼매를 심화할지를 판단해야 하는데 이때 작용하는 심소가 방편행의 '행오법'에서 설명한 교혜이다. 이 마음작용을 통해 삼매를 진전시키는 것이 옳다고 판단되어 더 깊이 들어가고자 한다면 염(念)을 해야 한다. 염도 역시 행오법(行五法) 가운데 하나로서 그 내용은 초선은 낮은 단계이고 제2선은 높은 단계라고 평소에 학습한 내용을 계속 되새기는 것이다. 구체적으로 예시한다면 초선은 각과 관이 있어 정심(定心)을 핍박하므로 괴로움이고, 기쁨과 즐거움이 각과 관에서 비롯되었으므로 거칠며, 이 두 법이 삼매가 깊어지는 것을 가로막으므로 장애라고 생각한다. 이에 비해 제2선은 마음이 청정해지므로 즐거움이고, 기쁨과 즐거움이 마음의 청정함에서 생기므로 미묘하며, 장애를 여의었으므로 벗어났다고 생각한다. 이렇게 얕은 단계가 괴롭고[苦] 거칠며[麤] 장애[障]가 되고, 깊은 단계는 즐겁고[樂] 미묘하며[妙] 벗어난 것[出]이라고 억념하는 것을 육행관(六行觀)이라 한다. 명칭은 '관'이지만 구체적 마음작용의 내용, 즉 심소법으로 본다면 염을 행하는 것이다.

육행관을 통해서 현재의 상태보다 더욱 즐겁고 미묘한 깊은 단계가 있음이 마음속에 뚜렷이 각인되면 초선을 떠나기 위한 방편을 써야 한다. 그것은 대개 세 가지로 요약할 수 있는데 첫 번째로 초선의 정심(定心)을 더 이상 받아들이지 않고 그에 집착하는 마음도 일으키지 않는 것이고 두 번째, 초선은 저열한 것이라고 책망하는 것이다. 세 번째는 초선이 안온하다 해도 결국 오온으로 이루어진 유위법일 뿐이고 그 자성은 공하다는 것을 관찰하고 분석하는 것이다. 이러한 방편을 사용하면 더 이상 각과 관이 작용하지 않게 되는데 이 두 가지만 사라지는 것이 아니라 초선의 5지공덕과 마지막의 성묵연심도 모두 사라지게 된다. 이때 어렵게 얻은 초선이 사라지는 것에 대해 후회하는 마음이 일어나는 경우도 있지만, 이 마음을 따라가지 말고 계속 육행관을 행하도록 한다. 이렇게 초선이 물러나고 아직 제2선이 일어나지 않았지만 그렇다고 정에서 나와 산

108

심으로 돌아가지도 않은 상태를 중간선(中間禪)이라고 한다.

중간선은 근본정과 근본정 사이에 있는 선이라는 의미로서 삼매가 유지되고는 있지만 지림공덕이 없으므로 정이 견고하지 못하다. 또 인식대상을 찾아 거칠게 분별하는 각(심)의 작용은 없지만 언어를 통한 분별작용인 육행관을 계속 행하고 있으므로 무각유관삼매(무심유사정)라고 부른다. 또 전 단계의 마지막에 일어난 성묵연심이 전환된 마음이라는 의미로 '전적심(轉寂心)'이라고 부르는 조사들도 많고 『대지도론』에서는 '관(觀)이 상응한다.'고 표현하고 있다. 중간선은 이후 2선과 3선, 3선과 4선, 4선과 공무변처정 사이 등 각 단계의 근본정과 근본정 사이에 계속 나타나고 그때마다 육행관을 행해야 삼매가 유지되다가 다음 단계로 심화될 수 있다. 중간선 단계에서 육행관을 제대로 행하지 않으면 후회가 일어나 삼매가 깨지게 된다. 그러면 다시 전 단계의 삼매가 일어나는 경우가 있고, 이마저 사라져 출정하게 되는 경우도 있다.

중간선 단계에서 걱정하거나 후회하지 않고 공을 들이면서 육행관을 지속해 나가면 마음이 맑고 고요해지면서 언어를 매개로 삼는 분별작용이 아무것도 일어나지 않는, 초선의 미도지정과 유사한 단계가 다시 찾아온다. 제2선의 근분정(近分定) 혹은 방편정(方便定)이라 불리는 상태에 들어간 것이다. 근분이란 '근본정에 가까운 부분'이라는 의미이고 방편이란 '근본정에 이르기 위한 방편'이라는 의미이다. 앞에서 설명하였듯이 이 단계는 모든 근본정의 앞에 다 있어서 길거나 짧거나 반드시 거쳐야 하는 과정이다. 중간선과 근분정의 차이는, 중간선은 다음 단계에 들어가기 위하여 육행관이라는 언어 분별 작용을 주체적으로 일으켜야 하는

단계이고 근분정은 바로 다음 단계가 일어나기 직전에 자연스럽게 나타
나는, 언어작용이 전혀 일어나지 않는 고요한 단계라는 점이다.

4) 제2선

초선 이후 중간선 단계에서 육행관을 잘 행하여 제2선의 근분정에 돌
입하였을 때 이 상태를 잃어버리거나 퇴보하지 않고 오래도록 유지하면
서 마음을 모은다면 홀연히 마음이 밝고 깨끗해지면서 큰 기쁨과 함께
새로운 삼매가 발현한다. 마치 어떤 사람이 깜깜한 방안에서 해가 밝게
비추는 바깥으로 나온 것처럼 마음이 탁 트이면서 밝아진다. 제2선이 발
현하는 모습을 다시 『잡아함경』에서 빌려오면 다음과 같다.

> 각과 관이 있음을 떠나서 안이 고요하여 일심이 되고, 각도 없고
> 관도 없으며 정에서 기쁨과 즐거움이 생기는 제2선을 갖춘다[離有覺
> 有觀 內淨一心 無覺無觀 定生喜樂 具足第二禪].

경문에서 "각과 관을 떠났다."는 것은 초선에 있던 5지 가운데 각지
와 관지가 더 이상 작용하지 않게 되었음을 의미하고 나머지는 제2선의
지림공덕을 표현하고 있는 내용이다. 제2선은 4지가 있는데 그것은 내
정·희·락·일심이다. 초선의 5지와 비교하면 각과 관 대신에 내정이
들어가 있고 나머지는 같다.

제2선의 4지 가운데 첫 번째인 '내정(內淨)'은 안, 즉 마음이 깨끗해졌

다는 것이다. 앞의 초선에서는 팔촉이 생겼을 때 몸이 밝고 깨끗해지고 이로 인해 마음도 깨끗해졌다. 다시 말하면 신근이 색계의 섬세하고 청정한 색법으로 변화한 데 따라 신식이 상응한 것이므로 이는 육신, 즉 밖이 청정한 것[外淨]이라 할 수 있다. 이에 비해 제2선에서는 의근과 의식이 상응한 것이므로 초선과 비교하여 내정이라고 부르게 된다. 안과 밖이라는 것은 상대적 개념으로서 5근[몸]을 내부라 하면 5경[인식대상]이 외부가 되고, 의근(意根, 마음)을 내부라 하면 5근은 외부가 되는 것이다. 즉 여기서 말하는 내부는 외부대상에 대한 자신이 아니라 자신 가운데 신체에 대한 마음을 말하는 것이다. 이 마음 안에 때가 없다는 의미에서 내정이라 부른다. 각과 관은 언어를 동반한 분별작용이어서 마음을 동요시키는 허물이 있으므로 '때'라고 할 수 있는데 지금은 각과 관의 작용이 전혀 일어나지 않으므로 마음의 때가 없는 상태로서 내정이라고 부른다. 그러므로 내정이란 안의 마음에 각과 관이라는 때가 없다는 의미이다.

제2선의 두 번째와 세 번째 지림공덕은 초선과 마찬가지로 기쁨과 즐거움이다. 다만 이러한 감정이 생기는 근원이 초선과는 조금 다르다. 즉 초선에서는 '떠남에서 기쁨과 즐거움이 생긴다[離生喜樂].'고 하였지만 여기서는 '정에서 기쁨과 즐거움이 생긴다[定生喜樂].'고 표현되고 있는 차이이다. 이는 앞의 내정지 설명과 관계가 있다. 초선에서는 오욕과 오개가 있는 욕계를 떠나 색계에 진입하여 얻어지는 팔촉이 직접적 원인이 되어 기쁨과 즐거움이 생겼으므로 기쁨과 즐거움의 원인이 외부에 있지만 제2선에서는 마음에 각과 관이 사라져 고요해짐으로써 기쁨과 즐거움이 생겼으므로 그 원인이 내부의 정 자체에 있는 것이다. 이 때문에 기쁨과 즐거움이 초선에 비해 한결 미묘하고 청정하다. 다시 말하면 초선의 기쁨과 즐거움은 신식(身識)과 상응한 것이지만 제2선의 기쁨과 즐거움은 의식과 상응한 것이라는 점이 차이이다. 내정으로 인하여 제2선의 삼매가 기쁨과 함께 일어나고, 기쁨이 어느 정도 가라앉으면 편안한 가운데 몸과 마음 전체로 즐거움을 느끼게 된다. 이 즐거움은 앞의 기쁨에 비해 고요하면서도 면면히 오래 지속된다.

제2선의 지림공덕 가운데 마지막은 일심지(一心支)이다. 즐거움이 잦아들면 정 가운데 느끼는 기쁨과 즐거움이 더 이상 자극을 주지 않고, 또한 외부의 인연을 대상으로 하여 인식을 일으키는 일도 없어서 일체 동요가 없는 한 마음이 되므로 일심이라고 한다. 이는 앞에서 설명하였듯이 심일경성이라고도 한다. 내정지를 비롯하여 지림공덕이 일어날 때 열 가지 선한 법이 공덕으로서 뒤따라오는 것은 앞서 초선에서 설명한 것과 같다.

제2선 이후부터 모든 근본정은 언어로 분별하는 각과 관이 일어나지 않으므로 무각무관삼매(무심무사정)라고 부른다는 것은 전술한 바와 같다. 또한 오욕과 오개를 떠났고 지림공덕의 선법을 갖추었다는 점에서 초선과 같지만, 제2선의 특징은 정이 기쁨과 함께 일어난다는 점에 있으므로 『보살지지경』에서는 희구선(喜俱禪)이라고 부른다.

제2선에 들어가면 믿음이 강화되고 자신의 잘못에 대한 부끄러운 마음이 생기며 탐욕심과 성내는 마음이 일어나지 않는 등 여러 가지 공덕이 생기는 것이 초선보다 수승하다. 또한 초선보다 삼매가 깊은 경지이므로 실상을 관하여 도를 깨닫는 것이 초선보다 용이하다. 그러나 초선과 마찬가지로 제2선에 들었다는 사실 자체가 깨달음을 얻은 것은 아니다.

5) 제3선

　제2선은 언어가 매개된 각과 관이 없이 마음이 깨끗한 데서 일어나는 정이지만 동시에 크게 일어나는 기쁨으로 마음이 동요될 수 있다는 문제가 있다. 제2선의 4지 가운데 희지와 낙지는 삼매를 더욱 깊게 하는 데 장애가 되는데 특히 희지의 장애가 크다. 느리고 묵직하게 전신으로 느껴지는 즐거움(낙지)에 비해 희지는 신속하고 정신적인 것이므로 동요를 일으키기 쉬운 것이다. 수행자가 제2선에 들어가고 나오는 것이 충분히 숙달되었다면 더욱 깊은 경지로 들어가기 위하여 희지를 제거하도록 해야 한다. 이를 위해서는 초선에서 나와 제2선에 들어갈 때와 마찬가지로 제2선의 마지막 단계인 성묵연심에서 지금의 단계는 아직 얕고 제3선이 한결 수승하고 미묘하다는 생각을 하는 육행관을 행하고 앞에서 설명한 세 가지 방편 가운데 하나를 행해야 한다. 즉 기쁨을 받아들이지 않는 것, 이를 가책하는 것, 기쁨의 원인과 내용을 분석하여 관하는 것이다.

　그러면 더 이상 기쁨이 일어나지 않게 되고 이와 함께 제2선의 4지와 성묵연심마저 사라지게 된다. 이를 중간선이라 하는데 초선과 제2선 사이의 중간선과 양상은 똑같으나 깊이가 더욱 깊다. 이때 역시 걱정하거나 후회하지 않는 것이 중요하고 육행관을 일심으로 행해야 한다. 이렇게 공을 들이면서 정진하여 쉬지 않는다면 마음이 다시 잠잠해지면서 더 이상 공력을 들이지 않아도 자연히 맑고 명징한 상태가 되니 이것이 제 3선의 근분정이다. 이 뒤에 마음이 사라진 듯이 삼매에 들어가게 되는데 이때 즐거움이 함께 일어난다. 이 즐거움은 외부의 경계나 마음속의 경 계에 의지하지 않고 스스로 일어나는 것으로서 제2선처럼 뛸 듯한 기쁨 과 함께 일어나는 것이 아니라 고요하면서도 미묘하여 세속의 어떤 즐거 움과도 비교하기 어렵다.

제3선이 일어나면 즐거움이 조금씩 번져 나가는데 이것이 아직 온몸 에 충분히 퍼지지 않았을 때, 다시 말하면 정이 다 발현하지 않았을 때 나타나기 쉬운 잘못이 있으니 주의해야 한다. 첫 번째는 아직 삼매가 얕 은데 마음이 침몰하여 지혜의 작용이 너무 적은 것이고, 두 번째는 반대 로 지혜 작용이 지나쳐 마음이 안온하지 못한 것이다. 세 번째는 정과 혜 가 균등하게 작용하기는 하지만 이 즐거움이 매우 미묘하여 집착하는 마 음이 일어나는 경우이다. 제3선에서 이러한 잘못이 일어나기 쉬운 이유 는 이때 일어나는 즐거움이 평소 겪어보던 그 어떤 즐거움과도 비교되지 않을 정도로 강력하기 때문이다. 그러므로 『대지도론』 17에 "이 (3선의) 즐거움은 세간에서 제일이어서 집착을 일으키기 쉬우니 범부들은 버릴 수 있는 이가 적다."고 하였다.

이러한 세 가지 잘못이 있으면 즐거움이 온몸에 두루 퍼질 수 없어서 정이 온전하게 일어나지 않으므로 수행자는 이때 잘 조절해야 한다. 조 절하는 방법은 앞의 외방편에서 설명한 바와 같다. 즉 마음이 너무 가라 앉으면 정진과 교혜 등을 계속 억념하여 마음을 일으키고 반대로 마음이 지나치게 들뜨면 삼매에 들 때 사용한 정법(定法)을 계속 떠올려 가라앉힌다. 즐거움에 탐착하는 마음이 일어나면 육행관과 같이 이후에 올 더 큰 즐거움과 뛰어남을 상기하여 스스로 각성시키고 집착하는 마음을 조복해야 한다. 이러한 염의 방식을 통하여 제3선 초기에 일어나는 즐거움을 알맞게 조절한다면 이 즐거움이 몸 전체에 두루 퍼지면서 삼매가 온전히 발현할 수 있다.

제3선이 일어나는 모습을 『잡아함경』에서는 다음과 같이 묘사하고 있다.

> 기쁨을 떠난 평정한 마음으로 정념과 정지에 머물며 몸과 마음으로 기쁨을 느끼니 성인이 설한 평정함에 도달하여 제3선을 갖춘다 [離喜捨心 住正念正智 身心受樂 聖說及捨 具足第三禪].

경문에서 "기쁨을 떠난 평정한 마음"이란 제2선의 희지가 더 이상 발현하지 않음을 의미하고 이후의 정념과 정지 등은 제3선의 지림공덕을 설명하는 내용이다. 이 경문에는 명확하게 표현되어 있지 않지만 일반적으로 제3선의 지림공덕은 모두 다섯 가지로 세분하니, 그것은 사 · 염 · 지 · 락 · 일심이다.

첫 번째 공덕인 사지(捨支)란 평정심을 의미한다. 한문으로 '버리다'는 뜻을 가지고 있는 이 글자는 심리를 나타낼 때는 보통 두 가지로 사용된다. 하나는 오온 가운데 수온(受蘊)의 한 가지로서 괴롭지도 즐겁지도 않은 느낌(aduḥkhāsukha-vedanā), 즉 고수(苦受)나 낙수(樂受)가 아닌 불고불락수(不苦不樂受)를 말하고 다른 하나는 행온(行蘊)에 속하는 것으로서 마음이 들뜨거나 지나치게 가라앉지도 않아 적정한 심리작용인 평정심(upekṣā)을 말한다. 구사학에서는 대선지법(大善地法), 유식학에서는 선심소(善心所)로 분류되는 이것이 바로 제3선에서 나타나는 사지이다. 논서에 따라서는 이것이 행온에 포함되는 사임을 밝히기 위해서 행사지(行捨支)라고 부르기도 한다. 천태대사는 사지를 '평정심'이라는 본래 의미와 '버리다'라는 한자의 의미를 살려서 풀이하고 있다. 제2선에서 나타나는 희지, 즉 기쁨을 '버려도' 후회하지 않는 것, 또한 제3선이 일어나는 초기에 빠지기 쉬운 세 가지 잘못을 잘 '버린 것'이 바로 사지의 의미라고 설명하는 것이다.

두 번째 염지(念支)와 세 번째 지지(智支)는 제2장에서 설명한 다섯 가지 조절법[行五法]과 연관이 있다. 제3선 초기에 강력한 즐거움이 일어날 때 이로 인해 마음이 침잠하거나 들뜨거나 집착하기 쉽다고 하였는데 이때 앞에서 설명하였듯이 세 가지 조절법을 잘 기억하여서 즐거움이 더욱 늘어나고 유지되도록 하는 것이 염(念)이다. 지(智)란 즐거움이 일어날 때 자신이 잘못을 저지르지 않도록 잘 판단하는 것이고, 만일 잘못된 상태에 빠졌다면 바로 염을 일으켜 다스릴 것을 결정하는 마음이다. 이는 다섯 가지 조절법 가운데 교혜와 같은 것으로서 위에서 인용한 경문에서는 정지(正智)라고 설하고 있지만 논서에 따라서는 정혜(正慧)라고 표현하는 것에서도 알 수 있다.

네 번째 낙지(樂支)란 삼매에 들면서 처음 일어난 즐거움과 이를 잘 조절하여 온몸 전체에 퍼지는 즐거움을 말한다. 이 즐거움은 범부들은 버리기 매우 어려울 정도로 미묘하고 뛰어나다고 하였는데 어째서 그러한 가? 일반적으로 욕계의 즐거움은 전5근에 5경이 접촉하여 5식으로 느낀 뒤 이것을 재료로 삼아 제6의식으로 이어진다. 예를 들면 아름다운 모습, 맛있는 음식, 부드러운 촉감 등이 5근에 접촉하였을 때 즐거운 감정을 일으키고 이것이 의식으로 이어져 즐거움을 더욱 확장시키는 방식이다. 그러나 이 즐거움은 상대적으로 짧고 시간이 경과하면 괴로움으로 이어지는 경우가 많다. 이에 비해 색계의 삼매에 든 상태에서 나타나는 즐거움은 외부의 오경에서 비롯되는 것이 아니다. 초선에서 나타나는 즐거움은 팔촉으로부터 촉발되었으므로 신근과 연관되기는 하지만 이는 순전히 외부의 5경에 의해 발전한 것이 아니라 의식의 작용이 주된 원인이고, 또 제2선에서 일어나는 즐거움은 순수하게 제6의식 내부에 의한 것이라 하였다. 그런데 제3선의 즐거움은 제6의식에서 시작하여 이것이 전5근 전체로 퍼지게 된다고 한다. 즉 정신적으로 즐거움이 일어난 뒤 이것이 신체 전체로 퍼져서 모든 모공, 육근 전체에서 희열을 느끼게 된다는 것이다. 아비달마 논서의 방식으로 말하면 초선의 즐거움은 신식(身識)만 상응하므로 내부까지 충만하지 못하고, 제2선의 즐거움은 내부의 제6의식에서 일어나지만 희근만 상응할 뿐 낙근까지 상응하지는 못하며, 제3선의 즐거움은 제6의식에서 촉발되어 낙근과 상응하므로 전체가 즐겁지만 이 기쁨이 마음을 동요시키지는 않는다는 것이다. 이때는 앞에서 본 염지와 지지가 작용하므로 즐거움이 온몸에 두루 퍼져서 안과 밖이 즐거움으로 충만하게 된다. 이 안온함이 열반을 얻기 전 세간에서 느낄 수 있는 즐거움 가운데서 최고라고 하는 것은 이러한 이유 때문이다.

다섯 번째로 일심지(一心支)란 즐거운 느낌이 잦아들고 잠잠해져서 마음이 적정해진 모양을 말한다. 이는 초선과 제2선에서 설명한 것과 같으니 심일경성이라고도 한다. 처음의 사지부터 마지막 일심지까지 각 지가 일어날 때는 초선에서 설명한 바와 같이 많은 공덕이 뒤따른다.

지금까지 살펴본 제3선의 5지를 보면 처음 사지부터 세 번째 지지까지는 자연히 일어난다기보다 수행자의 노력과 가행이 필요한 내용이므로 이 세 가지는 방편이고, 뒤의 낙지와 일심지는 증득되는 결과라고 볼 수 있다. 하지만 논사에 따라 정의 체(體)는 심일경성 뒤에 나타나는 성묵연심이라고 보는 이도 있으므로 이 견해에 의거한다면 5지 모두가 방편이라고 할 수도 있다. 이러한 것은 모두 속제적인 분별로서 각각의 주장마다 나름의 근거가 있으므로 어느 한쪽 견해만 옳다고 고집하기는 어렵다. 또 앞의 두 근본정과 달리 제3선은 5지가 발현하는 순서가 경전이나 논서에 따라 조금씩 차이가 있는데 이는 제3선에서 나타나는 즐거움이 전과 달리 다시 세분되기 때문이라고 한다. 이에 대한 상세한 설명은 『차제선문』 5권을 참조하기 바란다.

제3선이 갖는 가장 큰 특징은 즐거움, 즉 낙지에 있다. 그러므로 『보살지지경』에서는 이를 '즐거움과 함께 하는 선'이라는 의미로 낙구선(樂俱禪)이라고 부른다. 이 또한 무각무관삼매(무심무사정)이고 언어작용이 일어나지 않는 성묵연정에 포함된다.

118

6) 제4선

제3선에서 얻는 즐거움은 매우 깊고 묘하지만 이 또한 마음을 동요시키는 미세한 원인으로 작용한다. 그러므로 이를 버려야 다음 단계인 제4선에 진입할 수 있는데, 전술하였듯이 즐거움이 워낙 뛰어나기 때문에 이를 버리고자 하는 마음을 일으키기가 쉽지 않다. 그러므로 매우 강한 정진력이 필요한 시점이 바로 제3선에서 제4선으로 넘어갈 때이다. 제3선의 낙지를 버리는 방법은 앞서 설명한 육행관 및 세 가지 방편이 똑같이 사용된다. 즉 제3선의 마지막 일심지 이후 성묵연심 상태에서 제3선에 있는 즐거움의 허물을 생각한다. 그 즐거움을 얻기까지 겪어야 했던 어려움, 얻은 뒤에는 잃을까 염려하는 괴로움, 방편을 잘못 사용하여 즐거움 내지 제3선의 정법이 사라져 버리면 다시 일상의 괴로움을 느끼게 되니 제3선의 즐거움이 아무리 미묘해도 유위법이고 무상한 법인 것은 분명하다. 또한 이 즐거움이 청정한 마음을 덮어서 더욱 깊은 선정과 바른 지혜를 장애하니 속히 제거해야 한다. 이러한 것이 제3선은 괴로움이고 거칠며 장애가 되고 제4선은 수승하고 묘하며 벗어난 것이라고 억념하는 육행관의 내용이다. 또한 제3선의 즐거움을 받아들이지 않고 가책하며 관하여 분석하는 세 가지 방편을 근기와 상황에 맞게 골라서 사용하면 제3선의 즐거움을 포함하여 5지가 모두 사라진다. 지림공덕이 모두 사라지면 제3선의 정법이 사라져 출정한 상태가 되지만 마음은 아직 흩어져 산심 상태로 돌아간 것이 아니고 중간선에 머물게 된다. 중간선 단계에서는 마음을 모아 앞서 말했던 육행관을 계속 행해야 한다. 그리고 제4선이 일어나기 이전에 근분정(방편정)이 먼저 도래하여 육행관을 행하는 의식작용이 사라지고 마음에 동요나 흩어짐이 없게 된다.

제4선의 근분정 상태가 일정 시간 지나고 나면 갑자기 마음이 활연히 열리면서 삼매에 든 마음이 안온해지고 호흡이 끊어진다. 삼매가 일어날 때 일체의 괴로운 느낌이나 즐거운 느낌이 없고 고요하고 미묘한 사수(捨受)와 함께 일어난다. 아무런 장애가 없고 마음이 밝고 깨끗해지는 등 열 가지 좋은 법이 부수되어 일어나는 것은 초선의 팔촉이 일어날 때 설명했던 것과 같다. 다만 선법 가운데 기쁨이나 즐거움이 일어나더라도 이것이 마음을 동요시키는 일이 없다는 차이가 있을 뿐이다.

제4선에 들어가는 모습을 『잡아함경』에서는 다음과 같이 표현하고 있다.

> 괴로움을 떠나고 즐거움도 그치며 앞에서 근심과 기쁨을 끊어서 괴롭지도 즐겁지도 않은 평정함으로 염이 청정한 일심이 되어 제4선을 갖춘다[離苦息樂 憂喜先斷 不苦不樂捨 淨念一心 具足第四禪].

"괴로움을 떠나고 즐거움도 그치며 근심과 기쁨을 끊었다."는 것은 초선에서 제3선까지 삼매 심화과정을 거치면서 마음에 동요를 일으키는 요소들을 하나하나 제거하였음을 말하는 것이다. 이후에 "괴롭지도 즐겁지도 않은" 이후의 문장은 제4선의 지림공덕을 밝히는 내용이다. 제4선은 네 가지 지림이 있으니 불고불락 · 사 · 염청정 · 일심이다.

첫 번째로 불고불락(不苦不樂)은 마음 가운데 일어나는 느낌, 즉 오온 가운데 수온(受蘊)을 말한다. 육근이 육경과 접촉하여 육식이 일어날 때 그 대상에 대해 느껴지는 감정인 수온은 괴로움[苦]·즐거움[樂]·불고불락(不苦不樂)의 세 가지가 있다. 때로는 기쁨[喜]과 근심[憂]을 더하여 감정을 5수로 구분하기도 하는데 위에 인용한 경문에서는 기쁨과 근심도 함께 설하고 있음을 볼 수 있다. 이 가운데 불고불락을 제외한 나머지 감정들은 적게 일어난다 할지라도 마음에 동요를 일으키는 요소가 된다. 지금 제4선에서는 수온 가운데 마음을 동요시키는 느낌이 일체 일어나지 않고 오직 불고불락수와 상응하고 있다는 것이 불고불락지이다.

두 번째인 사지(捨支)는 앞의 제3선에서 설명한 바와 같이 평정심을 가리킨다. 제3선에서 일어난 뛰어난 즐거움을 버리고도 후회하는 마음이 없어서 마음이 평정함을 말한다. 또한 이 삼매에서 어떠한 생각을 일으키거나 색상(色相)을 관한다 해도 이에 대해 좋아하거나 싫어하는 집착심이 일어나지 않고 능히 버릴 수 있어서 평정심이 계속 유지될 수 있음을 말한다.

세 번째는 염청정(念淸淨)이다. '이전에 익힌 것을 기억하여 잊지 않는 마음'이 염이라 하였는데 이는 삼매에 들기 위해서도, 또한 삼매에 들어서 관을 행할 때도 꼭 필요한 심적 요소이다. 그런데 이러한 염에 아무런 다른 방해요소가 끼어들지 않는 것이 염청정이다. 청정하다는 의미는 다른 것이 섞이지 않았음을 말한다. 즉 선정의 공덕을 염하거나, 사성제나 불보살 등의 법을 염한다 할 때 다른 염오된 심소가 일체 끼어들지 않으므로 염하는 법이 왜곡되지 않고 매우 명료하게 관찰되며 오래도록 지속할 수 있는 것이 염청정의 의미이다. 『아비달마법온족론』 7에서는 즐거움·괴로움·기쁨·근심 등의 의행(意行)과 각과 관의 구행(口行), 그리고 호흡이라는 신행(身行)까지 모두 사라져서 염을 방해할 것이 없으므로 사(捨)와 억념(憶念)이 모두 청정한 것이라고 설명하고 있다.

마지막 일심지(一心支)는 앞과 같이 심일경성의 의미이다. 이것이 바탕이 되므로 어떠한 염을 행하더라도 마음이 동요하지 않아 삼매가 유지될 수 있고 다른 심소가 끼어들지 않는다. 제4선의 4지가 일어나는 순서는 지금 설명한 순서와 같다고 할 수 있지만 전체적으로 본다면 처음 불고 불락지가 일어날 때 4지가 동시에 작용한다고 하여도 된다. 다만 시간의 경과에 따라 어떤 작용이 조금 더 강하게 나타나는가의 차이일 뿐이다.

제4선을 지탱하는 지림공덕은 위의 네 가지라고 분별할 수 있지만 이를 전체적으로 말한다면 불고불락이나 사지, 일심지는 능동적인 작용이 있는 것이 아니고 청정한 염만이 실질적으로 작용하는 것이라 할 수 있다. 비유하면 이때의 상태는 바람과 물결이 없는 잔잔한 호수나 아무런 때가 묻지 않은 거울과 같아서 정념(正念)만이 견고하게 작용하여 사물을 밝게 비출 수 있는 것이다.

여기서 잠깐 검토하고 넘어가야 할 부분이 있다. 제4선의 특징 가운데 심리적인 것으로서 네 가지 지림공덕이 있는 것 외에 신체적 특징으로 '호흡이 끊어진다.'고 하였다. 이 내용은 천태대사의 설명 외에 여러 경전이나 논서에서도 공통적으로 확인되며 문장으로도 다르게 해석할 여지가 없는 명확한 부분이다. 근본정에 들어가면 몇 십 초나 몇 분간 머무는 것이 아니라 보통 수 시간 지속되고, 조금 길게는 며칠간 유지되기도 하는데 호흡을 하지 않고 이렇게 긴 시간 동안 생명이 유지될 수 있는

가? 이 의문을 해결할 단서를 제공할 수 있는 실험이 60여 년 전에 행해진 적이 있으므로 잠깐 소개해 보기로 한다.

1959년 일본 도쿄대 의학부에서 좌선을 행하면 뇌파를 비롯하여 신체적으로 어떤 변화가 일어나는가를 물리적으로 측정한 실험을 행하였다. 히라이 토미오(平井富雄)가 책임이 되어 행한 이 연구는 화두를 들지 않고 묵조선을 행하는 일본 조동종의 중진 승려 14명을 대상으로 하였는데 이들은 앉아서 결가부좌를 하고 눈은 반만 뜨는[半開] 기본적인 자세를 취한 채 선정에 들었다. 연구진은 이들의 정수리와 후두부 두 곳에 설치한 장치 등을 통해 신체적 변화를 측정하였는데, 뚜렷한 특징으로 뇌파의 진폭이 점차 커져서(속도가 느려져서) 입정 1, 2분 뒤부터 건강하고 편안한 상태임을 보여주는 뇌파인 8~13헤르츠(Hz) 사이의 알파(α)파가 반드시 나타났다고 한다. 이후 뇌파는 점차 느려져서 좌선 후반부에는 매우 속도가 느린 쎄타(θ)파로 변화된다. 그리고 호흡수는 좌선 중 점차 감소하고 맥박 수는 오히려 증가한다는 사실이 관측되었다. 이러한 관찰 결과는 「좌선의 뇌파적 연구」라는 제목으로 일본 정신신경학회의 학술지에 실려 일본과 미국에서 좌선 붐을 일으키는 역할을 톡톡히 하였다. 이 논문에서 주목할 부분이 바로 '호흡수는 좌선 중 점차 감소한다.'는 대목이다.

서울대 공과대학 교수를 지낸 박희선 박사는 일본의 고승에게 익힌 참선수행 방식을 바탕으로 평생 선 수행을 하면서 건강을 지켜낸 경험을 『생활참선건강법』(1995), 『배꼽호흡 건강혁명』(2006) 등 여러 책으로 발표하였다. 그는 책에서 위의 논문을 포함하여 여러 가지 실험 결과를 인용하면서 보통 사람들이 1분에 대략 18회의 호흡을 하는 데 비해 참선을 하면 4, 5회로 호흡수가 감소하는 것을 볼 수 있고, 에너지의 소비도 적어져서 기초대사 에너지의 75~80% 정도밖에 소비하지 않는다고 밝혔다. 신체동작이나 적극적인 뇌 활동을 하지 않고 생명 개체가 유지되기 위해 필요한 최소한의 에너지를 기초대사에너지라고 하는데, 참선을 하게 되면 이보다 에너지 소비가 더욱 적어진다는 것은 매우 놀라운 사실이 아닐 수 없다. 그런데 에너지의 소비와 호흡은 직접적으로 연관이 된다. 우리가 호흡을 하는 중요한 이유는 산소를 공급받기 위한 것이고 산소는 에너지 소비에 꼭 필요하기 때문이다. 즉 신체활동을 할 때에 에너지 소비가 줄어들수록 호흡수는 적어도 되는데, 육체적인 운동뿐 아니라 정신활동에도 매우 많은 에너지가 소비된다는 것은 잘 알려진 사실이다. 지관 수행을 하면서 점차 삼매에 깊이 들어가는 것은 뇌를 중심으로 하는 의식 활동이 현저히 줄어드는 과정이므로 호흡이 점차 느려지는 것이 관찰된 것은 당연한 귀결이라고 생각된다.

다만 제4선에서 호흡을 하지 않는다는 것과 관련하여 조금 더 감안해야 할 문제는 위에서 실험의 대상이 된 선승들이 들어간 선정이 어느 정도의 깊이인가 하는 점이다. 앞의 논문에 따르면 실험에 응한 선승들은 정에 들었을 때 '딱' 하는 소리 등에 반응을 보여 GSR(전기적 피부반사)이 출현한다고 하였으므로 이들이 들어간 정은 욕계정 정도일 가능성이 높고 최대한 깊이 들어갔다 하여도 각관이 작용하는 초선을 넘어서지는 않았을 것이다. 그러므로 삼매가 더욱 깊어진다면 호흡수는 이보다 더욱 줄어들 가능성이 있다.

이보다 더 큰 문제는 정이 초선보다 깊어져 정신적 활동에 따른 에너지 소비가 더욱 줄어든다 하여도 호흡을 완전히 하지 않고도 생존이 가능한가 하는 문제이다. 일반적으로 인간의 호흡은 코와 입을 통해 이루어지는 것과 모공을 통한 피부호흡의 두 가지 방식이 있다. 그런데 논서에서는 제4선에 들어가면 코와 입뿐 아니라 모공을 통한 호흡도 하지 않는다고 분명히 명시하고 있다. 예를 들어 『대비바사론』 26 「보특가라납식(補特伽羅納息)」에 보면 사람이 호흡을 하려면 ① 신체가 있어야 하고, ② 바람길(코와 입)이 통해야 하고, ③ 모공이 열려 있어야 하고, ④ 거친 마음이 일어나는 네 가지 조건이 필요하다고 한다. 그런데 제4선은 앞의 세 가지 조건은 갖추고 있지만 마지막의 거친 마음이 일어나지 않기 때문에 호흡을 하지 않는다고 한다. 또 세우(世友) 존자는 제4선에 들면 미세한 사대(四大)가 모공의 공간을 밀폐하여 틈이 없도록 하므로 호흡을 하지 않는다고 설명하고 있다. 이 설명들을 보면 기도를 통한 호흡뿐 아니라 피부의 모공을 통한 미세한 호흡조차 제4선부터는 이루어지지 않는다는 것이 명확하다. 호흡을 하지 않고도 긴 시간 동안 생존이 가능하다는 것은 아직 과학적으로는 명쾌하게 설명되지 못하고 추측만 가능한 부분이지만, 40년 이상 수행을 지속해 온 고승 몇 분에게 "호흡을 하지 않는 경지가 있느냐?"고 질문하였을 때 "있다."는 분명한 대답을 재차 확인해 가며 들었던 필자로서는 제4선에서는 호흡이 끊어진다는 경론의 설명을 부정할 특별한 이유가 없다.

구사학에서 일체의 선심(善心)과 선법(善法)을 일으키기 위한 필요조건이라고 분류하고 있는 심소법, 즉 믿음[信]·참괴심[慚愧]·평정심[捨]·무

탐(無貪)·무진(無瞋) 등 열 종류의 대선지법(大善地法)이 제4선에 들면 모두 갖추어진다고 한다. 이러한 뛰어난 공덕들이 있으므로 제4선은 별칭도 많다. 앞의 선정들과 마찬가지로 무각무관삼매이며 성묵연정에 포함되는 것 이외에 열반을 얻지 못한 상태이면서도 세간의 온갖 허물을 여의고 있으므로 '세간의 진실한 선정'이라고 부른다. 또한 이 삼매는 사근(捨根)과 상응하여 일어나는 것으로서 평정심이 중요한 특징이므로『보살지지경』에서는 사구선(捨俱禪)이라 부르고 동요를 일으킬 요소가 일체 없는 적정한 상태이므로 부동정(不動定)이라고도 한다. 이러한 특성들로 인해 이 단계에서 많은 공덕을 일으킬 수 있으므로 제4선은 삼매 단계 가운데 특별한 위치를 점한다. 이 내용은 별도로 살펴보기로 한다.

7) 사선(四禪)의 전체적 검토

단계	지림(支林) 공덕	특징	별칭(『보살지지경』 등)
초선	각(覺)·관(觀)·희(喜)·락(樂)·일심(一心)	팔촉이 일어남 언어작용	유관유각선(有觀有覺禪)
제2선	내정(內淨)·희(喜)·락(樂)·일심(一心)	기쁨이 강함	희구선(喜俱禪)
제3선	사(捨)·념(念)·지(智)·락(樂)·일심(一心)	즐거움이 강함	낙구선(樂俱禪)
제4선	불고불락(不苦不樂)·사(捨)·염청정(念淸淨)·일심(一心)	호흡이 끊어짐 평정심	사구선(捨俱禪), 부동정(不動定)

초선 이전에 욕계정과 미도지정, 제2선 내지 제4선 이전에 중간선 및 근분정이 있음.
초선은 언어작용이 있는 유각유관삼매, 제2선 이후부터는 언어작용이 없는 무각무관삼매.

〈표2〉 색계 사선의 단계별 특징과 별칭

지금까지 사선의 진행과정과 각 단계의 특징 등을 차례로 살펴보았다. 초선 내지 제4선의 각 단계에서 나타나는 심리적 특성, 즉 지림공덕과 그 단계를 특징짓는 별칭 등을 보기 쉽도록 간략하게 도표로 만들면 위와 같다.

　　이러한 과정은 산심에서 정심으로 심적 상태를 전환하여 그 정이 점차 깊어지는 것으로 요약할 수 있다. 보통 사람들이 일상적으로 생활할 때의 마음은 책을 읽거나 연구를 한다거나 하여 상당한 집중상태인 경우도 있으나 습관적 행위를 하는 대부분의 시간은 대체로 자신의 의지와 무관하게 온갖 생각이 스스로 일어난다. 즉 눈에 어떤 물체가 보이면 이를 대상으로 생각이 일어나다가 무슨 소리가 들리거나 냄새가 나거나 하면 또 그것을 의식이 따라가 생각이 이어진다. 세존은 이를 두고 "마치 원숭이가 잠깐 사이에 여기저기로 나뭇가지를 옮겨 다니면서 가지 하나를 놓고는 곧 다른 가지를 잡는 것과 같다"(『잡아함』 289경)고 적절하게 비유를 하고 있다. 즉 의식이 눈으로 귀로, 또 코로 따라다니면서 잠시도 쉬지 않는 것을 말한 것이다. 이를 산심(散心), 즉 마음이 산란한 상태라 하는데 이럴 때는 사물을 제대로 인식하거나 이치를 명확히 분별하는 것이 가능하지 않다. 그러므로 마음을 고요하게 하는 것이 깨달음을 위해서는 꼭 필요한데 이때 주로 작용하는 것이 지(止)이다. 즉 마음을 동요시키는 요소들을 그치고, 한 군데 머물게 하는 것이다. 그리하여 일정한 상태에 머물게 되는 것, 즉 일심(一心=심일경성)이 되면 정심(定心)이라고 한다. 처음 정심에 들 때는 마음을 동요시키는 거친 번뇌인 오욕과 오개를 그치도록 통제하였고 다음 단계에서는 각과 관을, 세 번째 단계에서는 기쁜 마음을, 네 번째 단계에서는 즐거운 마음을 그쳐서 마음을 평정심의 상태로 만들었다. 이를 『잡아함』 474경에서는 다음과 같이 묘사하고 있다.

> 초선의 삼매에 들어갔을 때[正受] 언어가 그치고 제2선의 삼매에 들어갔을 때 각관이 그치며 제3선의 삼매에 들어갔을 때 기쁜 마음이 그치고 제4선의 삼매에 들어가면 출입식(出入息=호흡)이 그친다[初禪正受時 言語止息 … 四禪正受時 出入息止息].

『장아함』「십상경(十上經)」과「증일경(增一經)」에도 같은 내용이 나오는데 다만 초선에서 그치는 것을 '소리라는 가시[聲刺]'라고 표현한 것만 다를 뿐이다. 여기서 말한 '소리'란 목청을 통해 울려나오는 음성으로서의 소리를 가리키는 것이 아니라 의식 속에서 이루어지는 언어작용을 의미하는 것이다. 즉 산심 상태에서는 온갖 의식이나 사고 작용이 언어를 매개로 일어나고 있음을 밝힌 것으로서 현대 심리학에서도 여러 가지 실험으로 증명된 매우 명쾌한 통찰이라 할 수 있다. 그러나 초선에 들어가면 마음을 산란하게 하는 이러한 언어적 분별작용이 그치게 됨을 경문에서는 말하고 있다. 초선의 특징이 오욕과 오개를 여읜 것인데, 한편으로는 언어가 그쳤다고 표현하고 있는 것은 산만하게 여기저기 따라다니는 사고 작용이 바로 오욕과 오개로 인한 것임을 보여주는 것이다. 하지만 전술하였듯이 초선에 들어간 초기에는 팔촉이 일어나면서 신식에 따른 언어 작용이 적지만 미세하게 일어나니 그것은 각과 관이다. 이는 마음을 동요하게 만드는, 정심의 방해 요소이므로 이를 제거하여 제2선에 들어가고, 제2선의 특징인 기쁨을 제거하여 제3선에 들어가고 제3선의 특징인 즐거움을 제거하여 제4선에 들어갔다. 그런데 제4선에서 즐거움이 그친다고 하지 않고 호흡이 그친다고 경문에서는 말하고 있다. 제4선에 들어가면 즐거움도 그치지만 그보다는 호흡이 그친다는 것이 더욱 희귀한 현상이므로 이를 강조한 것이라 보인다. 호흡을 하는 미세한 동작도 역시 정심을 산란하게 하는 요소라는 점을 고려하면 제4선이 얼마나 깊은 삼매의 상태인지 짐작할 수 있다.

지금까지 초선에 들어가는 방법으로 호흡의 숫자를 세는 염입출식(念入出息=염아나파나)을 사용하는 것으로 설명하였으나 이 외에도 삼매에 들어가는 방법은 매우 많다. 『대지도론』 17에 "어떤 일, 어떤 도에 의지하여 초선을 얻을 수 있느냐?"는 질문에 "부정관이나 안나반나념 등 온갖 정문(定門)에 의지하여 들어갈 수 있다."고 답변하는 내용이 있다. 안나반나념이란 여기서 보았던 염입출식을 말하고 부정관은 이후에 별도의 장으로 설명할 것이지만, 이 두 가지는 불교의 수많은 선정법을 대표하는 범주로서의 의미이므로 초선에 들어가는 방법이 여러 가지가 있음을 논서에서는 말하고 있는 것이다. 이를 미루어 본다면 옛 경론에 직접 언급이 없는 현대의 여러 가지 행법, 예를 들면 남방 상좌부의 위빠사나, 선종의 간화선, 천태종이나 진언종의 주송 등을 통해서도 초선 내지 제4선에 들어갈 수 있다고 볼 수 있을 것이다. 실제로 이 방면의 수행자들에게 문의한 결과 팔촉 등의 경험을 하였거나 숨을 쉬지 않는 경지가 있다는 증언을 확인하였음을 밝혀둔다.

초선 내지 제4선에 들어가면 번뇌를 끊고 해탈하는 것이 가능해진다.

『잡아함경』의 제864 「초선경(初禪經)」부터 제870 「제4선경」까지는 이러한 내용이 설해지고 있다. 간단히 요약하면 초선 내지 제4선 상태에서 오온이 무상(無常)·고(苦)·공(空)·비아(非我)라고 사유하여 아라한을 이룬다는 것이다. 이러한 해탈 경지에 이르지 못하고 아나함을 이루는 경우도 있고, 이에 미치지 못하면 이 공덕으로 색계 초선천 내지 제4선천에 태어남을 밝히고 있다. 이는 달리 말하면 지를 중심으로 하는 수행을 통해 정(삼매)을 얻고 삼매의 각 단계에서 관을 행하여 해탈할 수 있음을 의미하고 근기가 이에 미치지 못하면 색계천에 날 수 있음을 뜻한다.

그러나 정에 들지 않고 해탈하는 경우도 있는 것 같다. 『잡아함』 347 「수심경(須深經)」에 보면 이와 관련하여 주목할 만한 내용이 있다. 간단히 요약하면 석가모니불의 명성이 높아지면서 재가자들이 석존과 그 제자들에게만 공양을 올리고 외도들에게는 공양을 잘 하지 않자 외도 수행자들이 자신의 대중 가운데 똑똑하고 젊은 청년 수심(須深, Susīma)에게 거짓 출가하여 석가모니의 가르침을 배워오도록 한다. 수심이 석가모니불에게 가서 거짓으로 출가한 뒤 아라한을 이룬 성문 제자들에게 초선 내지 제4선, 나아가 무색계정을 닦아서 해탈하였느냐고 물으니 그들은 선정을 닦지 않고 혜해탈을 이루었노라고 답변한다. 이에 수심이 선정을 얻지 않고 해탈하는 것이 가능한가에 대해 의심을 갖고 석가모니불에게 가서 이 일을 물으니, 석존은 수심에게 12인연의 각 지분이 생기는 것과 멸하는 것을 문답식으로 하나하나 납득시킨 뒤 이것은 선정을 얻지 않고 "먼저 법에 머무름을 안 뒤에 열반을 아는 것이라고 한다. 저들은 홀로 고요한 곳에서 깊이 사유하여 방일하지 않으면서 아견을 떠나고 번뇌를 일으키지 않아 마음이 해탈한 것"이라고 설명한다. 이에 수심이 불법을 이해하여 참회하고 진심으로 출가한다는 내용이다.

짤막한 경전이지만 여기서 우리는 여러 가지 정보를 얻을 수 있는데 현재 진행하는 논의와 관련하여서는 특히 두 가지 점이 주목할 만하다. 첫 번째는 외도들도 사선 내지 사무색정을 수행하며, 이를 통해 해탈을 얻는다는 관념을 가지고 있다는 점이다. 두 번째는 선정에 들지 않고도 깊은 사유만으로 번뇌를 끊어 아라한을 이룰 수 있다는 점인데 경문에서는 이를 혜해탈(慧解脫)이라고 불렀다. 『구사론』「분별현성품(分別賢聖品)」 등의 설명에 따르면 오력 가운데 정력(定力)이 강하게 작용하는 선정을 거치지 않고 혜력(慧力)의 힘을 위주로 하여 법을 깨달은 경우를 혜해탈(慧解脫, prajñā-vimukti)이라 부르는데 이들은 번뇌장(煩惱障)은 끊지만 신통이나 지혜가 약하다고 한다. 이에 비해 멸진정의 경지까지 완전히 통달하여 번뇌장뿐 아니라 해탈장(解脫障)까지 끊은 경우는 구해탈(俱解脫, ubhayato-bhāga-vimukta)이라 부른다고 한다. 그렇다면 정심이 아닌 산심의 상태에서도 깨달음을 얻을 수 있다는 의미인가?

이에 대해 『대비비사론』 110에서는 바로 이 「수심경」을 인용하면서 (그곳에서는 수심을 '蘇尸摩'라고 음사한다) 이 경전에서 혜해탈을 이룬 아라한들은 먼저 '법에 머무는 지혜[法住智]'가 생기고 나서 열반지(涅槃智)가 얻어진 것이라고 풀이하고 있다. 그러나 이러한 지혜가 산심에서 생긴 것은 아니고 미도지정에서 무루 지혜를 얻은 이후에 근본정을 얻은 것으로서, 미도지정에서 얻는 지혜가 바로 법에 머무는 지혜이고 근본정에서 얻는 지혜가 열반지라고 해석하고 있다. 이러한 해석에 의거하면 먼저 호흡

131

등을 통해 정에 들어간 이후 깊은 사유를 행하여 도를 깨닫는 것이 아니라 깊은 사유를 행하는 과정에서 선에 들어가는 경우도 있음을 알 수 있다. 즉 석가모니불로부터 연기법이나 사성제 등의 진리를 들은 후 혼자서 이를 깊이 사유하는 법주(法住)의 과정에서 삼매에 들 수 있지만, 욕계정을 거쳐 초선의 근분정인 미도지정 단계는 되어야 번뇌가 끊어질 수 있고 이를 바탕으로 초선 내지 제4선 등의 근본정에 들어서 비로소 해탈(열반)할 수 있다는 것이다. 이는 달리 말하면 지를 중심으로 하는 수행을 먼저 하는가, 관을 중심으로 하는 수행을 먼저 하는가의 차이가 있기는 하지만 어느 경우라 할지라도 도를 깨치기 위해서는 반드시 마음이 삼매 상태에 들어야 함을 보여주는 것이다. 나아가서 지를 닦아 정에 드는 연습을 먼저 하는 것이 일반적이고 또한 정에 들어서 진리를 관해야 부수적인 공덕(능력)도 풍부하게 얻을 수 있음을 알 수 있다.

02 무색계의 사정(四定)

제4선에 들어가고 나오는 것이 충분히 익숙해지도록 수행을 반복한 이후에 더욱 깊은 삼매에 들어가고자 한다면 사무색정을 닦아야 한다. 제4선까지 여러 가지 분별작용을 제거하면서 정을 심화하여 왔는데, 분별작용을 일으키는 근본인 색법 자체를 없앤다면 더욱 삼매가 깊어질 수 있기 때문이다. 무색계의 정이 깊어지는 것은 공무변처정 - 식무변처정 - 무소유처정 - 비유상비무상처정의 네 단계를 거친다. 사무색정에 들어가기 위해서는 반드시 색계의 사선을 거쳐야 한다. 선정이 심화되는 것은 마치 계단을 오르는 것과 같아서 초선을 거쳐야 제2선에 들어갈 수 있고, 제2선을 지나야 제3선에 들어갈 수 있으며, 내지 공무변처정에 들어가기 위해서는 제4선을 통과해야만 하는 것이다.

무색계정의 네 단계는 선정을 닦는 두 가지 원리 가운데 삼매와 관계가 깊은 지의 작용이 관에 비해 상대적으로 강하게 일어나므로 선(禪)보다는 정(定)이라는 명칭으로 부르는 것이 일반적이다. 또 색계 사선과 같이 각 단계별로 나타나는 세세한 지림공덕이 없기 때문에 선이라고 하지 않는다고도 한다. 사무색정은 또한 색법이 없어서 텅 빈 허공과 같다는 점에서 사공정(四空定) 혹은 사공정처(四空定處)라고도 부른다.

무색계정이라는 말은 색법(色法)이 없고 심법(心法)만 있는 선정이라는 의미이다. 전술하였듯이 마음의 적정함을 강화하기 위하여 분별을 일으키는 근본인 색법을 없앤 선정이다. 색법을 없앤다는 것은 무엇을 의미하는가?

색법은 구사학과 유식학 모두 열한 가지가 있다고 설명한다. 그것은 안·이·비·설·신근의 5근과 색·성·향·미·촉경의 5경 그리고 무표색이다. 무표색(無表色)이란 지·수·화·풍의 사대로 이루어진 것은 아니지만 색의 성질을 갖는, 색법의 세력 같은 것으로서 겉으로 나타내 보일 수 없다는 의미이다. 유식학에서는 이것이 전5근에 의하여 포착되지 않고 제6의식으로만 포착할 수 있으므로 의식의 인식대상인 법처에 포함되는 색이라는 의미로 법처소섭색(法處所攝色)이라고 부른다. 즉 볼 수 없을 뿐만 아니라 소리나 냄새, 감촉 등이 전혀 없는 존재이다. 더 이상 분할할 수 없는 색법의 최소 단위인 극미(極微) 같은 것도 논리적으로만 있을 뿐 전5식으로 포착할 수 없다는 점에서 무표색에 포함된다.

이러한 11가지 색법 가운데 모양과 색깔 두 가지를 말하는 색경은 눈으로 볼 수 있는 것이므로 가견색(可見色), 장애가 있으므로 '(마주하는) 대상이 있다'는 의미로 유대색(有對色)이라고 한다. 그리고 색경을 제외한 성·향·미·촉 4경과 5근은 눈으로 보이지 않지만 장애가 있으므로 불가견유대색(不可見有對色), 극미와 같은 무표색은 질량과 부피를 갖지 않으므로 볼 수도 없고 장애도 없다는 의미로 불가견무대색(不可見無對色)이라고 한다. 5경은 다른 물체가 가리고 있으면 전파되거나 감촉하는 데 지장이 생기므로 장애가 있는 유대색이라 할 수 있고 5근도 역시 장애가 있으므로 유대색에 포함되는 것은 쉽게 수긍이 되지만 5근이 어찌하여 보이지 않는 색으로 분류되는가? 5근이 보고 듣는 등의 작용을 할 수 있는 것은 외형적으로 보이는 눈이나 귀 때문이 아니라 그 내부의 미세한 신경세포 등의 기능에 따른 것이다. 전자를 부진근(扶塵根), 후자를 승의근(勝義根)이라고 하는데 본래 5근이란 살과 근육 등 거친 색법으로 이루어진 부진근을 가리키는 것이 아니라 보고 듣는 등의 고유하고 뛰어난 작용을 일으키는 승의근(勝義根)을 가리킨다고 한다. 사실 눈이나 귀가 외형적으로는 다른 이들과 아무런 차이가 없이 있지만 실제로 보거나 듣는 작용을 하지 못하는 장애인이 있다는 점에서 이러한 논의는 근거가 충분한 것이다. 그러므로 5근의 본질인 승의근은 색법이지만 청정하고도 미세하여 육안으로 볼 수 없다는 것이 기본적인 정의이다. 지 · 수 · 화 · 풍의 사대(四大)로 이루어진 색법은 이렇듯 11가지로 분별되고 이를 유사한 특징을 갖는 것으로 묶으면 가견유대색 내지 불가견무대색의 3종류가 되는데 무색계정에 들어간다는 말은 이러한 세 종류, 11가지의 색법을 모두 파한다는 의미가 된다.

1) 공무변처정(空無邊處定)

색법을 파한 무색계정의 첫 단계는 공무변처정(空無邊處, ākāśānantyāyatana)이라고 부르니 끝없는 허공에 (마음을) 머무는 선정이라는 의미이다. 허공은 색법이 존재하기 위한 의지처로서만 작용할 뿐 허공 자체는 색법으로 이루어진 존재가 아니다. 이 선정에 들어가는 과정을 『중아함』「분별관법경」에서는 다음과 같이 묘사하고 있다.

일체의 색상(色想)을 건너서 유대상(有對想)을 멸하고 여러 가지 상(想)도 염하지 않는 무량한 허공에 들어가는 것이 무량공처를 성취하여 자유롭게 되는 것이다[度一切色想 滅有對想 不念若干想 無量空 是無量空處成就遊].

경문 가운데 "일체의 색상을 건넌다."는 것은 보이면서 장애가 되는 색, 즉 가견유대색을 파하는 것이고 "유대상을 멸한다."는 것은 불가견유대색을 멸하는 것이며 "여러 가지 상도 염하지 않는다."는 것은 불가견무대색을 멸하는 것이라고 『대지도론』 20에서 풀이하고 있다. 원문의 '약간상(若干想)'을 '여러 가지 상'이라고 번역한 것은 이 부분이 『대반야경』, 『법온족론』 등의 경론에서는 '종종상(種種想)'으로 번역되어 있는 데 따른 것이다. 『아비달마법온족론』 「무색품」에 나오는 설명도 이와 같지만 조금 더 상세하다. "일체의 색상을 건넌다."는 것은 안식과 상응하는 현재의 생각[想]과 과거의 생각, 그리고 미래의 생각을 넘어서는 것이라고 한다. 또 유대상이란 이·비·설·신근에 상응하는 일체의 생각과 과거의 생각, 미래의 생각을 말하고 "여러 가지 상"이란 오개(五蓋) 등 번뇌가 얽힌 생각, 염오된 5경의 생각, 선하지 않은 생각, 비진리(非眞理)로 이끌어진 생각, 선정을 장애하는 생각 등을 통틀어 말하는 것이라고 설명하고 있다. 이렇게 전술한 바와 같이 세 종류, 11가지의 색을 모두 파하여 들어가는 첫 번째 단계가 공무변처정인 것이다. 그렇다면 구체적으로 이 색법을 멸하는 방법, 그리하여 공무변처정에 들어가는 방법은 무엇인가? 『차제선문』 5에 설명된 내용을 간추리면 다음과 같다.

공무변처정에 들어가기 위한 수행방법은 크게 두 가지가 있으니 첫 번째는 아래 단계인 제4선과 색법에 대해 책망하는 한편 위 단계인 무색계정을 찬탄하는 것이고 두 번째는 관을 행하여 분석하는 것이다. 이는 앞에서 사선을 수행하면서 각 단계에서 다음 단계로 심화할 때 행한 방식인 육행관과 같은데 구체적인 염의 내용은 조금 차이가 있다.

제4선을 증득한 수행자가 공무변처정에 들어가고자 한다면 먼저 색법의 허물을 깊이 사유해야 한다. "색신이 있으면 안으로는 배고픔·목마름·질병 등과 같은 괴로움을 피할 수 없고 밖으로는 추위나 더위, 폭력이나 형벌 등의 어려움을 겪을 수도 있다. 또한 색법으로 이루어진 육신은 대·소변이나 콧물·때 등과 같이 부정한 것들이 모인 것이어서 거칠고 무거우며 끌고 다니기 피곤하다. 이 육신은 오랜 기간을 거친 숙세의 업들이 인연이 되어 과보로 얻은 것으로서 온갖 고통의 근본이니 아끼고 집착할 까닭이 없다. 또한 일체의 색법은 요구하고 바라는 것이 많아서 마음을 자유롭지 못하게 속박하니 육신은 바로 마음의 감옥이다." 이상의 내용이 색법의 허물을 책망하는 방법을 간략하게 보인 것이다. 이에 반해 색을 벗어난 허공은 좋은 점이 많다. 즉 허공은 색이 없으므로 이러한 허물이 없고 텅 비어서 안락하다. 이곳은 고요하고 평온하여 각종 근심 번뇌가 없다. 이렇게 색계는 괴롭고 거칠며 장애가 많다는 것을, 무색계는 수승하고 묘하며 벗어났다는 것을 일심으로 염하는 육행관을 행하는 것이 공무변처정을 얻는 방법이다.

공무변처정에 들어가는 두 번째 방법은 색법을 관하여 분석하는 것이다. 수행자가 제4선에 들어있을 때 마지막 성묵연심 상태에서 다음과 같이 생각한다. "내가 증득한 이 선정은 욕계의 몸에 의지한 것이므로 색법을 다 갖추고 있는데 어째서 보이지 않겠는가?" 이렇게 생각한 뒤 일심으로 자신의 몸을 자세히 관한다. 신체를 이루고 있는 법 가운데는 모공과 구규(九竅) 등 공대(空大)가 있는데 이들은 비어 있어서 마치 얇은 비단처럼 안팎이 서로 통한다. 또한 양파와 같이 겹겹이 싸여 있으므로 하나하나 벗기면서 아무리 속으로 들어가 보아도 알맹이가 없다. 이처럼 관할 때 곧 눈을 뜨고 육안으로 보는 것과 같이 그 몸을 뚜렷이 볼 수 있게 된다. 육신이 보이게 되면 다시 더욱 세밀하게 몸을 관찰한다. 그러면 몸은 마치 체나 시루, 나아가 거미줄과 같이 커다란 구멍이 숭숭 뚫려 있음을 볼 수 있다. 이렇듯 몸을 점차 미세하게 관찰해 나가다 보면 마침내 다 사라져 버리고 신체나 오근 등이 모두 보이지 않게 된다. 또한 외부의 색법들도 관찰해보면 육신과 마찬가지로 점차 구멍이 커지다가 다 사라져 버린다. 어찌하여 이렇게 되는가? 나의 몸을 이루는 사미(四微)와 사대(四大) 등의 색법은 나만의 특별한 것이 아니고 다른 이의 몸도, 다른 사물들도 모두 똑같은 색법으로 이루어진 것이기 때문이다.

설명에 따르면 공무변처정을 증득하기 위해서 자신의 신체를 점차 세밀하게 관찰하면 마침내 그것이 다 사라져 버린다고 한다. 자신의 몸이 사라져 버리는 것, 이것은 환상을 보는 것이 아니고 현대의 발전된 도구를 사용하여 관찰되는 모습과 그대로 부합하는 사실로서, 선정을 통해 이를 볼 수 있다는 것은 매우 놀라운 일이다. 불교 경론에 설해진 물질관에 따르면 모든 물질을 이루는 최소 단위는 극미(極微, paramāṇu)이다. 극미는 질량이나 부피를 갖지 않으며 따라서 분할되거나 볼 수 없는 논리적 존재이다. 그러나 이것이 일곱 개 모이면 미진(微塵, aṇu)이라고 부르며 비로소 물질의 성질을 갖추어 천안(天眼, 현대로 치면 고배율 현미경)으로 볼 수 있는 실제적 존재를 이룬다. 마치 기하학에서 길이는 없이 위치만 갖는 논리적 존재인 점이 모여 길이를 갖는 선이 되는 것과 유사한 방식이다. 이렇게 극미가 모여 물질을 이룰 때는 반드시 지·수·화·풍의 사대(四大)와 색·향·미·촉의 4진(塵=微) 등 여덟 가지를 갖추게 된다. 5경 가운데 소리[聲]는 물질과 물질의 접촉에 의해 나타나는 현상으로서 물질 자체는 아니므로 여기에서 제외된다. 그런데 세상에 있는 모든 존재는 4진을 갖춘 사대만으로 이루어지는 것이 아니라 여기에 공간[空大]과 의식[識大]이 포함되어야 한다. 이를 육대라고 한다. 대(大)란 '크다'는 뜻이 아니라 '두루 미치다,' '보편적'이라는 의미로서 모든 존재가 가지고 있는 공통 요소를 말한다.

일체의 존재가 더욱 작은 존재들로 이루어져 있다는 사고는 동서양을 막론하고 고대부터 발견되는 것이지만 작은 입자가 빽빽하게 층층으로 쌓여 큰 물질을 이루는 것이 아니라 그 사이에 간격, 즉 공대가 있다는 것은 매우 독특한 생각이었다. 서양에서는 작은 입자들이 모여 큰 사물을 만들 때 그 사이에 공간이 있다는 것을 부정하다가 17세기 중반에 이르러서야 공간이 있음이 실증되었다. 그리고 현대에 와서는 그 공간이 물질보다 훨씬 많다는 사실이 알려졌다.

인간을 포함한 일체의 생명체도 역시 4진과 육대로 이루어졌다. 인간을 예로 들면 외부에 큰 구멍이 아홉 개 있다. 얼굴에 두 눈, 두 콧구멍, 두 귓구멍, 그리고 입 등 일곱 개의 구멍이 있고 허리 아래에 대변과 소변을 배출하는 두 개의 구멍이 있는데 이를 구규(九竅)라고 한다. 구규는 육안으로도 확인할 수 있는 것이므로 불교에서만 쓰이는 용어는 아니다. 그런데 이 큰 구멍 외에 신체 전체에 모공(毛孔)이라고 불리는 작은 구멍이 무수히 있는데 대략 수십만 개는 된다고 한다. 이를 통해 공기를 비롯하여 여러 가지 물질이 드나든다. 그리고 내장 기관들도 많은 공간들로 이루어져 있으니 이러한 공간들을 공대(空大)라고 한다. 더 나아가 사람의 몸을 현미경으로 보면 수없이 많은 모공을 관찰할 수 있는데 이를 확대하면 피부는 매우 성긴 구조를 가지고 있음을 볼 수 있다. 더욱 확대하여 원자 단위까지 가면 우리가 단단하고 단일하다고 여기는 물체들은 질량과 부피를 갖는 물질보다 빈 공간이 훨씬 많은, 거의 진공에 가까운 존재임을 관찰할 수 있다. 인간의 신체나 일체의 사물들, 고체나 액체로 불리는 단단한 것들도 확대해 보면 그렇게 빽빽하지 않으며 오히려 공간이 훨씬 많은 성긴 구조이고 마치 기체와 같이 다른 사물과 명확하게 분리할 경계선이 없다는 것은 매우 놀랍지만 분명한 사실이다. 이렇듯 과학 기술의 발전으로 최근 3백 년 사이에 조금씩 알려지게 된 현상이 이미 3천 년 가까운 옛날, 『구사론』을 기준으로 하더라도 1천 6백여 년 전에 이미 관찰되어 기록되어 있다는 것은 경이로운 일이다.

공무변처에 들어갈 때의 모습을 다시 요약하면 제4선의 상태에서 우리 몸의 공대, 즉 큰 구멍부터 시작하여 모공 등 육안으로도 확인되는 미세한 구멍을 관찰해 보면 그것은 마치 구멍이 숭숭 뚫린 떡시루처럼 보이고 (현미경의 배율을 더욱 확대해 보듯이) 더욱 세밀하게 관찰하면 물질보다 공간이 더욱 많은 체와 같이, 또 거미줄과도 같이 보이게 된다는 것이다. 그리고 이를 더욱 미세하게 본다면 물질은 완전히 사라져 보이지 않고 텅 빈 허공만 보게 된다는 것이 위의 설명이다. 사람뿐 아니라 외부의 모든 사물들도 이와 같이 선정에 들어 심안(心眼)으로 섬세하게 관찰한다면 텅 빈 허공만 보게 된다고 한다. 시력이나 다른 도구를 사용하지 않고 눈을 감은 채 선정 속에서 어떻게 볼 수 있는지 참으로 불가사의한 일이지만, 그 모습이 현대 과학에서 설명하는 것과 배치되지 않는다는 점에서 부정할 근거가 없다.

수행자가 이처럼 자신과 외부의 일체 사물을 관하면 눈으로 볼 수 있는 색이 사라지므로 "색상을 건넌다[度]." 혹은 "지나친다[過]."고 표현한다. 이어서 소리와 냄새, 맛과 촉감 등도 모두 사라져 버리므로 "장애가 있는 대상[有對想]을 멸한다."고 하고 무표색에 대해서도 여러 분별을 일으키지 않게 되므로 "약간의 상도 염하지 않는다."고 한다.

이러한 관의 방식을 통해 일체의 색법이 다 멸했으면 다만 일심으로 허공을 인식의 대상으로 삼아 허공만을 생각하고 다른 생각을 일으키지 않는다. 그러면 색계 선정이 물러나고 공무변처정이 일어나게 되는데 아직 정이 일어나지 않았을 때 역시 중간선이 있다. 이 단계는 삼매의 힘이 약하므로 정이 깨지지 않도록 주의해야 하고 특히 걱정이나 후회하는 마음이 일어나지 않아야 한다. 오로지 열심히 정진하여 일심으로 허공만을 염하고 있으면 어느 순간 마음이 다 사라져 버린 것 같으면서 공력을 가하지 않아도 저절로 마음이 허공에 머물게 된다. 이 상태는 앞서 사선의 각 단계 직전에 나타났던 근분정과 유사하다.

이후에 마음이 활연히 허공과 상응하면서 밝고 깨끗해지고, 제4선에서 나타났던 괴롭지도 즐겁지도 않은[不苦不樂] 느낌이 더욱 강화된다. 깊은 삼매 가운데서 오직 허공만이 보이고 아무런 색상도 일어나지 않는다. 비록 끝없이 넓은 허공을 인식의 대상으로서 반연하지만 마음이 분산되지는 않는다. 이제 색의 속박이 없어서 심식이 맑고 고요하며 걸림없이 자유로운 것이 마치 새장을 깨고 나온 새가 자유롭게 날아오르는 것과 같다. 이것이 공무변처정을 증득했을 때의 모습이다. 또한 공무변처정을 증득하면 색계를 벗어나므로 "일체의 색상(色想/色相)을 건넌다."고 하고 허공법으로 마음을 유지하여 온갖 색이 일어날 수 없으므로 "장애가 있는 대상을 멸한다."고 한다. 그리고 이미 수승한 공무변처정을 증득하여 색법을 버렸기 때문에 더 이상 색법을 그리워하지 않게 되므로 "여러 가지 생각도 염하지 않는다."고 한다.

공무변처정을 처음으로 얻어서 세 종류의 색을 여의면 마음이 시방의 허공과 상응하여 드넓고 청량하다. 다음에 거듭 이 정이 일어나면 밝고 깨끗하게 허공을 보는 것이 더욱 넓어지고 정은 더욱 깊어짐을 느낀다. 또한 정을 거듭 닦아가는 가운데 정의 깊이가 점차 깊어지고 보는 대상도 더욱 넓어짐을 느낄 수 있다. 이렇게 공무변처정을 수행하면 앞의 사선에서 얻는 것과 같은 많은 공덕이 있고 믿음, 참괴심 등 열 가지 선법(善法)이 더욱 깊어지게 된다.

이 정의 호칭을 살펴보면 『장아함』과 『중아함』에서는 (무량)공처 혹은 공처정을 주로 사용하고 천태대사는 여기에서 취하여 공처정이라는 용어를 즐겨 쓰고 있다. 구역(舊譯) 시대에 구마라집이 번역한 『대품반야경』, 『대지도론』 등에서는 무변공처(無邊空處)와 허공처라는 용어를 혼용하고 있고 신역 시대에 현장이 번역한 『대비바사론』, 『구사론』, 『유가사지론』 등에서는 대개 공무변처라는 용어를 쓰고 있음을 볼 수 있다. 이 공무변처정과 더 깊은 단계의 세 가지 무색정은 모두 무각무관삼매, 성묵연정 및 사구선(捨俱禪)에 속한다.

2) 식무변처정(識無邊處定)

무색계정의 두 번째로서 공무변처정보다 한 단계 깊은 삼매는 식무변처정이다. 앞의 정이 색법을 떠나 무한한 허공을 인식의 대상으로 삼는 것임에 비해 이 정은 역시 색법이 아니고 심법에 속하는 무량한 식(識)을 인식의 대상으로 삼아 그곳에 집중하는 것이므로 '끝없는 식에 머문다'는 의미로 식무변처정(識無邊處, vijñānānantyāyatana)이라고 부른다.

공무변처정에서 식무변처정으로 심화하기 위한 방법은 두 가지가 있다. 첫 번째는 앞에서와 같이 육행관을 행하는 것이니, 그것은 아래 단계인 공무변처정을 책망하는 한편 위 단계인 식무변처정을 찬탄하는 것이다. 두 번째는 관을 통해 공무변처정의 단점을 생각하여 이 정을 파한 뒤 마음을 식에 묶어두고 계속 염하는 것이다.

첫 번째 육행관을 행하는 방식을 조금 더 구체적으로 설명하면 수행자가 공무변처정의 마지막 단계에서 다음과 같은 내용을 염한다. "공무변처정은 마음이 허공과 상응하여 일어나는 것이다. 그런데 허공은 끝이 없으므로 그것을 인식대상으로 삼으면 반연하는 경계가 너무 넓다. 반연하는 것이 넓다는 것은 산만하다는 것이어서 삼매를 깨뜨릴 수 있다. 또한 허공은 내 바깥의 법이다. 바깥의 법을 대상으로 삼아 삼매에 들어가면 이 삼매가 바깥에서 생긴 것이기 때문에 안온하지 않고 허물이 많다." 이것이 공무변처정을 책망하는 내용이다. 식무변처정을 찬탄하는 내용은 다음과 같다. "식(識)은 내 안의 법이다. 안의 법을 대상으로 삼아 삼매에 들어가면 훨씬 적정하고 안온할 것이다." 이와 같이 아래 단계를 책망하고 위 단계를 찬탄하면 공무변처정이 물러가고 식무변처정이 일어나게 된다.

두 번째 관을 통해 공무변처정을 파하는 것은 다음과 같이 염하는 것이다. "공무변처정이란 허공을 대상으로 인식하고 있는 수ㆍ상ㆍ행ㆍ식의 4온이다. 이들은 병이나 악창, 부스럼과 같고 가시와도 같은 존재이다. 또한 무상ㆍ고ㆍ공ㆍ무아의 성질을 갖는 것인데 인과 연이 화합해서 존재하는 것일 뿐이니 사람을 속이는 것이며 실제 알맹이가 없다." 이렇게 관하는 것을 팔성종관(八聖種觀)이라고 한다. 병ㆍ악창ㆍ부스럼ㆍ(살에 박힌) 가시는 모두 나를 고통스럽게 하니 속히 제거하고 싶은 것들이다. 무상ㆍ고ㆍ공ㆍ무아 등 네 가지는 유위법이 예외 없이 가지고 있는 보편적 속성으로서 석가모니불은 이것을 속히 보아서 집착을 버려야 함을 가르치고 있다. 앞의 네 가지는 공무변처정을 버리기 위하여 구체적 사물을 정(定)에 유비한 것이므로 사관(事觀)에 속하고, 뒤의 네 가지는 석가모니불께서 가르친 진리에 의거하여 정을 관하는 것이므로 이관(理觀)이라 할 수 있다. 사관은 외도들도 사용하는 것이지만 이관은 석가모니불의 가르침을 받은 불자들만이 사용하는 방법이다. 앞의 육행관으로도 삼매의 단계를 심화할 수 있지만 무색계정은 매우 깊고도 미세한 정이기 때문에 이관이 포함된 팔성종관을 행해야 공무변처정을 속히 떠날 수 있다고 한다.

팔성종관에는 종합적으로 관하는 방법과 개별적으로 관하는 방법이 있다. 종합적으로 관한다는 것은 이 여덟 가지 법을 동시에 써서 공무변처정을 관하는 것이다. 즉 이 정은 색법은 없고 수·상·행·식의 네 가지 법만이 화합하여 생긴 것인데, 이 4온은 고통이고 실제의 알맹이가 없다고 관하는 것이다. 개별적으로 관한다는 것은 팔성종관 가운데 앞의 네 가지와 뒤의 네 가지를 각각 4온에 대비시키는 방법이다. 즉 수온(受蘊)은 병과 같고 상온(想蘊)은 악창과 같으며 행온(行蘊)은 부스럼과 같은 것이고 식온(識蘊)은 살에 박힌 가시와 같다고 관하여 이들을 물리치는 것이다. 또 뒤의 네 가지 이관에 속한 것을 4온 하나하나에 대비시켜서, 식온은 무상하고 수온은 고이며 상온은 공이고 행온은 무아라고 관한다. 이 사관과 이관으로써 공무변처정이 가지고 있는 외형적 모습과 내재되어 있는 이치를 종합적으로 또 개별적으로 관한다면 자신이 증득한 공무변처정이 탐내고 즐길 만한 것이 아님을 느끼게 된다. 그리하여 이에 대한 싫증이 생겨나므로 속히 증득한 정을 버릴 수 있다. 또한 사념처(四念處)의 의미를 잘 알아서 여기에 적용하면 개별적으로 대치하는 이치를 이해할 수 있다.

다음으로 식무변처정에 들기 위해서는 마음을 식에 묶어두어야 한다. 『차제선문』 제5권에 설명된 방법은 다음과 같다. 수행자가 육행관 혹은 팔성종관을 행하여 공무변처정의 허물을 깊이 인식하게 되었다면 그 정에 대한 즐거운 마음이 사라져서 곧 공무변처정을 버리게 된다. 그리고는 현재 시시각각 일어나는 심식에 대해 잠시도 떠나지 않고 마음을 고

정시킨다. 또한 과거에 일어났던 심식이나 미래에 일어날 심식에 대해서도 마음을 고정시켜 잠시도 떠나지 않는다. 본래 과거는 지나가 멸하였고 미래는 오지 않았고 현재는 흘러가고 있으므로 붙잡을 수 없는 것이지만 과거의 심식은 기억으로 남아 있고 미래의 심식은 현재와 과거를 기반으로 예측할 수 있다. 이렇게 삼세의 식을 모두 인식의 대상으로 삼을 수 있으므로 이러한 식에 마음을 붙잡아두고 항상 식만을 생각하면서 식과 상응하기만을 바라는 공력을 쏟아야 한다. 열흘이 지났는지 한 달이 지났는지 따지지 않고 일심으로 식에만 집중하여 다른 색상이 끼어들지 않도록 하는 것이다. 그러면 이러한 심식을 인연으로 정법이 일어나 삼매에 들 수가 있다. 이렇게 수행자가 일심으로 식을 반연하면 공무변처정이 완전히 물러나고 이어서 식무변처정이 일어난다. 이 정이 일어나기 전에도 앞에서 본 것과 마찬가지로 중간선과 근분정 단계를 거친다.

식무변처정이 일어나는 모습에 대한 경론의 설명은 비교적 단순하다. 앞에서와 같이 『중아함경』의 경문에 따르면 "일체의 무량공처를 넘어서 무량한 식에 머무는 것이 무량식처를 성취하여 자유롭게 되는 것"이라고 되어 있다. 이후 무색계정의 나머지 단계도 이와 같은 방식이다. 이에 대해 천태대사는 조금 더 상세한 설명을 부연하고 있다. 즉 수행자가 일심으로 찰나찰나 일어나는 자신의 심식에만 집중하면 일체의 다른 대상이 사라진 것처럼 임의대로 식에 마음을 머물 수 있게 된다. 이후에 활연히 식과 상응하면서 마음이 고정되고 동요하지 않으니 삼매 가운데서 다른 일들을 보지 않게 된다는 것이다.

여기서 잠깐 "마음이 식과 상응한다."는 말의 의미를 생각해 보자. 앞서 공무변처정이 일어날 때에는 "마음이 허공과 상응한다."고 하였는데 '상응'이란 무엇인가? 상응(相應, samprayukta)은 기본적으로는 '결합되다(yoked or joined together)'는 뜻을 갖는 용어지만 매우 다양한 의미와 용례로 사용되고 있다. 『대승아비달마잡집론』 권5에서는 물리적으로 틈이 없이 결합하는 것[不相離相應], 화학적으로 섞이는 것[和合相應] 등 여섯 종류의 상응이 있다고 설명하고 있는데 여기서의 상응은 이런 물리적인 것이 아니라 심법에 관련한 것이다. 즉 마음이 어떤 인식 대상과 완전히 혼연일체가 되어 다른 마음이 일체 끼어들지 않는 것으로서 이를 동행상응(同行相應)이라고 한다. 이는 달리 말하면 보는 것과 보이는 것, 능연(能緣)과 소연(所緣), 심(心)과 심소(心所), 전 찰나의 생각과 후 찰나 생각의 사이에 전혀 간격이 없다는 의미이다. 허공은 외부의 경계이므로 마음과 상응한다는 것을 이해할 수 있어도 식도 마음인데 어떻게 마음이 식과 상응하느냐고 생각할 수 있다. 하지만 일상적인 마음은 하나가 아니다. 유식의 용어를 빌면 보통 사물을 인식할 때 마음(제8 아뢰야식)은 상분(相分)과 견분(見分)으로 나뉘고, 다시 자증분(自證分)과 증자증분(證自證分)이 더해져 여러 가지로 갈라진다고 한다. 또한 외부에서 주어지는 생각자료 없이 아뢰야식을 대상으로 항상 작용하는 제7 말나식이 있다. 이러한 점을 고려하면 수행자의 의식이 외부의 대상을 따라가지 않고 내부에서 상속되는 말나식과 아뢰야식에만 집중되어 있는 것이 여기에서 말하는 '식과 상응'하는 것이 아닐까 생각된다.

이렇게 마음이 식과 상응하게 되면 일체 다른 일들은 보이지 않고 오직 현재의 심식이 순간순간 생멸하면서 머물지 않는 것을 보게 된다. 정심(定心)이 뚜렷해져서 식으로 사려하는 대상이 광활하고 끝없다는 것을 분명히 안다. 또한 삼매의 힘으로 인해 과거에 이미 멸해버린 무한하게 많은 식을 기억하게 되고 미래에 응당 일어날 무한하게 많은 식도 현재의 선정 가운데서 다 보게 된다. 무한하게 많은 식법과 상응하지만 마음은 전혀 분산되지 않으니 이 정은 안온하고 청정하면서도 지극히 고요하다. 또한 심식이 밝고도 예리하기가 다른 무엇과 비교하기도 힘들고 말로 설명하기도 어려운 뛰어난 삼매이다.

3) 무소유처정(無所有處定)

무색계정의 세 번째 단계는 무소유처정(無所有處, ākiṃcanyāyatana)이라고 부른다. 이는 '존재가 없는 곳에 머무는 선정'이라는 의미이다. 또 불용처정(不用處定)이라고 번역하기도 한다. 이 선정에 들게 되면 색법은 물론 허공과 같은 외부의 대상을 인식대상으로 삼지 않고 식과 같은 내부의 대상도 역시 대상으로 반연하지 않아서 아무 경계도 인식의 대상으로 쓰지 않는다는 의미로 명명한 것이다. 대소승의 대부분 경론은 무소유처(정)이라는 번역을 사용하지만 『장아함』과 『증일아함』에서는 불용처(정)이라는 용어를 사용하고 있다. 또한 무소유처정에서는 '무소유'라고 하는 법경(法境)에 속하는 관념만을 의지하여 정에 들기 때문에 인식대상이 되는 경계가 매우 적다는 뜻에서 소처정(少處定)이라고도 부른다. 이밖에 상이 (거의) 없다는 의미로 무상처정(無想處定)이라고 부르기도 한다. 식

148

무변처정에서 무소유처정으로 삼매 단계를 심화하기 위해서는 앞과 같이 아래 단계를 책망하고 위 단계를 찬탄하는 방법과 식무변처정을 관으로 분석하는 방법, 즉 팔성종관을 사용한다.

먼저 식무변처정의 허물을 책망하는 내용은 다음과 같다. "식무변처정은 마음이 식법(識法)과 상응하는 것인데 정에 든 가운데 끝없이 무량하게 일어나는 과거·현재·미래의 식을 반연하다 보면 반연하는 대상이 많으므로 정이 산란하여 깨질 수 있다. 또한 앞에서 허공을 반연하여 삼매에 들어간 것은 외정(外定)이라 부를 수 있고 지금 식을 반연하여 삼매에 든 것은 내정(內定)이라 할 수 있는데 밖의 대상을 의지하거나 안의 대상을 의지하는 것은 모두 진정 적정(寂靜)한 것이라고 할 수 없다. 또한 안의 대상을 의지한 선정은 마음으로써 마음을 반연하여 정에 든 것인데 이 정은 이미 허망한 삼세의 마음에 의지한 것이므로 이 정도 역시 진실한 것이 아니다." 이와 같이 식무변처정을 책망하고 이어서 무소유처정에 대해 "오직 심식이 없는 곳에 처하여 마음에 의지하는 것이 없어야 비로소 안온한 정이라고 할 수 있다."고 생각하는 것이다.

다음에 관을 수행하는 방법은 다음과 같이 한다. 식무변처정에서 반연하는 자신의 식을 깊이 관해 보면 이것은 색온은 아니지만 수·상·행·식의 4온으로 이루어진 것이다. 색온은 물론 4온도 모두 병이나 악창, 부스럼이나 살에 박힌 가시와 같아 고통스럽고 또한 무상·고·공·무아의 특성을 가지고 있다. 이들 법이 화합하여 존재하게 된 이 정은 환상과 같아서 사람을 속이는 것이며 진실한 알맹이가 없다. 이렇게 관하여 분석하는 내용은 앞에서 설명한 팔성종관과 같다.

식무변처정의 마지막 단계에서 팔성종관을 행하여 이처럼 깊이 알고 나면 반연하고 있던 식을 버리고 마음을 무소유처(無所有處)에 묶어둔다. 무소유처란 '아무 것도 없는 곳'이므로 다른 것에 의지함이 없다는 의미이다. 사실 허공이라는 것도 실재하는 무엇이 아니라 관념적인 대상이지만 이러한 관념조차도 인식하지 않는다는 점에서 공무변처정과 차이가 있다. 이처럼 식에도 의지하지 않고 분별도 없으므로 일체의 심식을 사용하지 않는 경지가 무소유처이다. 아무 것도 없는 법을 염하면서 정진을 그치지 않으면 식무변처정이 물러가고 중간선 단계에 접어든다.

중간선에 들어갔을 때는 지금까지 의지하고 있던 선정이 사라진 것에 대하여 근심이나 후회하는 마음을 내지 말고 팔성종관 등 앞에서 행했던 방편을 늦추지 말고 정진해 나가야 한다. 그리하여 더 이상 공력을 들이지 않고도 저절로 일심이 되면 마음이 청정하면서도 텅 비어 의지하는 것이 없으며 아무 법도 보지 않게 되니 이 단계가 근분정이다. 이를 거쳐서 돌연 마음이 적연하고 편안하며 전혀 동요함이 없음을 자각하게 되면 무소유처정을 증득한 것이다. 이 정에 들어갈 때는 미미한 기쁨과 함께 모든 것과 절연된 듯 자신의 심식이 변하는 상은 물론 아무 상(想)도 일어나지 않게 된다.

4) 비유상비무상처정(非有想非無想處定)

무색계정의 마지막 단계는 비유상비무상처정이다. 이 정의 명칭은

'상(想)이 있지도 않고 없지도 않은 곳(naiva-saṃjñā-nāsaṃjñāyatana)'이라는 뜻이다. 『중아함』, 『대품반야경』 등은 비유상비무상처(非有想非無想處)라고 번역하였고 『장아함』, 『증일아함』 등에서는 유상무상처(有想無想處)라고 번역하고 있다. 또 『열반경』, 『대비바사론』 등 대부분의 경론에서는 비상비비상처(非想非非想處) 혹은 비상비비상처정이라고 번역하였지만 천태 대사는 한문으로서 본래의 의미를 가장 쉽게 전달하고 있는 비유상비무상이라는 번역어를 주로 사용하고 있다.

이 명칭의 의미에 대해서는 여러 가지 해석이 있다. 우선 앞의 비유상이란 거친 생각이 없다는 말이고 뒤의 비무상이란 생각이 없기는 하지만 미세한 생각조차 아주 없는 것은 아니라는 점에서 이렇게 부른다고 해석하는 이가 있다. 어떤 이는 이 정의 전전 단계인 식무변처정은 상이 있는 정이고 전 단계인 무소유처정은 상이 없는 정인데 이 두 가지 단계를 모두 버렸으므로 상이 있는 것도 아니고 상이 없는 것도 아닌 정이라고 부른다고 해석한다. 또 어떤 이는 이 정에 들면 일체의 형상이나 모습을 보지 않으므로 '비유상'이라고 할 수 있지만 수행 중에 "오로지 생각이 없다면 나무나 돌과 같이 아무런 인식 작용을 하지 않게 되는데 어떻게 '생각이 없다'는 것을 알 수 있단 말인가?" 하는 생각을 하기도 하므로 '비무상'이 된다고 풀이한다.

불교의 기본 정의상 육도를 윤회하는 모든 생명[有情]은 난(煖) · 명(命) · 식(識)의 세 가지가 유지되어야 하는데, 지금 비유상비무상처정에 들어간 인간이나 천신은 생명이 유지되고 있으므로 인식작용이 없다고 할 수는 없다. 다시 말하면 이 정은 색법 없이 수 · 상 · 행 · 식의 4온으로 이루어진 것이지만 그 작용이 매우 미세하여 자각하기 어렵기 때문에 생각이 없다고 부르는 것이다. 이러한 근거를 바탕으로 어떤 이는 범부의 입장에서는 생각이 없는 것이라고 하지만 불법의 입장에서 보면 생각이 없는 것이 아니므로 비상비비상이라고 부른다고 풀이하기도 한다.

이 정에 들어가기 위해서는 무소유처정의 마지막 단계에서 앞과 마찬가지로 두 가지 방법을 사용해야 하니 첫 번째는 책망과 찬탄이다. 먼저 무소유처정의 허물을 깊이 생각한다. "무소유처정은 백치와 같고 취한 것, 잠자는 것과도 같으며 암흑과도 같다. 무명에 덮여 있으므로 지각되는 것도 없다." 이와 같이 이 정을 책망하고는 "이보다 더욱 미묘하고 안온하여 아무 허물이 없는 곳이 있으니 바로 비유상비무상처이다, 그곳을 구하리라." 하고 다음 단계를 찬탄하는 것이다.

두 번째 방법은 팔성종관을 행하는 것이다. 수행자가 자신이 증득한 무소유처정을 자세히 관해보면 그것은 병이나 부스럼, 악창이나 살에 박힌 가시와 같고 무상·고·공·무아인 법이어서 나를 속이는 것이며 실제 알맹이가 없이 인과 연이 화합하여 있는 것일 뿐임을 안다. 이렇게 관하고 나서 곧 그 마음을 떠나 있는 것도 아니고 없는 것도 아닌 법을 관한다. "어떤 법이 있는 것이 아닌가? 마음이 있는 것이 아니다. 과거의 마음이나 현재의 마음, 미래의 마음을 구하여 보아도 도무지 얻을 수 없기 때문이다. 모양이 없고 머무는 장소가 없으므로 마음이란 있는 것이 아님을 알 수 있다. 어찌하여 마음이 없는 것이 아닌가? 없다고 말한다면 무엇을 없다고 하는가. 마음이 없다는 것인가, 마음을 떠난 것을 없다고 하는가. 만일 마음이 없는 것이라고 하면 마음이라고 이름 붙일 수 없다. 마음이 없다고 자각하는 주체도 없고 없다고 할 수 있는 대상도 없기 때문이다. 마음이 없다고 하여도 마음을 떠난 별도의 없음은 없다. 왜냐하면 없다는 것은 스스로 없는 것이 아니라 있는 것을 없애버렸을 때 없다고 말하는 것이기 때문이다. 있음이 없다면 없음도 없는 것이므로 있음도 아니고 없음도 아니라고 말한다." 이와 같이 관하면 있다거나 없다는 것을 보지 않게 되며, 일심으로 중도만을 대상으로 삼아 다른 일들은 생각하지 않게 된다.

이렇게 있음도 아니고 없음도 아닌 것만을 늘 염하면서 이를 버리지 않으면 조만간 무소유처정이 물러간다. 이 이후에 비유상비무상처정에 들어가게 되는데 이 사이에 중간선이 찾아오고 다시 근분정을 거치게 되는 것은 앞과 같다. 특히 중간선 단계에서는 염을 행하는 마음을 놓치거나 다른 염이 끼어들지 않도록 일심으로 공력을 들여야 한다.

이후에 공력을 애써 들이지 않아도 임의대로 집중하였던 대상에 마음이 머물게 된다. 그리고는 홀연히 진실한 정법이 일어나게 되는데 있다는 생각이나 없다는 생각과 관련된 일체의 모습이 사라지고 텅 빈 듯한 적정(寂靜) 속에 들어가게 된다. 마음에 조금의 동요도 없이 평온하고 청정하여서 마치 열반을 얻은 듯한 느낌이 든다. 이 선정은 삼계 가운데에서 가장 깊고도 미묘하여 외도들이 여기 도달하면 열반을 얻었다고 여겨 더 이상 수행을 하지 않는다. 이 모습은 마치 자벌레가 나뭇가지의 끝에 이르면 더 이상 나아가지 않고 되돌아가는 것과 같다고 한다.

사실 이 선정은 4온이 화합한 것이므로 자성이 없고 변할 수밖에 없는 유위법에 속한다. 또한 이 선정에 들면 거친 번뇌는 일어나지 않지

153

만 열 가지 미세한 번뇌는 끊어지지 않는다. 열 가지란 구사학에서 대지법(大地法)으로 분류하는 열 가지의 심소로서 수(受)·상(想)·사(思)·촉(觸)·작의(作意)·욕(欲)·혜(慧)·염(念)·승해(勝解)·정(定)을 말한다. 유식학에서는 이 가운데 앞의 다섯 가지만 항상 일어나는 마음작용이라는 의미로 변행심소(遍行心所)로 분류하고 뒤의 다섯 가지는 별경심소(別境心所)라고 하는데 지금은 이 심소들이 모두 미세하게나마 작용하고 있다는 것이다. 선정을 증득한 것이 바로 도를 깨닫는 것은 아니기 때문에 이러한 심소들의 작용은 마음에 미세한 동요를 일으키게 된다.

이렇듯 이 정이 4온이 화합하여 이루어졌다는 것과 이 가운데 미세한 마음 작용이 있음을 모르는 외도들은 이때의 마음이 참된 실재라고 여기게 된다. 즉 "있는 것도 아니고 없는 것도 아니다."는 사실을 보고 자각하는 주체로서 마음을 찾았다고 여기고, 이 마음이 진정한 나의 본질 혹은 멸하지 않는 영원한 자아라고 오해하게 된다. 이것은 지극히 미세하여 더 이상 분할되지 않으며 모든 것을 지각할 수 있는 주체라고 억측을 한다. 하지만 도를 깨친 불제자라면 이 선정은 4온이 화합하여 생긴 것일 뿐이어서 속이는 것이고 알맹이가 없다고 안다. 이 선정 가운데서 보는 것과 보이는 작용이 일어나는 것이지 이를 일으키고 지각하는 별도의 자아는 없다는 것도 안다.

앞의 공무변처정에서는 색을 파하므로 '허공'이라 설하고 식무변처정에서는 허공을 파하므로 '식'이라 설하는데 식이 있는 것을 일컬어 유상이라고 한다. 다음의 무소유처정에서는 식을 파하므로 식이 없는 것이 되고 이를 일러 무상이라고 한다. 지금 이 선정은 다시 무소유를 파하여

비무상이라 설하므로 비유상비무상정이라고 부른다는 것이 천태대사의 해석이다. 이 선정은 세간에서는 가장 안온하여 세속의 지혜로는 이 정에 대한 애착을 파할 수 없다. 다시 말하면 세속 삼매 가운데 최고의 단계인 비유상비무상처정도 역시 유위법인 4온으로 이루어진 것이므로 생멸이 있고 무자성인 공이라고 관할 때 비로소 이 정에 대한 집착을 없애고 자유로울 수 있다는 뜻이다.

5) 사무색정(四無色定)의 전체적 검토

지금까지 살펴본 사선팔정이라는 삼매의 단계는 사다리와 같은 것이어서 무색정에 들어가기 위해서는 먼저 사선을 거쳐야 한다고 하였는데 앞서 제4선에서 호흡이 끊어지므로 무색계정의 네 단계도 모두 호흡을 하지 않는 매우 깊고도 고요한 상태이다. 『대비바사론』26에서는 제4선 이상의 모든 단계에서는 마음이 지극히 미세하여 숨을 쉬지 않는다고 명확히 밝히고 있다. 무색정의 첫 단계인 공무변처정은 11가지 색법을 파하고 허공만을 생각하여 들어가는 선정이고 식무변처정은 외부의 법인 허공에 대한 생각을 버리고 내부의 식만을 반연하여 들어가는 선정이다. 다음 단계인 무소유처정은 허공도, 분별의식도 모두 의식 대상에서 제거하여 아무 것도 없는 것을 대상으로 삼는 선정이고 비유상비무상처정은 미세한 열 가지 기본적 의식이 작용하지만 범부들이 느끼기에는 아무 생각도 일어나지 않는 무상(無想)의 상태처럼 보이는 가장 깊은 선정이다.

허공도, 의식도, 무(無)도 모두 색법이 아니므로 이들은 모두 무색계의 선정으로 분류된다.

그런데 여기서 잠깐 생각해 보아야 할 문제가 있다. 무색계정의 첫 단계인 공무변처정에 들어가기 위해서는 5근과 5경 그리고 무표색의 11가지 색법을 파해야 한다고 하였다. 이러한 색법을 파했기 때문에 무색이라 하는데 색법을 파했다는 것은 어떤 의미인가? 색법을 파한다는 것은 한문으로 여러 가지 용어를 쓰는데 '건넌다[度/渡],' '넘어선다[超],' '멸한다[滅],' '여읜다[離],' '파한다[破]' 등이 그것이다. 얼핏 없애거나 제거한다는 느낌으로 받아들여지지만 5근이나 5경을 제거한다는 것이 가능한가? 5경은 어떻게 제거한다 하여도 5근을 없앨 수가 있을까? 5근이 없다면 무색계정에 들어간 수행자는 보이지도, 만져지지도 않는 상태가 되었다고 여겨야 할까?

색·성·향·미·촉의 5경은 엄밀히 말하면 실체가 있는 것으로 오해되는 외부의 대상물 자체를 가리키는 것이 아니고 나의 오근에 대상이 다가왔을 때 아뢰야식에 저장되어 있던 기억이 상분(相分)으로 나타난 것을 말한다는 것이 유식학의 설명이다. 다시 말하면 외부의 사물은 고정되어 있는 것이 아니라 시시각각 변화하며 공간적으로도 다른 사물과 분리되는 경계가 없는데 우리는 그들의 부분적 특징을 여러 차례 포착하여 아뢰야식에 저장해 두었다가 다시 그와 비슷한 사물을 보게 되면 저장해 두었던 것을 꺼내어 본다는 것이다. 외부의 사물은 소소연연(疎所緣緣)이라 하고 아뢰야식에 저장되어 있던 것이 현현한 것을 친소연연(親所緣緣)이라 하는데 소소연연은 사물을 보도록 하는 것을 촉발할 뿐이고 우리가 실제로 보는 것은 친소연연인 상분이 된다. 촉발하게 만드는 외부 사물이 나타났을 때 아뢰야식에 저장된 것과 맞추어서 유사한 것을 떠올리게 하는 작용이 오온 가운데 상온(想蘊)이다. 그러므로 5경을 파한다는 것은 외부의 사물을 없앤다는 것이 아니라 아뢰야식에 저장된 색에 대한 기억이 상분으로 현현하는 작용, 즉 색에 대한 상(想)을 일으키지 않는다는 것을 의미한다. 경문에서도 "일체의 색상을 건너고," "여러 가지 상을 염하지 않고" 등으로 표현하고 있는 것에 주의를 기울여야 한다.

다음에 5근을 파한다는 것은 수행자가 자신의 감각기관을 없애 버린다는 뜻이 아니라 5근의 작용을 일으키지 않는다는 것으로 이해하는 것이 옳을 것이다. 앞서 5근이란 살과 근육 등으로 이루어진 부진근을 말하는 것이 아니라 보고 듣는 등의 수승한 작용을 가능하도록 하는 승의근을 말한다고 하였는데 보고 듣는 작용을 하지 않는다면 그것은 이미 근(根, indriya)이 아닌 것이다. 비유하자면 광산이 있지만 더 이상 금을 채굴하지 않는다면 폐광이라 하고, 비행기라 할지라도 거기에 체(體) · 상(相) · 용(用)이 모두 갖추어져야 비로소 비행기라고 불릴 수 있는 것과 같다. 체와 용은 없고 상만 있으면 비행기 그림이나 사진이라고 부르고 체와 상은 있되 용이 없다면 고장 난 비행기 혹은 모형 비행기라고 불리는 것이다.

5근을 포함한 일체의 색법은 사대(四大)로 이루어졌다고 하므로 사대를 멸한다는 것은 바로 색법을 파한다는 것과 같은 말이다. 어떤 비구가 사대를 멸하는 방법을 묻자 석가모니불은 『장아함』 「견고경(堅固經)」에서 다음과 같이 게송으로 답변하고 있다.

무엇을 말미암아 사대인
지수화풍이 멸하여 없어지는가?
무엇을 말미암아 거칠고 섬세함과
길고 짧음, 아름답고 추함이 없어지는가?
…
이렇게 답하여야 하리니 식은 형체가 없고
무량하며 스스로 광명이 있다.
이것이 멸하면 사대가 멸하고
거칠고 섬세함, 아름답고 추함도 멸한다.
…

사대로 이루어진 색법은 거칠고 섬세함, 길고 짧음, 아름답고 추함으로 분별된다. 거칠다는 것은 '거친 삼베'라 하듯이 올이나 입자가 굵고 공간이 많은 것이고, 섬세하다는 것은 올이나 입자가 가늘고 미세한 것을 말한다. 이것을 멸하려면 식을 멸해야 한다는 것이 석가모니불의 답변이다. 게송 가운데 인용을 생략한 부분은 심법과 색법을 합친 명색(名色)에 대한 내용인데 식이 멸하면 명색이 멸하므로 사대도 따라서 멸한다는 것이다. 12연기설에서도 무명(無明) – 행(行) – 식(識) – 명색(名色) – 육입(六入)으로 이어져 식이 멸하면 명색이 멸한다 하였다. 그러므로 색법이 없다는 것은 색법에 대한 상이 전혀 일어나지 않으며, 5근 역시 고유의 작용을 하지 않음을 의미한다. 그렇다면 무색계정에 들어 있는 수행자는 옆에서 아무리 큰 소리가 나거나, 몸을 무엇으로 친다거나 하여도 지각하지 못한다고 이해해도 좋을 것이다.

앞의 사선에서도 언급하였듯이 선정에 들어간다는 것만으로는 도를 깨달았다거나 깨닫지 못했다거나 하는 판단을 내릴 수 없다. 다만 도를 깨닫는 것은 마음이 산란하거나 욕심 등의 번뇌가 작용하고 있는 상태에서는 불가능하고 이러한 작용이 없는 선정에 들어야 가능한데, 사선의 어느 단계에서나 도를 깨닫는 것이 가능하다고 하였다. 이와 마찬가지로 무색계정도 산란심이나 욕심 등은 물론 거친 마음작용이 일체 일어나지 않는 상태이므로 도를 깨달을 수 있다.

『중아함』 56 「오하분결경」에서는 초선 내지 무소유처정에 이르기까지 어느 단계에서나 중생을 욕계에 매어두는 번뇌인 오하분결(五下分結)을 끊을 수 있음이 설해지고 있다. 초선이나 제2선 내지는 무색계의 세 번째 단계인 무소유처정에 들면 그 경계에 의지하여 번뇌가 다함[漏盡]을 얻을 수 있고, 그것이 이루어지지 못한 경우에는 그 단계에 의거하여 더 깊고 안온한 선정에 들어갈 수 있다고 한다. 여기서 오하분결을 끊는다는 것은 욕계에 다시 돌아오지 않는다는 불환과(不還果), 즉 아나함을 증득하는 것인데 그 이상 아라한까지도 이 선정을 통해 이룰 수 있는지 이 경문에서는 불명확하다. 그런데 경문에서는 초선부터 무소유처정까지 일곱 단계는 모두 거론하면서 무색계의 마지막 단계인 비유상비무상처정에 대해서는 언급이 없다. 이와 관련되는 것인지 『마하지관』 6에서는 『대지도론』을 인용하면서 무색계정의 네 단계 가운데 비유상비무상처정은 세간을 벗어나는 지혜를 일으킬 수 없으므로 항상 유루이고 앞의 세 가지 단계는 세간을 벗어나는 지혜를 일으킬 수 있어서 무루인 경우도 있고 유루인 경우도 있다고 해설하고 있다. 『대비바사론』 93에서는 이 비유상비무상처정에서는 성도(聖道)가 없어서 정에서 나온 이후에는 다시 세속심을 일으킬 수 있다고 해설하고 있다. 이러한 설명을 감안하면 무색계정에 들었을 때 근기나 인연에 따라 견혹(見惑)이나 수혹(修惑)을 끊어 초과 내지 제3과의 성인 계위에 오를 수 있는 경우도 있고 그렇지 못한 경우도 있다고 이해된다. 다만 무색계정 가운데 가장 깊고, 또한 세간의 선정 가운데는 가장 고요하고 안온한 상태인 비유상비무상처정에서는 번뇌를 깨뜨리는 지혜는 일으킬 수 없다는 것이다. 정이 깊기만 하다고 반드시 좋은 것은 아님을 알 수 있다.

6) 선정과 삼계(三界)의 관계

지금까지 선정은 크게 색계의 네 단계와 무색계의 네 단계로 구분되어 심화되는 것을 보았다. 그리고 색계선정 바로 직전에 욕계정이 있음을 인정하는 그룹도 있으며 천태대사는 이에 의거하여 설명하고 있음도 살펴보았다. 욕계정까지 포함하면 선정은 욕계정 → 색계 사선 → 사무색정 순으로 심화되는 것이다. 그런데 불교에서 중생이 살고 있는 세계를 이와 똑같이 삼계로 구분하는 것은 상식적인 얘기이다. 그것은 욕심이 있는 세계인 욕계와 욕심을 떠난 색계 그리고 색법을 떠나 의식만 있는 세계인 무색계이다. 삼계는 다시 지옥·아귀·축생·아수라·인·천의 육도(六道)로 구분되는데 지옥 내지 인도는 모두 욕계에 속하고 천도는 삼계 모두에 분포된다. 즉 욕계에 사왕천(四王天) 내지 타화자재천(他化自在

天)의 여섯 천계가 있어 육욕천(六欲天)이라 하고 색계는 초선천 내지 4선천, 무색계는 공무변처 내지 비상비비상처로 나뉜다. 색계의 4천은 다시 세분되는데 초선천 내지 3선천에 각각 세 천계가 있어서 도합 9천이 되고 4선천은 아홉 천계가 있어서 보통 색계 18천이라고 한다. 욕계와 색계가 더 세분되는 것 이외에는 선정의 심화 단계와 거주하는 세계로서의 삼계는 명칭이 똑같은 것이다.

그렇다면 선정의 삼계와 거주세계로서의 삼계는 어떤 관계를 갖는가? 욕계의 중생인 인간이 선정을 닦아 색계 선정에 들어간다는 것은 색계천에 올라가는 것이고, 무색계정에 들어가면 각각의 세계로 옮겨가는 것일까? 이와 관련하여 『잡아함』 31의 864경부터 이어지는 일련의 경전들은 좋은 단서를 제공해 준다. 「초선경(初禪經)」이라는 제목이 붙은 864경은 비구가 초선에 들어 오온이 무상·고·공·비아라고 사유하여 열반을 얻는 데까지 이른다는 내용을 담고 있다. 이어지는 865 「해탈경」은 초선에서 오온이 무상함을 관하여 아라한이 됨을 설하고, 866 「중반열반경」에서는 이와 같은 수행을 통해 해탈을 얻지 못하였으면 중반열반(中般涅槃) 내지 상류반열반(上流般涅槃)의 5종 아나함을 이룰 수 있고, 이것도 이루지 못한 이는 "이 법을 원하고 염하고 즐거워한 공덕[以此欲法念法樂法功德]"으로 대범천(大梵天)이나 범보천(梵輔天)이나 범신천(梵身天=범중천梵衆天)에 태어난다고(정확하게 말하면 화생한다고) 석가모니불은 설하고 있다. 초선에 들어 오온이 무상함을 관하면 아라한을 얻거나 이에 미치지 못하더라도 이 공덕으로 초선천에 태어날 수 있다는 것이 이들 경전의 내용이다. 대범천과 범보천, 범신천은 모두 초선천에 속하는 천계이다. 이어지는 「제이선경」, 「해탈경」, 「제삼선경」, 「제사선경」도 이와 같은 방식으로 전개된다. 제2선을 수행하여 오온이 무상함을 관했는데 아라한 내지 아나함을 증득하지 못하였다면 제2선천의 각 천계에 태어나고 제3선과 제4선을 수행하여 역시 과보를 증득하지 못하였다면 각각 해당 천계에 태어난다는 내용인 것이다. 이어서 "사무색정도 역시 이와 같이 설하였다."고 경전 편집자가 생략하였음을 밝히고 있으므로 사무색정을 수행하여도 이와 같이 무색계에 날 수 있다는 내용이 담겨 있을 것이라 추측된다.

이 경문을 통해 본다면 초선을 수행하면 그 공덕으로 초선천에 태어날 수 있으므로 선정 명칭을 초선이라고 지은 것으로 이해할 수도 있다. 논서들을 보면 욕계의 육천 가운데 아래 두 천계인 사왕천과 도리천에는 십선(十善)을 잘 닦으면 태어날 수 있고 제3 야마천 내지 제6 타화자재천까지는 십선 외에 미도지정을 수행해야 태어날 수 있으며 색계천에는 십선과 함께 선정(초선 내지 제4선)을 닦아야 생을 받을 수 있다고 한다. 이렇게 선정 진행과정의 삼계와 세계로서의 삼계는 원인(수행)과 결과(과보)의 관계로 볼 수 있는 것이다.

이밖에 고려할 점이 또 있다. 색계나 무색계 각 단계의 선정을 얻는 방법은 두 가지가 있다고 여러 논서들은 말한다. 첫 번째는 과보로서 색계와 무색계에 태어나 자연스럽게 일어나는 선정이고, 두 번째는 욕계의 중생으로서 수행을 하여 각 단계의 선정을 얻는 경우이다. 앞의 경우를 『대지도론』에서는 생득(生得) 혹은 보득(報得)이라 부르고 『구사론』에서는 생정려(生靜慮)라고 한다. 수행을 통해 얻은 뒤의 경우를 『대지도론』에서는 수득(修得), 『구사론』에서는 정정려(定靜慮)라고 표현하고 있다. 무색계의 경우에는 생무색(生無色)과 정무색(定無色)으로 구분한다. 이는 색계와 무색계 각 단계의 천신들은 늘 혹은 자주 해당 단계의 선정에 들어 있거나 그와 같은 심리적 상태를 유지해 나가는 것이 일상적인 일임을 보여주는 대목이다. 그런데 욕계의 중생으로서 수행을 통해 선정에 들면 색계와 무색계 각 단계 천신의 심리 상태와 똑같이 될 수 있다는 것이 위 논서들의 해설이다.

심리 상태만 같게 되는 것이 아니다. 먼 거리나 장애 너머, 그리고 미래를 볼 수 있는 천안은 천신들이 갖고 있는 눈으로서 깨끗하고 섬세한 사대 색법으로 이루어져 있다. 그런데 욕계 중생도 선정을 수행하면 이러한 천안을 가질 수 있다. 『대비바사론』이나 『대지도론』에서는 이렇게 천안(통)이 생기는 두 가지 방법을 말하면서 전자를 보득(報得), 후자를 수득(修得)이라고 불렀다. 이는 선정 수행을 통해 색계 천신의 마음뿐 아니라 육신을 이루고 있는 색법, 혹은 색법이 갖춘 능력도 같아질 수 있음을 보여주는 사례라고 할 수 있다. 앞에서 초선에 들어가는 첫 과정에서 팔촉이 일어나는데 그 이유가 욕계의 몸에 색계의 오온이 머물면서 거친 색과 미세한 색이 서로 어긋나기 때문이라고 설명한 부분을 상기해 보자. 이는 색계 천신들을 이루고 있는 색법은 욕계에 비해 한층 청정하고 미세한 것인데 욕계의 몸을 갖고 있는 수행자가 색계 선정에 드는 것에 따라 신체도 변화한다는 의미이다. 선정을 수행함에 따라 욕계에 속한 중생도 몸과 마음, 즉 오온이 색계나 무색계의 천신과 같은 상태가 되므로 양자는 근본적 차이가 없는 동일한 존재가 되는 것이라고 할 수 있다.

『중아함』「의행경(意行經)」에서 석가모니불은 선정 수행을 통해 색계선이나 무색계정을 증득한 뒤 느껴지는 즐거움이나 생각의 작용은 해당 색계나 무색계 천신의 그것과 똑같다[無有差別 二俱等等]고 밝히고 있음을 볼 수 있다.

사실 삼계육도는 거주처로서 공간만을 말하는 것은 아니다. 육도를 놓고 분별해 본다면 지옥 내지 천계는 공간으로서의 세계와 오온으로 이루어진 중생을 동시에 의미한다. 전자를 기세간(器世間) · 국토세간(國土世間) · 주처세간(住處世間) · 의보(依報) 등으로 부르고 후자를 유정세간(有情世間) · 오온세간(五蘊世間) · 정보(正報) 등으로 부른다. 그런데 우리의 언어습관상 지옥이라 하면 주로 거주하고 있는 공간을 가리키고, 축생 · 아귀 · 인 · 아수라(도)는 개개 생명 자체를 가리키는 말로 사용하는 것이 일반적이다. 나쁜 일을 하면 다음 생에 "지옥에 간다."고 하지 "지옥이 된다."고 하지 않고, 음식을 낭비하면 "아귀로 태어난다."고 하지 "아귀에 간다."고는 하지 않는다. 이에 비해 천(天)만은 일상용어에서 '하늘'과 '하늘(ㄴ)님'이 함께 쓰이듯이 거주공간과 그곳에 거주하는 중생 양자의 의미를 동시에 갖는데 중생을 의미하는 경우에는 천인(天人)이라는 용어를 사용하기도 하지만 현대에서 사용하는 의미로 하면 천신(天神)이라 번역하는 것이 사실은 정확하다. 어째서 이러한 언어습관을 갖게 되었을까. 그것은 그들이 주로 거주하는 공간과 밀접한 관련이 있다고 보인다.

경론의 설명에 따르면 지옥중생은 지하 혹은 철위산 사이에 있는 커다란 공간에서 살고 때로는 허공이나 광야에 있는 고립된 곳인 고독지옥(孤獨地獄)에 머물기도 한다. 이렇듯 지옥세계는 다른 공간과 비교적 명확하게 경계를 나눌 수 있는 분리된 곳이지만, 축생 내지 아수라는 주로 거주하는 곳이 있기는 하여도 다른 세계에도 두루 퍼져 있는 존재이다. 또한 그들이 거주하는 주된 공간도 다른 세계와 뚜렷한 경계를 그어 나눌 수 없기 때문에 그들을 호칭할 때 공간으로서의 개념보다는 중생 자체를 가리키는 뜻으로 많이 사용하는 것으로 보인다. 하늘의 궁전에 살고 있다는 천신들의 세계 역시 다른 세계와 경계가 불분명하다. 우리의 머리 위로 얼마나 높은 곳부터 하늘인가? 수미산 중턱과 꼭대기에 각각 위치가 비정(比定)되어 있는 사왕천과 도리천의 두 지거천(地居天)은 비교적 공간경계가 명확한 편이지만 하늘에 떠 있는 나머지 욕계천과 색계천은 정확히 위치를 정하기 어렵고 이들 사이의 경계 역시 모호하다. 게다가 무색계는 색법이 없으므로 정해진 위치나 공간이 없다고 경론에서 밝히고 있다. 실제 사정이 이러하지만 천신이 살고 있는 하늘(천계)은 우리와 멀리 떨어진 높은 곳이라는 관념이 대중들에게 있어서 천(天, deva)은 특정한 공간을 가리키는 의미로도 사용된다. 결국 삼계 육도를 구분하는 기준은 거주 공간으로서의 차이는 부차적인 것이고 주된 근거는 그들이 과보로서 누리고 있는 복덕과 지혜라 할 것이다. 마치 금융계나 법조계라는 세계의 구분이 그 인사들의 거주 공간으로 구분하는 것이 아니지만 주로 여의도와 강남, 서초동에 모여 생활하고 있기 때문에 특정 공간을 지칭하는 경우도 있는 것과 유사하다고 하겠다.

선정은 인간만 닦는 것이 아니고 천신들도 닦는다. 이들은 각기 일상적으로는 거주공간으로서의 차이와, 동시에 현재 누리는 복덕과 마음상태 등으로 분별한 욕계·색계·무색계라는 세계에 머물고 있다. 그런데 선정에 들어가게 되면 그때의 마음 상태, 그에 따라 변화하는 색법에 따라 자신이 본래 속해 있던 세계를 벗어나 초선 내지 비상비비상처에 속하게 되는 것이다. 다시 말하면 자신이 지은 업에 따라 과보를 받아서 일정 기간 머무는 공간으로서의 삼계가 있지만, 어느 세계에 있건 선정을 닦음에 따라 다른 세계의 중생과 같은 상태가 될 수 있다는 것이다. 과보를 받아 특정 세계에 머물고 있는 중생과, 지관수행을 통해 삼매에 들어 있는 동안 특정 세계에 들어간 중생, 이 양자의 정신적, 물리적 상태는 거의 같은 것이다. 재벌의 집안에 태어나 날 때부터 부자인 사람도 있고, 자수성가하여 후천적으로 부자가 되는 경우도 있는 것과 비슷하다고 할까? 보통의 수행자들은 욕계이며 인도(人道)라고 불리는 곳에 속해 있지만 이는 공간적 개념보다는 과보로 받은 몸, 즉 정보(正報)로서의 상황을 가리키는 것이고 공간으로서의 이 세계에는 축생들도 있고 아귀 내지는 천신과 같이 육안으로 보기 어려운 존재들도 아마 자유롭게 오가고 있을 것이다. 이렇듯 삼계를 공간적으로 분별된 별도의 세계로 이해하지 않고 선정 수행을 하여 색계사선 내지 무색계정에 들어간다면 외형으로 나타나는 육신은 욕계의 그 공간, 그 자리에 그대로 앉아 있을 것이지만 그의 마음과 미세한 색법의 상태는 색계 내지 무색계의 천신과 동일한 존재가 된다고 보는 것이 합당할 것이다. 그리고 동일한 상태가 된 결과(과보)로 생을 마친 뒤에는 해당 천계에 날 수 있는 것이다.

03   멸진정과 구차제정

　도를 깨닫지 못한 범부와 현인(賢人)들, 다시 말하면 견도위(見道位, 혹은 아라한)에 이르지 못한 사람들이 마음의 분별작용을 그치고 삼매를 점차 심화하여 도달할 수 있는 가장 깊고 고요한 상태는 무색계정인 비유상비무상처정이다. 이 정은 이미 호흡도 하지 않고 일체의 색온이 작용하지 않으며 의식작용도 거의 일어나지 않는 지극히 고요한 경지이다. 그러나 도를 깨달은 성인 가운데 지혜에 대한 장애와 선정에 대한 장애를 모두 벗어난 구해탈(俱解脫) 아라한 그리고 벽지불과 붓다 등은 이보다 한 단계 더 깊이 들어갈 수 있는 경지가 있으니 바로 멸진정이다. 석가모니불 출현 이전에는 삼매의 깊이가 사선팔정의 여덟 단계가 있었으나 석존께서 출현한 이후에는 멸진정까지 들어갈 수 있어서 도합 아홉 단계가 되었다. 마지막으로 멸진정에 대해 살펴보고자 한다.

1) 멸진정(滅盡定)

　인간이나 천신이 생명을 유지한 채 들어갈 수 있는 가장 깊은 삼매, 신·구·의 삼업이 작용하지 않아서 죽음과 바로 인접해 있는 상태가 멸진정(滅盡定, nirodha-samāpatti)이다. 멸진정이라는 명칭 때문인지 예로부터 이 삼매가 온갖 번뇌를 벗어난 안온한 상태라거나, 이 삼매를 통해 번뇌를 끊어버리고 열반을 증득할 수 있다는 오해가 종종 있어 왔다. 또한 이 단계에 들어가 본 경험자가 많지 않아서인지, 아니면 수행상 주요 위치를 점하고 있지 않아서인지 멸진정의 행상이나 특징에 대해서도 경론 내에 서로 엇갈린 진술들이 나타나고 있다. 그러나 '멸진'이라는 말은 번뇌가 멸하였다 혹은 멸진된다는 의미가 아니라 온갖 마음작용이 멸하였다는 뜻임은 공통된 견해이다.

이 정의 명칭들을 보면 멸진정 이외에도 멸수상정(滅受想定), 멸상수정(滅想受定), 멸진삼매(滅盡三昧), 상지멸정(想知滅定), 멸정(滅定) 등 대소승 경론에서 다양한 번역어로 나타나고 있다. 색계선에 들어가면 오욕과 오개가 작용하지 않고 (끊어지는 것이 아니다) 무색계정에 들어가면 색온이 작용하지 않듯이 멸진정에 들어가면 오온 가운데 수온(受蘊)과 상온(想蘊)이 작용하지 않는다는 의미로 붙인 명칭이다. 『장아함』 9권 「십상경(十上經)」과 『잡아함』 17권의 474 「지식경(止息經)」에 "멸진정에 들어가면 상(想)과 수(受)의 가시가 멸한다."고 명기하고 있다. 그런데 왜 하필 수온과 상온만 작용하지 않는다는 것인가. 행온과 식온은 어떻게 되는가?

수온과 상온은 온갖 심리작용, 즉 행온(行蘊)이 일어나기 위해서는 반드시 수반되는 심소이다. 구사학에서는 수와 상을 대지법으로, 유식학에서는 변행심소로 규정하고 있으므로 이는 구사학과 유식학의 공통된 학설이다. 일반적으로는 5근과 5경의 색법이 만나 여기에 전5식이 결합하면서 촉(觸 : 근·경·식 3사의 접촉) - 작의(作意 : 경각심) - 수(受 : 느낌) - 상(想 : 연상) - 사(思 : 조작)의 단계를 거쳐 의식작용이 일어난다. 때로는 심법인 의

근과 법경이 만나 역시 같은 단계를 거치면서 생각이 일어나는 경우도 있다. 이때 조작이라는 작용을 하는 사(思)라는 심소의 내용으로는 믿음이나 부끄러움과 같이 선한 것도 있고 분노나 질투와 같이 번뇌를 일으키는 것도 있는데 이러한 심소들이 모두 행(行)이라고 불린다. 그러므로 찰나찰나 의식이 일어날 때마다 작용하는 행은 수와 상이 전제되어야 일어나는 것으로서 수와 상이 멸하였다는 것은 마음과 상응하는 일체의 심소와 심법, 그리고 마음과 상응하지 않는 심불상응행법까지 일체의 행도 멸하였음을 말한다. 『대비바사론』152에서는 멸수상정에 대해 상과 수가 다른 심소와 번뇌를 일으키는 근본이므로 이 두 가지를 명칭의 대표로 삼은 것이라고 풀이하고 있다. 이에 비해 식온은 멸한다고 말하기 어렵다. 식마저 없어져 버린다면 난(煖)·명(命)·식(識) 세 가지가 갖추어 있어야 살아 있는 중생이라는 정의와 어긋나기 때문에 식은 있다고 해야 한다. 유식학에서는 멸진정에 들면 전6식과 제7말나식이 작용하지 않고 아뢰야식만 유지된다고 한다(『성유식론』7). 상(想)의 작용을 대표로 하여 명칭을 붙인 비유상비무상처정은 일체 마음 작용이 일어나지 않는 것처럼 여겨지지만 사실은 미세한 작용이 있는 것임에 비해 멸진정은 미세한 작용도 일어나지 않는 진정한 무상정(無想定)의 상태라 할 수 있는 것이다.

천태대사는 구차제정을 설명하면서 멸진정(멸수상정으로 부른다)의 명칭만 소개하고 있어서 『차제선문』이나 『마하지관』 등을 통해서는 자세한 내용을 알 수 없다. 그러므로 『아함경』과 『대비바사론』, 『대지도론』, 『성유식론』, 『유가사지론』 등 대소승 경론을 참조하여 멸진정을 수행하는 방법과 특징 등에 대해 간략히 설명한다.

멸진정을 수행하기 위해서는 반드시 도를 깨치는 것이 선행되어야 한다. 『중아함』5 「성취계경(成就戒經)」에서는 계·정·혜 삼학을 성취하여야 멸진정(여기서는 想知滅定이라 한다)에 들어갈 수 있다 하고 『대방등대집경』22에서는 멸진정은 무학(無學)의 법으로서 수다원이나 사다함은 들어갈 수 없다고 하였다. 또 『대비바사론』153에서는 이생성(異生性: 범부)을 끊은 성자, 즉 견도위 이상만 멸진정을 증득할 수 있다고 한다. 이러한 이유는 일체가 무상·고·공·무아임을 깨달아 비유상비무상처정 역시 열반이 아니고 생멸하는 유위법임을 아는 지혜를 갖고 있어야 이를 넘어서 더욱 깊은 단계인 멸진정에 들어갈 수 있기 때문이다.

앞의 사선팔정의 심화 단계를 보면 육행관이나 팔성종관과 같이 자신이 증득한 정의 단계를 싫어하고 더욱 깊은 단계에 들어가려고 하는 마음을 일으켜 삼매를 심화하였지만 멸진정은 이런 방식으로는 안 된다. 멸진정에 들어갈 때 "나는 멸진정에 들어간다."는 생각을 일으키지 않는다. 정에서 나올 때도 역시 "멸진정에서 나간다."는 생각을 일으킬 수 없다. 전 단계인 비유상비무상처정이 매우 깊어 사려를 일으키지 않으니 더욱 깊은 멸진정에서 생각을 일으키는 것은 불가능하기 때문이다. 이 정에 들기 위해서는 처음 초선에 들어갈 때 이미 멸진정까지 증득하리라고 마음을 정한 뒤 스스로 언제 깨어나리라는 원을 세워야 한다. 마치 자명종을 틀어 놓고 잠들면 그 시간쯤 저절로 잠이 깨는 것과 같은 원리이다. 그리하여 초선부터 차례로 2선, 3선 내지 비유상비무상처정까지 이르고 이 정의 상품심(上品心)에서 중품심(中品心)으로, 다시 하품심(下品心)으로 들어간 뒤 이 하품심을 끊고 멸진정에 들어간다고 『대비바사론』153

에서는 설명하고 있다. 또 멸진정에 들어가면 욕계에서는 최장 7일까지 머물 수 있고, 더 이상 오래 머물 수도 있지만 그럴 경우 정에서 나온 뒤 바로 사망하게 된다고 한다. 단 색계에서는 1겁 이상도 정에 들어 있는 것이 가능하다고 밝히고 있다.

멸진정에 들면 일체의 신·구·의행이 정지된다. 여기서 구행(口行)이란 발성기관을 통해서 음성으로 나온 것만이 아니고 초선에 남아 있는 각과 관을 구행으로 정의하고 있는 것에서도 보듯이 의식 속에서 언어화하여 사유하는 것을 포함한다. 『잡아함』 568 「가마경(伽摩經)」에서는 멸진정에 들어가는 과정에서 구행 - 신행 - 의행의 순으로 사라진다 하고 있다. 어째서 신행보다 구행이 먼저 사라진다고 하는 것일까? 여기서 구행이 멸한다는 것은 앞서 제2선에 들 때 각과 관이 사라지면서 언어작용이 끊어진 것을 가리키는 것이고 신행이 멸하는 것은 제4선에서 호흡이 정지되는 것을 의미하는 것이라고 보인다. 이는 『유가사지론』 12의 설명에서 확인된다. 멸진정에서 호흡을 하지 않는다는 것은 경문에도 명기되어 있다. 이후 의식작용, 즉 의행이 점차 줄어들다가 멸진정에 들면서 완전히 사라지는 것을 두고 구 - 신 - 의행의 순으로 멸한다고 설명한 것이다.

그런데 여기서 한 가지 불분명한 것은 정지되는 신행(身行)에 호흡 이외에 심장박동도 포함되는가 하는 점이다. 이러한 의문을 제기하는 데는 그럴만한 이유가 있다. 석가모니불의 열반 상황을 전하고 있는 『장아함』 「유행경(遊行經)」에 따르면 석존께서 입적하기 직전 초선에서부터 차례로 깊은 선정에 들어가는 장면이 나오는데 석가모니불께서 멸진정(이 경전에서는 滅想定이라고 한다)에 들어가자 곁에 있던 아난이 세존께서 반열반에 들

171

어가신 것이냐고 묻는 장면이 나온다. 이에 천안 제일로 불리는 아나율이 아니라고 답하고 있다. 이 경문 외에도 멸진정에 든 상태와 사망한 상태의 차이를 밝히고 있는 내용이 『중아함』 58 「대구치라경」 등 여러 경론에 있는 것을 보면 호흡이나 맥박과 같이 쉽게 생사를 구분할 수 있는 특징이 멸진정에 들어 있는 상태에서는 나타나지 않고 있음을 추측하게 한다. 『화엄경』 「입법계품」에서는 비구가 대중 가운데서 멸진정에 들어가면 육근을 버린 것도 아니고 입적한 것도 아니지만 대중들이 하는 일을 일체 알지도 보지도 못한다고 설하고 있다. 멸진정에 들어가면 신행이 멈춘다는 것이 호흡만을 의미하는지, 심장박동까지 정지하는 것인지는 다른 경문을 더 찾아보아야 할 듯하다. 그리고 호흡과 맥박이 멈추었어도 생물학적으로 생존하는 것이 가능한지는 과학적인 연구가 필요한 과제라고 생각된다.

　앞서 멸진정을 통해 번뇌를 끊는다거나 이것이 열반의 경지라고 생각하는 경우가 종종 있다고 하였는데 이렇게 오해할 만한 경문이 없는 것은 아니다. 예를 들면 『중아함』 43 「의행경(意行經)」을 보면 멸진정(이곳에서는 想知滅이라 함)은 모든 정 가운데 가장 뛰어나며 이 정을 성취하고 나면 다시 생로병사의 고통을 받지 않으므로 '고의 끝[苦邊]'이라 한다고 석가모니불은 설하고 있다. 이 문장만을 보면 멸진정을 통해 열반을 성취하는 것으로 생각하기 쉽다. 하지만 이 경전의 전체 맥락은 초선 내지 비유상비무상처정을 성취한 뒤 목숨을 마치게 되면 초선천 내지 비유상비무상처에 태어난다고 하는 것이 주된 내용이다. 즉 의행(意行)을 통해 다음 생에 똑같은 의행을 일으키는 천계에 몸을 받게 되지만 멸진정을 닦는

172

(정도의) 성자는 다음 생을 받지 않고, 받으려 해도 해당 천계가 없음을 밝히는 것이 이 경문인 것이다. 멸진정에 들어가면 일체의 인식 작용이 일어나지 않을 뿐 번뇌를 끊는 작용은 없다는 것이 경론의 주류적 해설이다. 『대비바사론』에서는 이 정에 들어가면 심·심소에서 잠시 해탈하는 것일 뿐 번뇌들을 끊을 수 있는 것은 아니라고 하고 『대지도론』과 『성유식론』에서는 이 선정이 열반과 비슷하다고 밝히고 있어서 이 선정 자체가 열반을 증득한 것은 아님을 분명히 하고 있다.

2) 구차제정(九次第定)

수행자가 처음 선하지 않은 법인 오욕과 오개를 버리고 초선에 들어간 뒤 제2선 – 제3선 – 제4선 – 공무변처정 – 식무변처정 – 무소유처정 비유상비무상처정 – 멸진정까지 차례대로 한 번의 수행과정으로 증득하는 것을 구차제정(九次第定)이라고 한다. 사실 멸진정에 들어가는 것 자체가 앞의 여덟 단계를 차례로 밟아서 올라가야 하는 것인데 왜 구차제정을 별도로 설명하는가.

일반적으로 초선을 증득한 뒤 제2선으로 한 단계 올라갈 때는 초선에서 출정(出定) → 중간선 → 근분정을 지나 제2선에 입정(入定)하는 과정을 거친다. 이후 비유상비무상처정에 이르기까지 중간선과 근분정은 모든 단계의 사이마다 거쳐야 하는데 이들은 정이 얕아서 다른 생각이 끼어들기 쉽고 삼매가 깨지기도 쉽다. 그러나 수행력이 매우 강해지면 이 중간

단계를 거치지 않고 바로 초선에서 제2선 등으로 진행할 수 있다고 한다. 이렇듯 근본정과 근본정 사이에 간격이 없이 삼매가 이어지는 것을 '차제정(次第定)'이라고 부른다. 그러므로 구차제정이란 초선에서 시작하여 제2선, 제3선 등 다음 근본정에 드는 과정에서 선한 생각이든 허물이 되는 생각이든 다른 생각이 끼어들지 않도록 하여 멸진정까지 이어지는 것을 의미한다. 『법계차제초문』에서는 구차제정에 대해 "한 선(의 단계)에서 다른 선으로 들어가는 데 (전) 마음과 (후의) 마음이 이어져 다른 생각이 끼어들지 않는 것"이라고 정의하고 있다. 즉 중간선에서 육행관을 행하는 등과 같은 생각작용이 없음을 말하는 것이다. 이는 지와 관을 행하는 것이 익숙하도록 많이 단련을 하여야 이루어질 수 있다. 엄밀하게 말하면 구차제정에서도 각 단계마다 중간선과 근분정을 거치지 않는 것은 아니지만 머무는 시간이 매우 짧아 멸진정까지 이르는 사이에 간격이 거의 없다고 할 수 있는 것이다. 그러므로 이를 '단련된 선'이라는 의미로 연선(鍊禪)이라고도 부른다. 다시 말하면 구차제정은 사선팔정이나 육념(六念)·구상(九想) 등과 같이 비슷한 종류의 선정을 함께 모아놓은 집합적 개념이 아니라 한 번 자리에 앉았을 때 한 과정으로 이루어지는 단일한 선정의 명칭이라는 것이다.

성문승 수행자들은 구차제정은 많이 닦지 않고 사선의 차제행만 주로 단련하였다. 즉 초선부터 제4선에 이르기까지 중간에 거의 간격이 없도록 연습한 것이다. 이는 수행력이 퇴전하지 않도록 연습하는 의미도 있고 무색계정보다는 사선에서 얻어지는 공덕, 예를 들면 신통의 획득과 같은 것이 많기 때문이다. 또 사선을 수행하여 도를 증득하지 못하였을 때 5정거천(淨居天)에 날 수 있기 때문이기도 하다. 그러나 보살들은 보살행을 쉬지 않기 위하여 보살도의 일환으로서 구차제정을 수행한다고 『화엄경』「이세간품(離世間品)」에서는 설하고 있다.

구차제정을 수행하기 위해서는 각 단계의 선정을 자꾸 반복하여 지와 관을 사용하는 법이 예리하고 익숙해지도록 연습하여야 한다. 이후에 지와 관 가운데서 한쪽만 강하게 작용하지 않도록 마음을 잘 조절해야 한다. 지를 많이 운용하면 정력(定力)이 강해지고 관을 많이 사용하게 되면 혜력(慧力)이 강해져서 조화롭지 못하므로 각 근본정과 근본정 사이에 간격이 생기게 된다. 다시 말하면 정력이 강하면 생각을 일으키지 않고 고요하게 있고자 하는 경향이 강해지고 혜력이 강하면 선한 생각일지라도 다른 생각이 끼어들 여지가 많아지는 것이다. 그러므로 지와 관, 정과 혜가 균등하고 조화롭게 작용하도록 하는 것이 구차제정을 수행하기 위한 요체라고 한다. 정이 깊으므로 대상[緣]에 마음을 두어도 분산되지 않고 지혜가 예리하므로 들어가는 것이 빠르고 장애가 없다. 그리하여 한 근본정에서 일어나 다음 근본정에 들어갈 때 예리하고 빠르다. 마음과 마음이 서로 이어져 사이에 섞이는 것이 없으며 다음 단계에 들어가고자 하는 의지에 따라 바로 들어갈 수 있으니 이를 무간삼매(無間三昧)라고도 부른다.

구차제정을 더욱 단련하여 각 단계의 근본정에 들어가고 나오는 속도가 매우 빠른 것을 사자분신삼매라고 한다. 이 삼매는 초선에서 멸진정까지 차례로 올라가고 다시 멸진정에서 초선까지 차례로 내려오는 것을 반복적으로 연습하여 정과 혜가 더욱 익숙해지도록 하며 이에 따른 공덕을 늘이기 위해 닦는 것이다. 천태대사는 『대품반야경』「섭오품(攝五品)」을 인용하여 이를 설명하고 있는데 매우 소략하므로 사리불이 이 삼매를 시연하는 장면이 나오는 『증일아함』 18 「사의단품(四意斷品)」의 경문을 소개하는 것이 더 생생할 듯하다. 사리불은 여러 비구들이 보는 가운데 여래 앞에 정좌하여 삼매에 든다.

마음을 앞에 묶어두고 초선에 들어갔다. 초선에서 일어나 제2선에 들어가고 제2선에서 일어나 제3선에 들어가고 ... 유상무상처에서 일어나 멸진정에 들어가고 멸진정에서 일어나 유상무상처에 들어가고 ... 제2선에서 일어나 초선에 들어가고 ... 제3선에서 일어나 제4선에 들어갔다. 이때 사리불 존자가 제4선에서 일어나 비구들에게 고하였다. "이것은 사자분신삼매라고 부른다." 비구들은 처음 보는 것이라고 감탄하면서 말하였다. "정말로 신기하다. 사리불 존자가 삼매에 드는 것이 이처럼 빠르구나!"

여기서는 비유상비무상처정을 유상무상처로 번역하고 있는데, 사리불이 초선에서부터 멸진정까지, 멸진정에서 초선까지 차례로 오르내린 뒤 다시 제4선까지 들어간 후 출정하는 과정이 매우 신속하게 이루어지고 있음을 보여준다. 이 경문을 통해 한 사람이 삼매에 들면 주변의 수행자들이 그가 어떤 단계의 정에 들었는지를 알 수 있다는 것과, "이것이 사자분신삼매"라고 사리불이 다른 비구들에게 말하는 것으로 보아 이 정은 습득한 이가 별로 없는 희귀한 것임을 추측케 한다. 여기서는 처음 정에 들어갈 때 "마음을 앞에 묶어둔다[繫念在前]."고 설하고 있는데 이는 불제자나 세존이 선정에 들어가는 모습을 묘사하는 일상적 표현으로서 자신의 얼굴이나 미간 등을 염(念)의 대상으로 삼아 집중하는 것이라고 『아비담비바사론』 21에서 설명하고 있다. 정에 들어가는 것이 익숙해진 수행자들은 호흡을 하며 숫자를 세는 방법을 쓰지 않고 마음을 코앞에 매어두는 것만으로 속히 들어갈 수 있는 것이라 생각된다.

이 선정의 이름 사자분신삼매(師子奮迅三昧, siṃha-vijṛimbhita-samādhi)에서 '분신'이란 매우 기세가 강하고 빠른 것을 말한다. 백수의 왕 사자가 떨쳐 일어나 달리면 매우 빠르게 앞으로 내달릴 수 있을 뿐 아니라 갑자기 방향을 꺾어 되돌아 달려올 수도 있다고 한다. 다른 짐승들은 이렇게 할 수 없다. 이와 마찬가지로 수행자가 이 선정을 닦을 때는 초선에서부터 멸진정까지 간격 없이 곧장 들어갈 수 있을 뿐 아니라 멸진정에서 되돌아서 초선까지 내려오는 것이 사자가 떨쳐 내달리는 것처럼 빠르다는 의미로 명칭을 삼았다. 경전에 따라서는 사자빈신삼매(師子頻申三昧)라고 번역하기도 한다.

구차제정을 더욱 익숙하게 익혀서 단계를 뛰어넘어 높은 단계의 선정에 올라가거나 높은 선정에서 단계를 거치지 않고 바로 내려오는 법도 있다. 마치 계단을 오를 때 신장이 크고 힘도 센 사람은 몇 계단씩 뛰어넘어 오르거나 내려갈 수 있는 것과 같다. 구차제정을 행하는데 간격이 거의 없고 속도도 빠를 뿐 아니라 나아가 이처럼 몇 단계씩 건너뛰는 경지는 초월삼매(超越三昧)라고 한다. 『대품반야경』 「섭오품(攝五品)」에 초월삼매의 예가 나온다. 이에 따르면 처음 선하지 않은 법인 욕심과 악법을 떠나서 각과 관이 있으며 떠남에서 기쁨과 즐거움이 생기는 초선에 들어간 뒤 여기에서 일어나 내지는 비유상비무상처정에까지 이른다. 여기서 '내지'는 비유상비무상처정에 이르기까지 중간에 거쳐야 하는 정상적인 과정의 설명을 생략한 것이라 보이고 이후에 멸진정에 들어간 이후부터는 들어가고 나오는 선정의 단계가 매우 길게 설명되고 있는데 이 내용을 간단히 도식화하면 다음과 같다.

초선 → …… → 비유상비무상처정 → 멸진정 → 초선 → 멸진정 → 제2선 → 멸진정 → 제3선 → 멸진정 → 제4선 → 멸진정 → 공무변처정 → 멸진정 → 식무변처정 → 멸진정 → 무소유처정 → 멸진정 → 비유상비무상처정 → 멸진정 → 산심 → 멸진정 → 산심 → 비유상비무상처정 → 산심 → 무소유처정 → 산심 → 식무변처정 → 산심 → 공무변처정 → 산심 → 제4선 → 산심 → 제3선 → 산심 → 제2선 → 산심 → 초선 → 산심

처음 정에 들어 삼매를 심화할 때는 초선에서부터 멸진정까지 정상적인 단계를 밟지만 이후에 가장 높은 단계인 멸진정을 기점으로 하여 초선 내지 멸진정을 왕복달리기 하듯 오가면서 점차 오르고, 다음에는 멸진정에서 단계를 거치지 않고 갑자기 산심으로 내려온 뒤 가장 낮은 단계인 산심을 기점으로 하여 다시 왕복달리기 하듯 멸진정 내지 산심까지를 오가면서 점차 내려온다. 첫 번째의 과정은 초선에서 일곱 단계를 건너뛰어 멸진정에 들어갔다가 여섯 단계를 건너뛰어 제2선으로 내려오고 다시 여섯 단계를 건너뛰어 멸진정에 들어갔다가 다섯 단계를 건너뛰어 제3선으로 내려오는 식으로 단계를 계속 초월하여 오르내리면서 전체적

으로는 점차 올라가는 모습이다. 두 번째의 과정은 산심에서 여덟 단계를 건너뛰어 멸진정에 오르고 다시 여덟 단계를 건너뛰어 산심으로 내려온 뒤 일곱 단계를 건너뛰어 비유상비무상처정에 들어갔다가 일곱 단계를 건너뛰어 다시 산심으로 내려오는 식으로 계속 초월하여 오르내리지만 전체적으로는 내려오는 모습을 보여주고 있다. 이러한 초월삼매는 선정수행이 극도로 능숙한 경지이므로 아마도 오르내리는 것이 사자분신삼매와 같이 매우 빠를 것이다. 이 경문에 나타난 설명은 단계를 초월하는 방식이 매우 규칙적이지만 초월삼매의 본 의미를 생각하면 이와 다른 방식으로 혹은 불규칙적으로 이루어질 수도 있을 것이다.

성문 수행자들도 초월삼매는 가능하다. 다만 초선에서 바로 제3선에 들어가는 것처럼 한 단계를 초월할 수는 있지만 위의 경문과 같이 여러 단계를 초월할 수는 없다고 한다. 한 단계 내지 모든 단계를 다 생략하는, 가장 뛰어난 경지는 대보살만이 가능한 것으로 이때는 '선바라밀'로 불리게 된다고 『대품반야경』은 부연하고 있다. 바라밀의 의미 가운데 '완성'이라는 것이 있으므로 이는 '선의 완성' 혹은 '선의 궁극적 경지' 정도의 뜻으로 이해된다. 이렇듯 선정을 익숙해질 때까지 단련하는 이유는 사자분신삼매에서 설명하였듯이 지와 관을 닦는 것을 익숙하게 하여 공덕을 늘이기 위한 것이다. 이렇게 정법(定法)에 무애자재하게 되면 다양한 삼매를 일으킬 수 있고 신통과 지혜가 한결 늘어나서 중생을 제도하는 것에 걸림이 없게 된다는 것이다.

04 불교수행에서 사선이 갖는 의미

선정이 점차 깊어지는 것, 즉 여러 가지 번뇌와 잡념으로 동요하는 마음을 점차 고요하게 만드는 과정은 욕계정이나 중간선, 근분정 등을 제외하면 모두 아홉 단계가 있다고 하였다. 초선부터 제4선까지는 색법이 작용하는 단계이고 공무변처정부터 비유상비무상처정까지 네 단계는 색법의 작용마저 사라지는 고요한 단계이며 가장 깊은 단계는 멸진정이다. 그런데 전술하였듯이 멸진정은 범부가 증득할 수 없고 깨달음을 얻은 성인, 즉 최소한 견도위(見道位) 이상 올라야 들어갈 수 있는 경지라고 하였으므로 논외로 하자. 그렇다면 일반적으로 가장 깊고 고요한 선정의 단계는 비유상비무상처정이다. 삼계의 존재를 칭할 때 비상비비상처를 '존재의 최상층에 있는 천계'라는 의미로 '유정천(有頂天)'이라고 부르는 것도 이곳이 범부들로서 오를 수 있는 가장 상층부라는 의미가 담긴 것이다. 그러나 불교 경전에는 이렇게 깊은 무색계정을 수행할 것을 권유하는 내용은 별로 찾을 수 없고 많은 찬탄을 받고 닦을 것을 권유하는 선정 단계는 색계의 사선, 그 가운데서도 제4선이다.

1) 사선(四禪)의 공덕

천태대사는 『차제선문』 1상(上)에서 사선에 대하여 다음과 같이 평가하고 있다.

> 이 사선 가운데에는 팔배사도 있고 팔승처도 있고 십일체처, 사무량심, 오신통 ... 모두 선 가운데 있다. 모든 부처님이 도를 이루고 법륜을 굴리고 열반에 드는 수승하고 묘한 공덕은 모두 선 가운데 있다 ... 일체 불교수행의 공덕은 사선에서 생기고 사선을 의지하여 머문다.

팔배사(八背捨) 등은 모두 불교의 뛰어난 선정 수행법인데 이러한 수행이나 신통들이 모두 사선에 의지하여 생긴다고 한다. 예를 들어 자비관인 사무량심(四無量心)은 초선 내지 제4선의 어느 단계에서 닦을 수 있고 부정관인 구상(九想)은 즐거움이 강한 제3선을 제외하고 욕계정 내지 제4선에서 수행할 수 있다고 한다. 또 수식관의 한 방법인 16특승(特勝) 가운데 처음의 두 특승은 산심 상태인 수식(數息) 단계에서 이루어지고 제3특승부터 제16특승까지는 욕계정 내지 비유상비무상처정에 각각 대응시킬 수 있다고 한다. 이는 삼매의 깊이로 나눈 사선과 사무색정이 다른 수행을 하기 위한 바탕이 되며, 또한 호흡을 세는 것 이외에 시신을 관찰하거나 가까운 사람을 떠올리거나 부처님 상호를 떠올리는 등 다른 방법을 통해서도 초선 등의 삼매에 들어갈 수 있음을 의미하는 것이다.

천태대사는 또한 석가모니불을 비롯하여 모든 부처님들은 사선에서 정각을 이루고 법을 전하며 열반에 든다고 하였다. 『대지도론』 17에서는 "일체의 부처님들은 제4선에서 견도위에 오르고 아나함과를 얻는 즉시 18심으로 불도를 이룬다. 제4선에서 수명을 버리고 제4선에서 일어나 무여열반에 든다."고 설명하고 있다. 정각을 얻는 단계를 초선부터 제4선까지를 지칭하는 사선이라고 모호하게 말하지 않고 제4선이라고 뚜렷하게 밝히고 있는 것과 불도를 이루는 과정이 조금 더 상세히 설명되어 있음을 알 수 있다. 『아비담비바사론』 10에는 "제불 세존은 제4선에 의지하여 아뇩다라삼먁삼보리를 얻는다."는 문장이 있다. 이렇듯 사선, 혹은 제4선에서 정각을 얻고 법을 전하며 열반에 든다는 논서의 내용은 실제 경전을 통해 확인할 수 있다.

　싯달타 태자가 처음 출가하여 깨달음을 얻기까지의 여정은 경론에 따라 약간의 차이가 있지만 고행을 행하기 전에 두 선정 수행자를 만나 그들에게 가르침을 받은 내용은 대체로 일치한다. 석가모니불의 정각 과정이 가장 상세한 『불본행집경』에 따르면 태자는 두 선인에게 공무변처정(혹은 무소유처정)과 비유상비무상처정을 각각 배워서 증득하였지만 이것은 궁극의 법이 아니라면서 그들을 떠나 6년간 극심한 고행을 한다. 그리고 고행도 역시 보리로 나아가는 법이 아니라고 하여 버린 뒤 보리수 아래에서 선정 수행을 하여 제4선에 들어 삼명육통(三明六通)을 얻고 12인연을 관한 뒤 무상정등각을 성취하였다. 석가모니불이 정각을 얻을 때 무슨 수행을 하였으며 무엇을 깨달았는가에 대해서는 경전에 몇 가지 다른 설명이 있지만 이는 사실 제4선에서 깨달았다는 것과 상충되는 것이 아니므로 별 문제가 되지 않는다. 이는 조금 뒤에 설명될 것이다. 어찌 되었건 제4선 단계에서 정각을 이루었다고 하는 사실이 중요한데 이러한 내용은 『중아함』의 「황로원경」, 「염경」, 「상적유경」 등과 『보요경』의 「행도선사품(行道禪思品)」, 『방광대장엄경』의 「성정각품(成正覺品)」, 『사분율』의 「수계건도」 등에서도 찾을 수 있다.

『불본행집경』에 설명된 정각 과정 가운데 또 하나 생각해 보아야 할 것은 싯달타 태자가 삼매 가운데 가장 깊은 경지인 비유상비무상처정까지 갔음에도 불구하고 당시에는 정각을 이루지 못하였고 그보다 낮은 경지인 제4선에서 정각을 얻었다는 것인데 그 이유는 무엇인가 하는 점이다. 비유상비무상처정에 이르려면 반드시 제4선을 통과해야 하고 이는 경문에 초선 내지 제4선을 증득한 뒤 색을 멸해 무색계정에 들어갔다고 밝혀져 있는 것으로도 증명이 된다. 이 부분을 잘 이해하면 선정의 수행과 깨달음을 얻는 과정의 관계가 규명될 수 있다고 생각되므로 주목해야 한다는 것인데 다음에 이를 고찰해 보기로 하자.

전법륜(轉法輪), 즉 설법을 할 때 사선에 의지한다는 것은 설법에 앞서 들어가는 선정이 제4선임을 말하는 것이라 보인다. 예를 들어 『장아함』 「석제환인문경」에서 석가모니불은 화염(火焰)삼매에 들어 있다가 나와서 법을 설하고 있고 『대품반야경』은 삼매왕삼매, 『법화경』은 무량의처삼매에서 나와 법을 설하는 등 설법에 앞서 삼매에 든다는 경문은 많이 찾을 수 있다. 그런데 이때 든 삼매가 정(定)의 단계로는 제4선이라는 것이 천태대사 등의 설명이라고 생각된다.

석가모니불이 제4선에서 나온 뒤에 입적하였다는 경문도 여러 곳에

서 찾을 수 있다. 석가모니불이 열반에 드는 과정이 상세한 경전으로는
『대반열반경』과 『장아함』「유행경(遊行經)」 등이 있다. 「유행경」의 경문을
보면 다음과 같다.

> 이에 세존께서는 곧 초선정에 들었고 초선에서 일어나 제2선에 들
> 어갔다. 제2선에서 일어나 제3선에 들어가셨고 … 유상무상정(비유
> 상비무상처정)에서 일어나 멸상정(멸진정)에 들어갔다. 이때 아난이 아
> 나율에게 "세존께서 이미 반열반하신 것입니까?" 하고 물으니 아
> 나율은 아니라고 답변하였다 … 세존께서는 멸상정에서 일어나 유
> 상무상정에 들어가고 유상무상정에서 일어나 불용정(무소유처정)에
> 들어가고 … 제1선에서 일어나 제2선에 들어가고 … 제3선에서 일
> 어나 제4선에 들어가고 제4선에서 일어나 부처님께서는 반열반하
> 셨다.

석가모니불이 입적하는 과정은 모든 선정을 두루 거치는 것으로 이루
어진다. 처음 초선에서 시작하여 가장 깊은 단계인 멸진정까지 들어갔다
가 다시 차례로 초선까지 내려온 뒤 재차 제4선까지 올라가 그 단계에서
출정하여 열반에 들어가는 것이다. 대승 『열반경』에서는 석가모니불이
제자들에게 마지막 유훈을 남긴 뒤 마찬가지로 초선 내지 멸진정을 거쳐
다시 초선까지 내려온 뒤 제4선으로 재차 깊어져 "제4선에 들어가 이 경
지에서 반열반하셨다."고 나온다. 「유행경」에서는 제4선에서 출정하여
열반하신 것으로, 『열반경』에서는 제4선에 입정한 채로 열반하신 것으
로 설명되고 있어서 조금의 차이가 있지만 마지막 단계가 제4선임은 동

일하다. 이밖에 『반니원경(般泥洹經)』에서도 석가모니불이 제4선에서 입적한다는 기사를 찾을 수 있다.

2) 제4선이 특별한 지위를 갖는 이유

석가모니불이 제4선에서 정각을 이루고 반열반하는 것 이외에도 사선에 대한 찬탄은 여러 가지를 찾을 수 있다. 『선법요해(禪法要解)』상(上)권을 보면 "제4선은 참된 선[眞禪]이라고 부른다 … 수행자가 제4선을 얻어서 사무량심을 행하고 싶으면 쉽게 얻을 수 있고 사념처를 닦고 싶어도 쉽게 수행할 수 있으며 …."라고 하는 내용이 있다. 사선이나 사무색정이 모두 다른 수행을 하기 위한 심리적 바탕, 즉 고요한 집중상태를 제공한다는 것은 앞서 설명하였는데 특히 제4선이 가장 적합한 상태라는 것이 여러 경론의 한결같은 지적이다. 천태대사도 『법계차제초문』에서 "사무량심, 팔배사, 팔승처, 십일체처, 신통변화 및 무루의 관혜(觀慧) 등 온갖 선정과 삼매가 모두 사선에서 나온다. 그러므로 (사선을) 근본(선)이라고 부른다."고 밝히고 있다.

그런데 『불본행집경』 22 「문아라라품」과 「답라마자품」에 나타난 싯달타 태자의 수행 과정을 보면 석존은 출가한 뒤 아라다 칼라마(Ārāḍa-Kālāma)와 우드라카 라마푸트라(Udraka-Rāmaputra)를 만나 제4선보다 깊은 무소유처정과 비유상비무상처정까지 수행한 뒤 이것은 깨달음으로 나아가는 길이 아니라고 하며 버렸다고 한다. 『중아함』 56 「라마경」에도 이런 내용이 나오는데 우드라카가 닦은 선정이 무소유처정이 아닌 공무변처정이라고 되어 있다는 차이점을 보인다. 하지만 두 사람이 닦은 수행이 제4선을 지나 무색계정이었음은 일치하고 있다. 그러면 석가모니는 왜 제4선보다 깊은 경지의 선정을 버렸던 것인가. 어찌하여 제4선이 깨달음을 이루기에, 혹은 다른 수행을 하기에 가장 좋은 상태라고 찬탄하는 것인가.

제4선의 특징을 생각해 보자. 제4선의 지림공덕은 네 가지로서 불고불락(不苦不樂) · 사(捨) · 염청정(念淸淨) · 일심(一心)이라고 하였다. 어떠한 생각을 하거나 모습을 보더라도 괴롭거나 즐거운 느낌이 일어나지 않는 것이 불고불락지이고, 마음에 동요를 일으킬 수 있는 각과 관, 기쁨과 즐거움을 모두 버려서 마음이 평정한 상태에 이른 것이 사(捨)이다. 한 가지 대상을 염(念)할 때 다른 생각이 일체 끼어들지 않는 것이 염청정이고, 마음이 한 대상에만 머물러 있는 것이 일심이라고 하였다. 초선에 들어가기만 하여도 이미 마음이 매우 고요한 상태이긴 하지만 여기에는 각과 관이 남아 있어 마음을 산란하게 만들 수 있고 제2선과 제3선은 각각 기쁨[喜]과 즐거움[樂]이 있어서 마음을 동요시킬 수 있다. 이에 비해 제4선은 정법(定法)에 방해되는 요소가 전혀 없어서 부동정(不動定)이라고 부른다고 하였다. 『장아함』「아마주경」에서는 제4선을 다음과 같이 찬탄하고 있다.

(제4선이란) 비유하면 밀실에 들어가 일체 바람이 없도록 출입문을 모두 막아버린 것과 같다. 그리고 안에서 등불을 켜면 불꽃이 흔들림 없이 고요하다. 비구여, 이처럼 제4선에 들어가면 마음에 증감

이 없고 쏠리거나 동요가 없으며 애착도 분노도 없는 부동의 경지에 머물게 된다.

등불이 일렁이면 모습이 분명하지 않듯이 제4선과 같이 고요하고 동요가 없는 경지에 들어가면 어떤 대상을 염하거나 관찰하더라도 객관적으로, 사실 그대로 볼 수 있다고 설명하는 것이라고 생각된다. 그렇다면 이보다 깊은 경지인 무색계정은 어떠한가? 그 단계는 제4선보다 더욱 깊고 더욱 부동의 상태가 아닌가? 이에 대해 천태대사는 『차제선문』 5에서 다음과 같은 비유로 설명하고 있다.

> 무색계정은 세 종류 색을 멸하였기 때문에 일체의 색법이 나타날 수 없다. … 비유하면 밝은 거울의 본체가 청정한 색이므로 온갖 색법을 비추면 모두 나타날 수 있는데 청정한 색의 근본이 없으면 허공과 같아서 색상이 나타날 수 없는 것과 같다.

무색계정은 제4선 단계에서 세 가지 색, 즉 일체의 색법을 멸하여 들어가는 것이라고 앞서 설명하였다. 색법은 5근과 5경 그리고 무표색이 전부인데 이를 멸한다는 것은 5경과 무표색이 전혀 인지되지 않고 5근이 전혀 작용하지 않는다는 말이다. 수행자가 어떤 대상을 관할 때 그 대상 가운데는 모습이나 소리, 냄새, 촉감 등의 색법도 매우 많이 포함되어 있는데 일체의 색법이 의식 가운데 현현하지 않는다면 관이 자유롭지 못할 것이다. 『대비바사론』 4에서는 무색계정에서는 깨달음이 일어날 수 없다고 전제하고 그 이유를 밝히고 있다.

> 어째서 무색계(정)에서는 견도(見道)가 없는가. … 무색계는 사마타가
> 증가하는데 비발사나가 증가한 경지가 되어야 견도가 있을 수 있
> 다. … 욕계는 너무 거칠고 무색계는 지극히 미세하여 모두 세제일
> 법(世第一法)이 없다. … 욕계는 너무 소란스럽고 무색계는 너무 고요
> 해서 모두 세제일법이 없다.

견도(見道)란 일체법이 자성이 없이 인연화합으로 일어난다는 무루지
혜를 얻는 것을 말한다. 말 그대로 '도를 본다'는 것이고 '(자성이 없음을) 깨
달았다'고도 표현하는데 이를 통해 성인의 경지에 오르는 것이다. 그런
데 무색계정에서는 사마타, 즉 지가 너무 강하고 너무 고요하여 이러한
깨달음이 일어나지 않는다는 설명이다. 『대지도론』17에서도 이와 유사
한 설명을 하고 있다.

> 사선에서는 지(智)와 정(定)이 균등하여 즐겁다. 하지만 미도지정과
> 중간선에서는 지가 많고 정이 적으며 무색계정은 정이 많고 지가
> 적어서 즐겁지 않다. 비유하면 수레에서 한 바퀴는 강하고 한 바퀴
> 는 약하다면 안온하지 않은 것과 같다.

『대지도론』에서 지와 정으로 표현한 것은 달리 말하면 혜와 정이고
비파샤나와 샤마타이며 관과 지이다. 그런데 온갖 생각이 제멋대로 일

어나고 흘러 다니는 욕계의 산심 상태는 말할 것도 없고 초선의 직전 단계인 미도지정과 각 선정 단계의 중간에 나타나는 중간선과 근분정은 정이 얕고 육행관 등을 행하므로 관이 많은 곳이다. 반대로 무색계정은 정은 깊지만 관의 작용이 매우 적은 곳이므로 도를 얻기에 부적합하다는 것이다.

여기서 깨달음의 원리가 드러난다. 도를 본다는 것, 즉 깨달음을 얻는 것이란 일체의 법을 있는 그대로 관찰해서 그 이치를 체득한다는 의미이다. 이를 위해서는 선입견이나 잘못된 주관이 전혀 개입하지 않고 사실을 있는 그대로 여실지견(如實知見)할 수 있도록 마음이 적정한 상태를 이루어야 하는데 이때 주로 작용하는 것이 지이다. 산란하고 동요되는 마음 상태를 바로잡기 위해서 지를 위주로 닦아야 하겠지만 그것이 너무 지나치면 관이 일어나기 어렵기 때문에 중도의 상태인 제4선에 머무는 것이 깨달음을 이루기 위해 가장 적절하다. 즉 수레의 두 바퀴처럼 지와 관이 균등하게 작용해야 바른 깨달음이 일어날 수 있는데 사선이 이에 적합하다는 설명이다. 여기서는 명확하게 분별하지 않았지만 지와 관이 균등하게 작용하는 사선 가운데에서도 특히 제4선이 전술하였듯이 청정한 관이 이루어지므로 깨달음을 얻기에 가장 좋은 상태라 할 수 있다.

이 글에서는 초선에 들어가기 위해 호흡을 하면서 수를 헤아리는 수식(數息)의 방식을 첫 단계로 설명하였다. 이는 수식이 산란함을 대처하는 데 좋은 방법이기 때문이다. 하지만 근기에 따라서는 부정관이나 염불관과 같은 다른 방법으로도 들어갈 수 있다고 하였다. 이는 현대에 행하고 있는 여러 가지 수행에도 적용된다. 예를 들어 간화선이나 염불, 주송 수행이나 위빠사나 등을 통해서도 초선 내지 제4선에 들어가는 것이 가능하다. 이러한 수행 등을 통해 탐욕심이나 분노 등을 다스리고 마음을 절제하는 훈련이 되고 작은 지혜들도 생겨나지만 큰 도를 깨치기 위해서는 반드시 제4선에 들어가야 한다는 것이 여러 경문의 설명이다. 즉 호흡을 하지 않고 마음이 부동의 상태를 이루었을 때 진실한 지혜가 일어날 수 있다는 것은 숙지해 두어야 할 사실이다.

제4장 • 장애를 제거하기 위한 수행법

아홉 단계로 심화되는 삼매는 주로 지(止)의 작용이 역할을 한다. 물론 단계를 거치는 과정에서 육행관(六行觀)이나 팔성종관(八聖種觀) 등과 같은 관(觀)을 사용하기는 하지만 이는 부차적인 행법이 된다. 지를 작용하여 마음을 고요하고 적정하게 만드는 것은 그 자체로서 악한 생각이나 번뇌를 일으키는 마음을 약화시키고 복덕을 늘이는 작용이 있다. 그러나 그보다 지의 중요한 목적은 정관(正觀)을 행하기 위한 심리적 조건을 만드는 것에 있다. 정관이란 사물의 실상, 즉 일체의 존재는 자성이 없고 변치 않는 실체가 없으므로 공(空)이라는 사실을 관하는 것이 가장 중요한 내용이 된다. 일체 사물에 자성이 없음을 체득하게 된다면 사물에 대한 집착, 자신에 대한 아집 등이 설 자리를 잃게 되니 번뇌가 근본부터 사라지게 되는 것이다. 『수행도지경』「신족품」에서는 풀을 한 손으로 잡는 것을 지에, 풀을 낫으로 베는 것을 관에 비유하여 정관을 행하기 위한 전제

조건으로서 지를 닦아서 삼매에 드는 것이 필요함을 말하고 있다.

그러므로 번뇌를 끊고 해탈을 얻기 위하여 정에 드는 것은 필수라고 할 수 있는데 정에 드는 것이 결코 쉽지 않다. 마음을 한 군데 모으기 위한 다양한 방식이 사용되어 그를 통해 어느 정도 안정은 얻을 수 있지만 삼매의 경지에까지 이르는 것이 어렵다는 의미이다. 석가모니불이 세상에 계실 때인 정법시대가 멀어지면서 신심과 근기가 약해진 탓도 있지만, 탐욕을 자극하는 각종 물건의 과잉생산과 여러 미디어를 통해 얻어지는 과다한 정보들로 인해 삼독심과 산란심이 치성하기 좋은 환경이 조성된 것이 주된 원인이라고 생각된다. 이 삼독심은 평소에도 알게 모르게 발현하지만 특히 정을 닦기 위해 마음을 고요하게 집중하다 보면 더욱 선명하게 드러나 삼매를 일으키는 것에 장애가 된다. 평소에는 바쁜 일에 쫓겨서, 혹은 주변의 시선이나 자신의 이성에 의해 절제력이 작용하므로 음욕이나 분노심이 드러나지 않지만 선정을 닦기 위해 좌정하여 한 군데 집중하다 보면 감추어 있던 음욕이나 분노심이 표출되어 정신이 산란해지고 삼매에 들 수 없게 되는 것이다. 이럴 경우에는 먼저 이러한 장애를 없애기 위한 관을 행하는 것이 수행진전을 위해 필요한데 이를 대치관(對治觀)이라 하여 실상을 관하는 정관(正觀)에 상대되는 용어로 사용한다.

천태대사는 장애를 다섯 가지로 분류하여 이 각각을 제거하는 관법을 오문선(五門禪)이라 불렀다. 오문이란 ① 탐욕심을 제거하는 부정문(不淨門), ② 진에심을 제거하는 자심문(慈心門), ③ 우치심을 제거하는 인연문(因緣門), ④ 업장을 제거하는 염불문(念佛門), ⑤ 산란함을 제거하는 수식문

(數息門)을 말한다. 이것은 기존 경론에서 오정심관(五停心觀)이라 부르는 것과 같은 내용이다. 오정심관이란 성문의 수행계위에서 가장 먼저 수행하는 관법으로서 부정관(不淨觀)·자비관(慈悲觀)·인연관(因緣觀)·염불관(念佛觀)·수식관(數息觀)을 말한다. 『치선병비요법』, 『좌선삼매경』 등의 선경(禪經)에서는 오정심관을 이렇게 정의하지만 유부의 아비달마 논서에서는 염불관 대신 계분별관(界分別觀)이 들어간다. 계분별관이란 18계의 일체법이 지·수·화·풍·공·식의 육대(六大)로 이루어져 있음을 분석적으로 관해서 아견(我見)이나 자만심을 대치하기 위해 하는 수행이다. 『대반야경』 394 「정토방편품」에서는 석가모니불이 수보리[선현善現]에게 "탐욕이 많은 중생에게는 부정관을 수행하도록 인도하고, 진에가 많은 중생에게는 자비관, 우치가 많은 중생에게는 연기관, 아만(我慢)이 많은 중생에게는 계분별관, 심사(尋伺)가 많은 중생에게는 지식념관(持息念觀)을 수행하도록 인도한다."고 설하고 있다.

이렇듯 대소승 경론에서 '관(觀)'이라 부르는 것을 천태대사가 '문(門)'이라 명명하여 분류하고 있는 것은 두 가지 의미가 있는 것으로 생각된다. 첫 번째는 이 관법들이 도에 들어가는 '관문(關門)'이 된다는 의미이니 이를 통해 도를 깨닫는 데까지 들어갈 수 있다는 것이다. 두 번째는 여러 가지 수행법들이 행법의 특징상 이 다섯 가지의 '부문(部門)'으로 분류될 수 있다는 의미이다. 이 글에서는 구체적인 행법을 밝히려는 것이 주된 목적이므로 분류법으로서의 의미가 강한 오문선이라는 명칭보다는 수행법의 어감이 강한 오정심관으로 나누어 기술하려고 한다.

이 다섯 가지 관법은 지의 성격보다 관의 성격이 강한 것이지만 이를 통해서도 삼매에 들 수 있다. 다만 그 삼매의 깊이나 삼매에 든 양상은 전술한 사선팔정과 멸진정을 벗어나지 않는다. 또한 이 수행을 통해서도 깨달음을 얻을 수 있다. 다시 말하면 대치관(對治觀)을 행하는 가운데 어느 순간 삼매가 일어나 욕계정 내지 제4선과 같은 단계에 들어갈 수 있고 또한 일체의 법은 자성이 없다는 것을 깨달을 수도 있다는 것이다. 세상의 모든 법이 경계가 없어서 칼로 두부 자르듯 나눌 수 없듯이 수행법도 정확하게 이것과 저것을 분별하는 것이 불가능하므로 오정심관이 반드시 장애를 대치하는 것으로만 활용되는 것은 아니다.

01 탐욕을 다스리는 부정관(不淨觀)

　좋아하고 집착하는 대상에 대해 깨끗하거나 아름답지 못하다는 생각이 일어나도록 하여 집착심을 끊게 하는 관법이 부정관(不淨觀, aśubhā-bhāvanā)이다. 부정은 청정(清淨)의 상대 개념이지만 부정과 청정은 단순히 '더럽다' '깨끗하다'는 의미만 갖는 것이 아니고 좋은 모양이나 냄새, 부드러운 소리와 감촉 등 좋아할 만한 것은 모두 청정하다 하고 싫어할 만한 것은 모두 부정하다고 표현한다. 사람들이 일으키는 탐욕은 다양한 대상을 갖고 있지만 식욕과 성욕이 가장 일반적일 것이다. 식욕이 지나쳐서 음식에 대한 탐욕이 강한 사람이라면 이를 다스리기 위하여 음식이 본래 깨끗하지 못함을 연상하는 식부정상(食不淨想)이라는 관법도 있다. 그러나 부정관이라고 하면 일반적으로 사랑하고 집착하는 이성의 신체, 그리고 무엇보다도 가장 아끼는 자신의 신체가 청정하지 못하다고 관하는 것을 가리킨다. 즉 주로 육신에 대한 애착과 음욕(淫慾)을 대치하는 방법이 부정관인 것이다. 그 방법은 여러 가지가 있는데 구상이라고 불리는 것이 가장 기본적인 관법이고 이보다 근기가 뛰어난 사람이 수행하는 백골관(白骨觀)이나 팔배사(八背捨)라는 방법도 있다. 여기서는 구상만 소개하기로 한다.

　구상(九想/九相)이란 시신이 점차 부패하고 변화하는 모습을 아홉 단계로 관하는 것이다. 이것은 눈으로 본 색법의 모양을 연상하는 것이므로

상(想)이라 하고, 또한 부정한 대상을 청정하다고 뒤바꿔 생각하는 전도
상(顚倒想)을 이를 통해 바꿀 수 있다는 의미도 있다. 구상을 수행하는 사
람은 평소에 계를 청정하게 지키는 것이 다른 수행보다 더욱 필요하다.
그렇지 않으면 마음에 후회가 일어나 관법이 잘 진행되지 않고 음욕을
깨기도 어렵다.

부정관을 닦기 위해서는 먼저 죽음에 임박한 사람이나 시신을 직접
보아야 한다. 시신 관찰은 인도 하층민의 공동묘지와 같이 시신을 노지
에 그대로 놓아두는 곳에 가면 할 수 있고, 우리나라와 같이 매장이나 화
장을 하는 경우라면 염습할 때의 모습을 보는 것도 가능하다. 시신을 볼
수 있는 곳에서 하루 내지는 1주일을 머물며 시신을 관찰한다. 그리고는
수행 장소에 돌아와 그 모습이 뚜렷하게 떠오르도록 하는데 좌선할 때는
물론이고 누워 있거나 경행할 때도 잊지 않도록 한다. 만일 그 모습이 희
미해지거나 기억나지 않으면 다시 시신을 자세히 보고 돌아와 좌선해야
한다. 사람이 죽기 직전의 모습을 보면 누워서 애처로운 말을 하거나 고
통스러워 하다가 내쉰 숨이 돌아오지 않으면 목숨이 다한 것이다. 온 가
족이 놀라 통곡하며 흔들어보아도 몸은 지각이 없고 시간이 지나면서 차
갑고 딱딱하게 변한다.

이러한 모습을 보고 수행자는 이렇게 생각한다. "죽음이란 사랑스러
운 곳을 영영 이별하는 것이니 모든 생명이 싫어하는 법이다. 비록 모두
싫어하지만 이를 피할 수 있는 존재는 없다. 나 역시 오래지 않아 이처럼
될 것인데 짐승처럼 오욕만 탐닉하다가 자신도 모르는 사이에 죽음에 이
르면 안 될 것이다. 나는 이미 사람의 몸을 받아 뛰어난 법을 배웠으니

마땅히 죽지 않는 감로법을 구하리라."

수행자가 이처럼 사유한 뒤 자신이 사랑하는 남자나 여자를 선택하여 앞에서 본 시신처럼 몸을 드러낸 채 바닥에 누워 있는 모습을 연상한다. 시신을 연상하는 것에만 마음을 매어 두어 다른 생각이 끼어들지 않도록 집중하는 연습을 오래 하면 문득 삼매가 일어나게 된다. 삼매를 성취한 뒤에는 시신을 오래도록 떠나도 자유롭게 그 모습을 떠올릴 수 있고 이후의 아홉 단계 관법도 성취할 수 있다. 이상이 구상을 행하기 위한 전 방편으로서 사상(死想)을 간략히 설명한 것이다. 단 근기가 뛰어난 수행자라면 공동묘지에 가거나 죽기 직전의 사람을 직접 관찰하지 않아도 된다. 시신의 모습을 연상하여 그것이 뚜렷하게 떠오를 수 있고 이를 통해 삼매에 들 수 있으면 된다.

이러한 준비 과정을 거쳐 구상의 본 수행에 들어가게 된다. 그 첫 번째는 창상(脹想, vyādhmātaka-saṃjñā)이라고 한다. 창이란 '부풀다'는 의미로서 팽창상(膨脹想)이라고도 한다. 수행자가 좌선하여 시신을 연상하면 마치 바람을 넣은 자루처럼 부풀어서 본래 모습과는 달라졌음을 볼 수 있다. 그리고 다음과 같이 사유한다. "이 몸에는 주장하는 망식(妄識)이 없구나. 망식은 몸을 부려서 보고 듣고 말하게 하면서 스스로를 속였는데 지금은 어디로 갔나. 다만 빈 집을 보니 퉁퉁 부었고 뻣뻣하네. 이 몸은 용모가 아름다워서 고운 피부, 붉은 입술, 흰 치아, 긴 눈, 곧은 코, 평평한 이마, 긴 눈썹 등으로 사람들을 미혹시켰는데 이제는 다만 부풀어 있으니 아름다움은 어디로 갔나. 남자인지 여자인지조차 식별할 수 없네." 이렇듯 자신이 사랑하는 사람을 관하고 나서 다음과 같이 욕심을 책망한다. "냄새나는 똥주머니가 부풀어 있어 보기도 역겨운데 어찌 탐낼 것으로 여겨 여기에 빠졌던가." 스스로 자신의 몸을 생각해 보아도 이 법을 벗어날 수 없으니 육신에 대한 탐욕과 애착이 매우 약해진다.

두 번째는 본래의 형체가 허물어지는 모습을 보는 괴상(壞想, vikṣiptaka-s.)으로서 패괴상(敗壞想)이라고도 한다. 수행자가 다시 시신을 관하면 바람에 불리고 햇빛에 쐬어 형체가 크게 허물어진 채 땅에 놓여 있다. 오체와 오장은 파괴되어 냄새 나는 똥오줌과 오로(惡露)가 밖으로 흐르고 있다. "내가 애착하는 것을 이렇게 관하니 사랑할 만한 것이 아니다. 나는 어리석어 얇은 피부로 둘러싸인 똥주머니에 속았구나. 불에 뛰어드는 불나방처럼 다만 밝은 빛을 탐할 뿐 몸이 타는 화를 돌아보지 않았네." 이렇게 생각한 뒤 자신의 몸을 돌아보아도 역시 이와 같아서 허물어지는 법을 벗어나지 못함을 알게 된다.

세 번째는 혈도만상(血塗漫想, vilohitaka-s.) 혹은 혈도상이라고 한다. 피가 온 몸을 질펀하게 덮고 있는 모습을 연상한다는 뜻이다. 수행인이 다시 시신을 관하여 허물어진 것을 보면 곳곳에 피고름이 흐르고 머리부터 발끝까지 더럽혀져 있다. 비린내와 누린내가 섞인 악취가 나고 부풀어 있어서 가까이할 수가 없다. "내가 사랑하는 사람을 이렇게 관하니 좋아할 곳이 없구나. 나는 어리석어서 이렇게 더러운 것에 빠져 있었는데 그 좋은 모습은 어디로 갔는가." 자신의 몸을 생각해 보아도 이러한 법을 벗어나지 못함을 깊이 느끼면서 애착심이 사라진다.

네 번째는 농란상(膿爛想, vipūyaka-s.)이다. 시신은 날이 점차 경과하면서 바람과 열과 물이 스며들어 몸의 아홉 구멍에서 벌레가 기어 다니고 고름이 흘러나온다. 살은 곳곳이 문드러져 썩은 물이 땅에 흐르고 악취는 점차 증가한다. "내가 사랑하는 사람을 이렇게 관하니 잠깐이면 지나갈 아름다운 자태와 용모에 혼미하였던 것이구나. 지금 보니 똥보다도 악취가 심한데 어찌 탐착할 수 있겠는가." 자신의 몸을 생각하여도 이러한 법을 벗어나지 못한다. 삼매에 들어 분명하게 사랑하는 사람과 자신의 모습을 보게 되니 탐착심이 사라진다.

다섯 번째는 청어상(靑瘀想, vinīlaka-s.)이라고 한다. '어혈(瘀血)'이라 하듯이 시신이 죽은피로 인해서 검푸르게 변한 것을 관하는 것이다. 시간이 지나면 시신은 피와 고름이 점차 사라지고 바람과 햇빛을 쐬어 변하게 된다. 살은 누렇고 붉고 검푸른 색으로 바뀌고 악취는 더욱 심하여진다. "내가 사랑하는 사람을 이렇게 관하니 복사꽃 같은 색이 나를 속였는데 지금은 어디에 있는가." 자신의 몸을 생각하여도 이러한 법을 벗어나지 못함을 알게 된다.

여섯 번째는 담상(噉想, vipaḍumaka-s.)이라고 한다. '담(噉)'이란 (씹어)먹는다는 뜻인데 새나 짐승, 벌레들이 시신을 뜯어먹는 것을 말하므로 충담상(蟲噉想)이라고도 한다. 수행인이 다시 마음의 눈으로 시신을 보면 벌레들이 갉아먹고 까마귀가 눈을 후비며 여우가 씹어 먹고 승냥이가 찢어 놓는다. 사지가 어그러지고 떨어져서 혐오스럽다. "내가 사랑하던 사람은 본래 깨끗한 형체로서 의복으로 장식하고 교태를 부려 미혹시켰는데 지금 파괴된 것을 보니 본래의 모습은 다 없어지고 심히 혐오스럽기만 하구나." 자신의 몸을 생각하여도 이러한 법을 벗어나지 못함을 안다.

일곱 번째는 시신이 분리되어 이리저리 흩어진 모습을 보는 것이니 산상(散想, vikhāditaka-s.) 혹은 괴란상(壞爛想)이라고 한다. 수행자가 다시 시신을 보면 짐승들이 찢어놓아 형체가 파괴된 채 분산되어 있다. 바람과 햇볕에 쬐어 힘줄은 끊어지고 뼈는 분리되며 머리와 팔다리가 엇갈려 있다. "내가 사랑하는 사람을 이렇게 관해 보니 사람의 모습은 어디로 갔는가." 자신의 몸을 생각하여도 결국 이러한 법을 벗어나지 못하는 것을 안다.

여덟 번째는 뼈만 남아 있는 것을 보는 골상(骨想, asthi-s.)이다. 수행인이 다시 시신을 관하면 피부와 살은 이미 다 없어지고 백골만 남아 있다. 백골을 보면 두 종류가 있다. 한 가지는 힘줄이 남아 있어 뼈가 서로 이어져 있는 것이고 또 한 가지는 힘줄이 없어져 뼈가 분리된 것이다. 또 두 종류가 있으니 하나는 남은 피와 기름으로 더러운 뼈이고 하나는 흰 마노나 조개껍데기처럼 하얀 뼈이다. "내가 사랑하던 사람이 이렇게 해골이 되니 보기가 무섭구나. 딱딱하기가 돌보다 심하니 부드럽고 섬세한 감촉이 하루아침에 다 없어졌네." 스스로 이 몸을 생각해도 이러한 법을 면할 수 없다.

아홉 번째는 시신을 태우는 모습을 관하는 소상(燒想, vidagdhaka-s.)이다. 장작을 쌓아 시신을 태우는 모습을 보면 위에 올려 있는 시신의 배가 터지고 몸은 갈라져 기름이 나오며 연기와 악취가 심하여 두렵고 혐오스럽다. 혹은 뼈만을 태우기도 하는데 이때도 연기와 불꽃이 치성하다가 장작이 다하고 불이 꺼지면 형체가 재나 흙과 같아진다. 화장하거나 매장하지 않아도 시신은 세월과 함께 다 마멸된다. "내가 사랑하는 사람은 결국 이렇게 몸의 형체가 다 없어져 재와 같아지는구나. 평소에 목욕하고 예쁘게 치장하며 향수도 뿌리고서 부드럽고 따뜻한 신체로 아양을 떨면서 사람을 미혹하더니 지금은 모두 마멸되었으니 어디로 간 것인가." 이렇게 생각한 뒤 자신의 육신을 생각하여 보아도 역시 이러한 법을 벗어나지 못함을 알게 된다. 삼매에 들어 일심으로 관하는 힘으로 세상에 대한 탐착이 제거된다.

구상은 한 시신이 시일에 따라 변화하는 순서를 그대로 따라가며 관하는 것이 아니라 사망의 원인이나 주변 조건 등에 따라 나타나는 시신의 다양한 모습을 관하는 것이다. 그러므로 논서에 따라 순서가 다르게 나타나며 수행자도 반드시 이 순서를 지켜야 하는 것은 아니다. 다만 구상 가운데 한 가지라도 증득하게 되면 나머지 상도 거듭 수행하여 관행이 익숙하고 분명해지도록 해야 한다. 그리고 관을 행할 때에 삼매에 들어 있어야 혐오스러운 모습을 연상하면서도 마음에 심한 동요가 일어나지 않을 수 있다. 이때 들어가는 삼매는 욕계정일 수도 있고, 오욕과 오개를 버렸다면 초선 내지 제4선에까지 이를 수 있다. 다만 낙구선(樂俱禪)이라 불리는 제3선에서는 즐거운 마음이 크게 일어나므로 혐오스럽고 무서운 대상을 관하는 구상을 행하기 어렵다고 한다. 또한 이 선정은 신체를 염하여 머무는 것이므로 사념처 가운데 신념처(身念處)에 속한다.

구상은 주로 애착하는 이성이나 자신의 육신이 부정하다고 관하는 것이라고 하였는데 이들에 대해 애착을 일으키는 원인은 대개 여섯 가지 유형으로 나눌 수 있어서 육욕(六欲)이라고 부른다. 첫 번째는 색욕(色欲)이라고 하니 외형 가운데 색깔에 집착하는 것이다. 복사꽃 같은 피부나 흰 치아, 붉은 입술과 검은 눈동자 등 아름답다고 느껴지는 색깔에 심취하여 애착을 일으키는 경우이다. 두 번째는 형태에 집착하는 것이니 이를 형모욕(形貌欲)이라고 한다. 예를 들면 갸름하고 작은 얼굴, 큰 눈, 긴 눈썹, 가는 허리, 굴곡진 몸매, 상대가 남성이라면 넓은 어깨와 가슴, 초콜릿 복근과 같은 외모에 미혹하여 집착하는 것이다. 세 번째는 위의자태욕(威儀姿態欲)이라고 부르니 동작과 자태에 집착하는 것을 말한다. 걸음걸이가 우아하고, 눈썹을 치키고 뺨을 실룩이며 미소를 머금고 교태를 부리면 곧 사랑에 물드는 것이다. 남성이라면 절도 있고 씩씩한 태도나 부드럽고 신사다운 모습에 매혹되는 것을 말한다. 네 번째로 어떤 사람들은 목소리나 말투에 매혹되기도 한다. 이를 언어음성욕(言語音聲欲)이라고 부른다. 청아한 음성으로 노래하거나 꾀꼬리 같은 목소리로 애교스럽게 말하는 것에 미혹하기도 하고 굵고 낮은 남성다운 목소리에 마음을 빼앗기는 경우이다. 다섯 번째는 세활욕(細滑欲)이라고 한다. 섬세하고 매끄러운 피부, 유연하고 기름진 살결, 부드럽고 윤기 나는 머릿결 등에 매혹되는 것을 말한다. 또 추울 때는 따뜻한 체온이, 더울 때는 시원한 느낌을 주는 피부가 욕구를 일으키게 만든다. 이 가운데 두세 가지에 매혹되거나 다섯 가지를 모두 좋아하여 집착하는 경우도 있는데 이는 잡욕(雜欲)이라고 부른다. 마지막으로 인상욕(人相欲)이라는 것이 있다. 앞의 다섯 가지는 눈이나 귀, 촉감 등으로 느낄 수 있는 것에 대해 갖는 1차적 욕구라 할 수 있지만 이보다는 조금 깊이를 더하여 이들을 종합해서 나타나는 인상에 대해 집착하는 경우를 말한다. 인상이란 상대가 가지고 있는 복과 능력, 미래에 얻을 과보 등을 외모를 통해 짐작하는 것이고, 또한 자신과 피할 수 없는 운명적인 인연이라고 강한 느낌을 받는 것도 인상이다. 다른 것에는 크게 욕구를 느끼지 않아도 이러한 인상에 집착하여 미혹에 빠지는 사람이 있다.

이와 같은 육욕은 중생을 미혹하게 만드는 가장 큰 원인으로서 생사에 얽매어 육도를 윤회하도록 만든다. 그런데 구상은 이러한 육욕을 제거하는 힘이 있으므로 이를 잘 수행하여 대치한다면 생사에서 벗어나 열반을 증득할 수 있다. 구상을 수행하기 위한 전 방편으로 닦은 처음의 사상(死想)은 위의자태욕과 언어음성욕 두 가지를 깨뜨리는 데 뛰어난 힘이 있다. 다음 창상과 괴상, 담상은 형모욕을 깨뜨리고 혈도만상과 청어상과 농란상은 대체로 색욕을 제거하는 데 뛰어나다. 골상과 소상은 대체로 세활욕을 제거하고, 구상 전체는 잡욕과 인상욕에 대한 집착을 깨는 데 좋다. 담상·산상·골상은 인상욕의 나머지를 제거하는 효과가 있으니, 이는 먹히고 분리되고 흩어진 백골에서는 집착할 만한 인상을 볼 수 없기 때문이다. 이처럼 구상관은 육신에 대한 욕망에서 기인한 번뇌들을 깰 수 있으며 진에와 우치 또한 엷게 하는 수행법이다. 삼독이 엷어지게 되면 이로 인한 모든 번뇌들이 약해지게 되고 점차 도를 증진시키는 기초가 되어 도를 깨닫는 것에 이를 수도 있다. 구상은 비록 가상으로 행하는 부정관이지만 이로 인해 큰 도를 이룰 수 있으니, 마치 물에 빠진 사람이 떠 있는 시신에 의지하면 살아날 수 있는 것과 같다.

부정관은 수식관과 함께 석가모니불의 성문 제자들이 가장 많이 행하던 수행법이었던 것 같다. 그러나 음욕이 그렇게 강하지 않은 제자들이 부정관을 수행하여 부작용을 일으킨 경우가 있었다. 『잡아함』 809 「금강경(金剛經)」에 세존께서 부정관을 찬탄하자 제자들이 이를 수행하였다는 기사가 있다. 그런데 부정관을 수행한 비구들 가운데 자신의 육신을 극도로 혐오하게 되어 자살하는 이들이 생겼다. 또 자살하기 어려웠던 비구들 가운데 바라문 청년에게 자신을 죽여 달라고 부탁하기도 하여 죽은 비구가 60명에 달하는 상황이 벌어졌다. 이에 석가여래는 제자들을 모아놓고 앞으로는 수식관(아나파나념)을 닦도록 하라고 가르쳤다는 것이다. 이러한 내용은 여러 율장에도 실려 있는데 『사분율』과 『오분율』에서는 비구들이 죽여 달라고 부탁한 상대가 바라문이 아니라 같은 성문 제자인 비구였다는 차이가 있다. 이 비구는 교단 내에서 최초로 살인죄를 저지른 사례가 되었고 이로 인해 살인을 하면 종단에서 추방하는 중죄인 바라이죄에 해당한다는 계율이 제정되는 것으로 귀결되었다고 두 율장에서는 기술하고 있다.

02 진에를 다스리는 자비관(慈悲觀)

　진에(瞋恚)는 '눈을 부릅뜨고 성낸다.'는 의미이다. '화내다,' '분노하다,' '노여워하다' 등의 비슷한 말이 있는데 어떤 일이나 환경, 상대방의 행동 등이 자신이 원하는 것과 같지 않을 때 일어나는 감정이다. 다시 말하면 자신의 욕구대로 되지 않았을 때 생기는 감정이므로 진에심은 탐욕에 근원을 두고 있다고 할 수 있다. 진에가 한번 일어나면 증폭되는 속도가 몹시 빠르고 그리하여 구업이나 신업으로 표출되어 버리면 손해와 후회가 매우 크기 때문에 평소에는 이성과 절제력으로 억제하게 된다. 하지만 좌정하여 마음을 한데 모으다 보면 눌러두었던 분노가 서서히 올라오는 경우가 있다. 예를 들면 부당하게 나를 무시하던 직장 상사, 돈을 빌리고는 갚지 않는 친구 등 평소에는 생각하지 않았던 과거사가 떠오르면서 집중을 방해하는 것이다. 이는 주위가 고요해지면 작은 벌레소리가 들리듯, 물결이 고요해지면 물속이 환히 드러나듯 마음이 고요해지면서 깊이 저장되어 있던 기억이 되살아나는 원리에 기인한다. 이런 생각이 한 번 일어나면 속히 버려야 하는데 눈을 감고 있으면 계속 확장되고 증폭되면서 마음이 집중되기는커녕 오히려 심장이 심하게 뛰는 상태에 이르기도 한다. 이러한 사람이라면 자비관을 먼저 닦을 필요가 있다.

　자비관(慈悲觀)이라는 명칭은 경론에 많이 나오지만 구체적으로 행법이 어떠한지는 확인하기 힘들다. 그런데 정영사(淨影寺) 혜원(慧遠, 523~592)

은 『대승의장(大乘義章)』 12에서 "널리 중생을 반연하여 즐거움을 주고 괴로움을 없애주는 상(想)을 짓는 것"이라 하였고 천태종의 사명 지례(四明知禮, 960~1028)는 『관음의소기(觀音義疏記)』 4에서 "사무량심이 자비관"이라 하였다. 사무량심(四無量心)은 중생에 대한 자비심을 확충하는 행법으로서 앞의 두 가지인 자무량심(慈無量心)과 비무량심(悲無量心)은 각기 자관(慈觀)과 비관(悲觀)으로도 불리므로 자비관이란 곧 사무량심을 가리키는 것이다. 사무량심의 행법은 경론에 많이 나타난다. 예를 들어 『중아함』 21 「설처경(說處經)」에서는 석가모니불이 아난에게 다음과 같이 사무량에 대해 설명하고 있다.

> 마음을 자심(慈心)과 함께 하여 한쪽 방향에 가득 채우는 것을 성취하여 자유로워진다. 이와 같이 2, 3, 4방과 사유(四維)와 상하 등 일체 방향에 널리 마음을 자심과 함께 하여 맺힘·원한·분노·다툼이 없는 마음이 지극히 넓고 크고 무량한 것을 잘 닦아 일체 세간에 가득 채우는 것을 성취하여 자유로워진다. 이와 같이 비심과 희심도 그러하며 마음을 사심과 함께 하여 ...

표현은 조금씩 차이가 있지만 아함부 경전에 나오는 사무량심의 행법은 이와 같이 자(慈)·비(悲)·희(喜)·사(捨)의 네 가지 마음을 한쪽 방향에 가득 채우고 나아가 시방 전체에 가득 채우는 것으로 설명되고 있다. 이것만으로는 여전히 모호하기 때문에 구체적 행법은 천태대사의 설명을 기본으로 하여 다른 논서들을 참조하여 살피기로 한다. 행법에 앞서 용어에 대해 먼저 설명할 필요가 있다.

주지하다시피 사무량(四無量, catvāry apramāṇāni) 또는 사무량심이란 자·비·희·사무량심의 네 가지를 묶어서 부르는 것이다. 자(慈)란 중생을 사랑하여 즐거움을 주고자 하는 마음이고, 비(悲)는 중생이 고통 받는 것을 가련하게 여겨 그것을 없애주고 싶은 마음이다. 흔히 고통을 없애고 즐거움을 준다는 의미의 '발고여락(拔苦與樂)'으로 비심과 자심을 설명하기도 한다. 희(喜)란 중생이 즐거움을 얻으면 더불어 환희하는 마음이고, 사(捨)란 앞의 세 가지를 모두 버리고 사랑도 미움도 없이 모든 중생을 평정심으로 생각하는 마음을 말한다. 『성실론』「무량정품(無量定品)」에서는 자심은 진심(瞋心)과 반대되는 선한 마음, 비심은 뇌심(惱心)과 상치되는 자심, 희심은 질투심과 반대되는 자심이며, 사심은 가까운 이에 대한 친한 마음과 원수에 대한 미워하는 마음을 버리고 일체 중생에게 평등한 마음으로 대하는 것이라고 설명하고 있다. 비심과 상치되는 뇌심이란 진심이 발전하여 구업과 신업으로 해를 끼치고자 하는 마음이라고 『성실론』에서는 부연하고 있다. 진각(瞋覺=에각恚覺)과 뇌각(惱覺=해각害覺)은 욕각(欲覺)과 함께 삼악각(三惡覺)이라 불리는 나쁜 심소법이다.

이러한 네 가지 마음이 일부 대상뿐 아니라 모든 중생에게 확충된 것을 무량심이라고 하는데 천태대사는 이 마음이 시방에 두루 차서 간격 없이 평등한 것이라고 해설하고 있다. 『구사론』「분별정품(分別定品)」의 설명은 조금 더 상세하여, 무량한 중생을 대상으로 하고 이로 인해 이끌어지는 복과 과보가 무량하기 때문에 무량심이라 부른다고 풀이하고 있다.

사무량심을 단순히 훌륭한 마음이나 덕목으로만 이해하는 경우가 많은데 사실 이는 선정수행의 한 방법이다. 즉 자심 내지 사심을 모든 중생을 대상으로 무량하게 확충시키는 방법이 사무량심, 혹은 자비관이라는 선정법이라는 뜻이다. 『구사론』에서 이를 「정품(定品)」에 넣어 설명하는 것이나, 『성실론』에서 무량정(無量定)이라 부르고 『유가사지론』에서는 무량삼마지(無量三摩地) 혹은 사무량정(四無量定)이라고 호칭하는 것에서도 분명히 알 수 있다. 이제 앞의 경문을 소재로 삼아 천태대사가 설명하는 사무량심의 행법을 차례로 살펴본다.

1) 자무량심(慈無量心)

앞서 인용한 『중아함』의 경문에서 "마음을 자심과 함께 하여 한쪽 방향에 가득 채운다."고 하였는데 이것이 자무량심(maitry-apramāṇa) 수행을 하는 첫 과정이다. "마음을 자심과 함께 한다[心與慈俱]."는 구절은 "자심과 상응한다[與慈相應]."고도 표현한다. 이에 대해 『대지도론』 20에서는 "시방 중생이 즐거움 얻기를 바랄 때 일어나는 수·상·행·식 등 일체의 심·심소법이 자와 화합하는 것"이라고 설명하고 있다. 즉 느낌이나 연상 등 일체 마음작용에 자심 이외에 다른 것이 섞이지 않는 것을 말한다. 이렇게 마음이 자심으로 가득 차도록 하는 방법은 다음과 같다.

수행자가 처음 선정에 들어가고자 할 때 다음과 같은 서원을 세운다. "세상의 모든 중생이 즐거워하는 모습을 선정 가운데에서 다 볼 수 있기를 서원합니다." 그리고는 부모나 형제 등 가까운 이 가운데 사랑하는 사람 한 명을 취하여 그가 즐거워하는 모습만 일심으로 생각한다. 만일 다른 생각이 끼어들면 다시 마음을 거두어들여 생각하는 대상이 밝게 웃는 영상이 뚜렷하고 분명하게 보이도록 집중한다. 혹 선정을 수행하는 가운데 나타나는 좋은 경계나 악한 경계가 보이더라도 취하지 않고, 여러 가지 현상들도 그냥 흘려버려서 오로지 일심으로 자신이 생각하는 사람이 즐거워하는 모습만을 관하여 마음이 계속 이어지도록 한다. 이렇듯 무량심을 수행할 때 주로 작용하는 심소법은 청정한 염(念)이다.

한 사람을 취하여 일심으로 즐거워하는 모습을 염할 때 수행자의 선근력이 청정하면 삼매가 일어난다. 그러면 삼매의 힘으로 인해 정심(定心) 가운데서 사랑스럽고 친한 사람이 즐거워하여 몸과 마음이 기쁘고 안색이 좋은 것을 뚜렷이 볼 수 있게 된다. 가장 가까운 사람이 즐거워하는 모습을 잘 볼 수 있게 되면 대상을 다음으로 가까운 사람으로 바꾸어 그가 즐거워하는 모습을 일심으로 생각한다. 이러한 방식으로 중간쯤 친한 사람, 조금 덜 친한 사람, 나아가서 원한 맺힌 사람에까지 점차 먼 사람으로 한 명씩 대상을 바꾸어가며 즐거워하는 모습을 본다. 다음에는 인원을 열 명, 천 명, 만 명 등으로 점차 늘려서 동쪽이나 서쪽 등 한쪽 방향에 가득 찬 사람이 즐거워하는 모습을 본다. 다음에는 두 방향, 세 방향 나아가 시방 세계에 가득 찬 사람들이 즐거워하는 모습을 보고 범위를 더욱 늘려 사람뿐 아니라 시방의 육도 중생 모두가 즐거워하는 모습을 본다. 이렇듯 수행자가 외부의 중생이 즐거워하는 모습을 보는 가운데 선정이 점점 깊어져 외부 대상과 마주하여도 마음이 고요하여 동요가 없으니 이를 일러 "자심과 상응하는 마음"이라 한다. 이때는 성냄, 원한, 인색함 등 선하지 않은 심소가 일어나지 않는다. 그러므로 경전에서는

"맺힘·원한·분노·다툼이 없다."고 설하고 있다.

경문 가운데 "마음이 지극히 넓고 크고 무량하다."는 말은 하나의 큰 마음을 세 가지로 분별한 것이다. 자심으로써 한 방향의 중생을 본다면 '넓다'고 하고 사방의 중생을 본다면 '크다'고 하며 네 간방(間方)과 상하까지 미친다면 '무량'이라고 한다. 또한 진심(瞋心)과 한심(恨心)을 깨뜨린다면 넓다고 하고, 원심(怨心)을 깨뜨리면 크다고 하며, 뇌심(惱心)까지 깨뜨린다면 무량하다고 한다. 자심으로써 가까운 사람을 본다면 넓다고 하고, 중간 정도의 사람을 본다면 크다고 하며, 원한 맺힌 사람까지 본다면 복이 매우 크므로 무량이라고 한다. 또한 좁은 인연과 대비되기 때문에 넓다 하고, 적은 인연에 상대하면 크다 하며, 수량이 있는 인연과 비교하여 무량하다고 한다.

"잘 닦는다."는 것은 자심이 아주 견고한 것을 말한다. 단지 사랑하는 대상이나 호감 갖는 중생, 자신에게 이익 되는 중생이나 한 방향의 중생에게만 자심을 가지는 것이 아니라 미워하는 사람이나 사방(四方) 사유(四維；남동 등의 네 간방) 상하(上下)로 넓혀 시방에 가득 찬 중생들에게 자심을 가질 때 잘 닦는다고 한다. 수행자가 가장 가까운 사람, 조금 가까운 사람, 보통의 사람, 조금 미운 사람, 아주 미운 사람 등 모든 등급의 가까운 이나 미운 이에게 사랑하는 마음이 똑같아서 다름이 없고 내지는 육도의 중생을 마치 부모나 형제, 친구처럼 오로지 자심으로써 보아 항상 좋은 일을 구하여 이익과 안락을 주고자 하는, 이런 마음이 시방에 가득 차야 비로소 잘 닦는다고 한다. 또한 중생에게 단지 욕계의 즐거움이나 초선, 제2선의 즐거움만 준다면 잘 닦는다고 하지 않고 제3선과 제4선의 즐거

212

움을 모두 주어야 비로소 잘 닦는다고 한다.

지금까지 설명한 자무량심은 '중생을 반연한 자심[衆生緣慈]'이라고 부른다. 실제로 생활하며 고락을 함께 하고 있는 주변 중생의 모습을 인연으로 수행하는 자심이라는 뜻이다. 이는 아직 도를 깨닫지 못한 범부 수행자나 생사고락의 윤회 과보를 가져오는 유루업(有漏業)을 다 끊지 못한 유학인(有學人)들이 닦는 수행이다. 이 자심으로써 마음을 닦으면 큰 복덕을 얻고 무루의 경지에 들어갈 수 있다.

그러나 이보다 더욱 깊은 자심이 있으니 '법을 반연한 자심[法緣慈]'이라고 부른다. 이는 유루업을 다 끊은 아라한이나 벽지불, 보살들의 자심이다. 이들은 아상(我相)을 멸하여 중생과 내가 같다거나 다르다는 생각을 끊은 수행자들이다. 이 성인들이 자심으로 중생을 생각할 때는 인연이 화합하여 상속할 뿐이요 다만 공한 오온이 바로 중생이라고 여긴다. 자심으로써 오온이라는 법을 가진 중생에 대하여 "중생은 이 법이 공한 것을 모르고 다만 즐거움을 얻기만 바란다."고 생각한다. 그리하여 성인은 이를 가엾이 여겨 그들이 뜻대로 즐거움을 얻도록 세속의 법에 따르기 때문에 '법연(法緣)'이라고 한다.

이보다도 더욱 깊은 경지로서 '반연함이 없는 자심[無緣慈]'이 있으니 이는 부처님들만이 갖는 경지이다. 부처님들은 유위나 무위의 성품에 머무르지 않고 위나 아래, 과거·미래·현재 등에 의거하지 않기 때문이다. 모든 인연은 실체가 없고 전도되어 헛된 것임을 알기 때문에 마음에 반연하는 것이 없다. 부처님께서는 중생이 이 제법의 실상을 알지 못하여 육도를 윤회하며 온갖 법에 집착하여 분별하고 취사하고 있음을 아신다. 그리하여 부처님께서는 제법실상의 지혜를 모든 중생이 얻도록 하기 때문에 '무연(無緣)'이라고 하는 것이다. 비유한다면 하늘의 해가 독초나 약초, 큰 나무나 작은 나무의 구분 없이 모든 생명에게 골고루 생명의 빛을 비추어 주는 것과 같다.

중생연자는 선정 가운데서 다만 중생이 과보를 받아 즐거워하는 모습만을 볼 뿐이고 법연자는 온갖 법문을 듣거나 열반을 얻어 즐거워하는 모습을 보며 무연자는 일체 중생이 똑같이 불성이 있어 평등하게 항상 즐거워하는 모습을 본다. 또한 중생연자는 근본선 가운데서 닦을 수 있고 법연자는 대개 16특승이나 통명관, 배사 등 여러 가지 무루선 가운데서 닦으며 무연자는 대부분 수능엄정이나 법화삼매 및 구종대선 가운데서 수행한다. 중생·법연·무연의 세 경지는 자무량심뿐 아니라 비무량심 내지 사무량심 등 네 가지 무량심 모두에 있는 것이다.

2) 비무량심(悲無量心)

자무량심을 수행하면 중생이 즐거워하는 것이 똑똑하고 분명하게 보이면서 수행자의 마음도 기쁨으로 가득 차게 된다. 하지만 이는 현실을 보는 실관(實觀)이 아니라 가상으로 중생이 밝게 웃는 모습을 보아 자심을 확충하는 득해관(得解觀)이므로 삼매에서 나오면 현실의 중생은 여전히 갖가지 고통을 겪고 있음을 보게 된다. 이에 가련한 마음이 생기면서 "나는 눈이 없어 친한 이거나 보통 사람이거나 미워하는 중생이 육도를 돌며 온갖 신체적, 정신적 고통을 겪고 있는 것을 보지 못하고 있었다. 나태하여 그들을 구제하려는 마음을 내지 못하였다." 하고 생각하게 된다. 이러한 마음이 일어나면 비무량심 수행으로 방법을 바꾸게 된다.

비무량심(悲無量心, karuṇāpramāṇa)을 수행할 때는 먼저 다음과 같이 발원을 한다. "온갖 고통 받는 중생을 내가 삼매 가운데서 모두 볼 수 있어서 구제에 힘쓰게 되기를 서원합니다." 발원을 마치고는 가장 가깝고 사랑하는 사람을 취해서 그가 고통스러워하는 모습을 생각한다. 마음을 오로지 그 대상에 매어두되 다른 생각이 일어나면 거두어들여 다시 대상으로 되돌려서 그 모습이 분명하고 뚜렷해지도록 한다. 이렇게 염을 청정하게 하면 수행자의 선근의 힘으로 삼매가 일어난다. 삼매가 일어나면 가까운 사람이 고통스러워하는 모습이 선명하고 또렷하게 보이게 된다. 그러면 가련히 여기는 마음이 생기고 비심(悲心)이 무한히 솟는다.

다음에는 조금 덜 가까운 사람, 보통 사람, 조금 미워하는 사람, 아주 미워하는 사람으로 대상을 바꾸어서 관하고 점차 숫자를 늘려 한 방향 내지는 시방에 가득 찬 중생이 고통 받는 모습을 떠올린다. 나아가 육도의 모든 중생의 모습도 떠올려 시방에 가득 찬 일체 중생이 고통스러워하는 모습을 보면서 비심이 한량없이 일어나게 된다. 이후 삼매에서 나와도 비심은 사라지지 않고 더욱 깊고 견고해진다. 비정(悲定)에 들었을 때 외부의 중생이 고통스러워하는 모습을 보고 비심이 마음에 가득 차도 정심이 동요하지 않는 것을 "마음이 비심과 상응하였다."고 말한다.

비무량심을 "잘 닦는다."는 것은 삼매에 들었을 때 다만 가까운 사람이 고통스러워하는 것을 보고 연민을 일으키는 것만이 아니고, 멀거나 아주 미워하는 사람에까지, 나아가 시방에 가득 찬 육도의 모든 중생이 고통스러워하는 것을 보고 연민을 일으켜 평등하게 구제해 주고 싶은 마음이 일어나는 것을 말한다. 또한 고통스러워하는 중생만을 보고 연민을 일으킬 뿐, 즐거워하거나 고통도 즐거움도 없는 대상들을 보고서는 연민을 일으키지 않는다면 역시 잘 닦는다고 하지 않는다. 일상생활에서 얻는 고ㆍ락ㆍ불고불락의 감정 모두가 열반의 즐거움에 비하면 사실은 괴로움이라고 보아 똑같이 연민을 일으켜야 잘 닦는 것이라고 한다. 또 육도의 중생이 받는 괴로움에 강하고 약한 차이가 있다고 보는 것이 아니고 그 고통이 다름이 없다고 보아 평등하게 연민을 일으켜야 잘 닦는 것이라고 한다. 혹은 육도의 중생이 같은 종류의 고통을 받는다고 보면 잘 닦는다고 하지 않고, 고통 하나하나의 차이를 다 분별할 줄 알아야 비로소 잘 닦는 것이라고 말할 수도 있다.

자무량심이나 비무량심을 닦을 때 친근한 사람이 기뻐하거나 고통스러워하는 모습을 보고 자심과 비심이 일어나는 것은 쉽사리 이해가 가지만 미워하는 사람에 대해서도 이러한 마음이 일어나는 것은 무슨 이유인가? 이에 대해 천태대사는 불에 비유하여 이해를 돕고 있다. 즉 불을 일으킬 때는 처음에 부드럽고 마른 풀에 불을 붙여야 잘 붙지만 불길이 점차 거세지면 크거나 축축한 것들도 다 태울 수 있는 것과 같다. 자심이나 비심이 일어나는 것도 이와 같아서 처음에는 가까운 사람을 대상으로 해서 마음이 일어나지만 자비심이 점차 커지면 미워하는 사람과 가까운 사람 구분 없이 똑같이 자비심이 일어날 수 있다는 것이다.

3) 희무량심(喜無量心)

수행자가 비무량심의 삼매에 들면 가련하고 아픈 마음이 생겨 이렇게 생각한다. "중생은 긴 세월 동안 온갖 괴로움과 번뇌로 핍박받고 있는데 어떻게 구제할 수 있을까? 이 중생이 고통을 벗어나는 즐거움을 얻고 이 즐거움으로부터 기쁨이 생기도록 하는 것이 마땅하리라." 그리고 중생을 깊이 관하면 그 고통은 허망한 것이어서 본래 없는 것인데 지금 있다고 여겨 괴로운 것이니 없애기 쉽다는 것을 안다. 마치 어떤 사람이 병이 있어도 훌륭한 약을 만나면 곧 나을 수 있고 게다가 옷과 음식을 주면 무한하게 즐거워하는 것과 같다. 본래 고통이란 정해진 성품이 있는 것이 아니므로 쉽게 없애버리고 즐거움을 얻도록 할 수 있는 것이다.

수행자가 이렇게 생각하고 나면 중생에게 기쁨을 주기 위하여 수행을 하게 되니 그것이 희무량심(喜無量心, muditāpramāṇa)이다. 희무량심을 수행할 때는 먼저 다음과 같은 원을 세워야 한다. "모든 중생이 일체의 고통을 없애고 기뻐하는 것을 내가 삼매 가운데서 모두 보게 되기를 서원합니다." 원을 세우고 나면 자신과 가장 가까운 사람을 한 명 선정하여 그가 괴로움에서 벗어나 즐거움을 얻은 뒤 크게 환희하는 모습을 생각한다. 일체 다른 생각이 끼어들지 않고 일심으로 그 사람만 떠올려 염이 청정해지도록 노력한다. 이리하여 수행자의 복덕과 선근의 힘으로 삼매가 일어나면 가장 가까운 사람이 괴로움을 벗어나 환희하는 모습을 원하는 대로 분명하고 똑똑하게 볼 수 있게 된다. 가까운 사람이 환희하는 모습을 보면 자신의 마음도 즐거워지고 기쁨이 무량하다.

이어서 조금 덜 가까운 사람, 보통의 사람, 조금 미운 사람, 가장 미워하는 사람 순으로 한 명씩 대상을 바꾸어 가며 고통을 벗어나 환희하는 모습을 떠올리는 염을 행한다. 그리고 숫자를 늘려 한 방향을 가득 채운 사람들 내지는 시방에 가득 찬 사람들을 떠올리고, 또 축생이나 아귀까지 육도의 모든 중생이 고통을 벗어나 크게 기뻐하는 모습을 떠올린다. 이와 함께 수행자가 느끼는 기쁨도 이루 말할 수 없이 커진다. 이제는 고통을 느끼는 중생을 보아도, 또 보이는 중생과 자신이 환희에 넘쳐도 정(定)이 약해지지 않고 오히려 점점 깊어진다. 이를 "마음이 희와 상응한다."고 말한다.

자심으로 중생을 즐겁게[樂] 하고 희심으로 중생을 기쁘게[喜] 하는데 즐거움과 기쁨은 어떤 차이가 있는가? 앞서 사선의 지림공덕을 설명하면서 한 차례 언급하였지만 『대지도론』 20에 잘 설명되어 있으므로 다시 한 번 살펴본다. 신체의 유쾌함을 즐거움이라 하고 마음의 유쾌함을 기쁨이라 하며, 전5식과 상응하는 것이 즐거움이고 제6의식과 상응하는 것이 기쁨이다. 색·성·향·미·촉의 5경으로부터 생기는 환희를 즐거움이라 하고 법경(法境)으로부터 생기는 환희를 기쁨이라고 한다. 또한 욕계에서 전5식과 상응하는 것, 초선에서 안식·이식·촉식의 세 가지 식과 상응하는 낙수(樂受), 제3선에서 생기는 일체의 환희심은 모두 즐거움이라 하고 욕계와 초선에서 의식과 상응하는 것, 제2선에서 생기는 일체의 환희심은 모두 기쁨이라고 한다. 또 즐거움은 거칠고 기쁨은 미세하며, 인시(因時)에는 즐거움이고 과시(果時)에는 기쁨이라고 한다. 처음 환희를 얻었을 때는 즐거움이라 하고 안에서 환희심이 일어나 즐거운 모습이 겉으로 드러나면서 뛸 듯이 기쁜 것을 기쁨이라고 한다.

4) 사무량심(捨無量心)

사무량심의 마지막 단계는 사무량심(捨無量心, upekṣāpramāṇa)이다. 전술하였듯이 불교에서 '사(捨)'는 대개 '버린다'는 뜻과 '평정심'이라는 두 가지 의미로 사용된다. 무엇을 버리고 어떻게 평정심을 유지하는 것인가?

수행자가 희무량심의 삼매에서 나와서 이렇게 생각한다. "자심으로 중생에게 즐거움을 주고 비심으로 고통을 없애주며 희심으로 기쁘게 해준다 할지라도 나 자신이 이익을 준다고 여겨 이 세 가지를 지니고 있다면 뛰어난 행이 아니다. 비유하면 자애로운 부모가 자식에게 이익을 주더라도 보답을 바라지 않아야 비로소 참된 사랑이라고 할 수 있는 것과 같다. 게다가 지금 세 가지 무량심을 통해 중생에게 이익을 주는 것은 다만 나의 마음속 일일 뿐 중생이 실제로 이익을 받는 것은 아니므로 이를 실제의 일로 여긴다면 전도된 생각이 된다. 그리고 중생에게 괴로움·즐거움·근심·기쁨의 감정이 생기면 이것이 바로 얽어매는 번뇌가 되므로 벗어나기 어렵다. 내가 이제 청정한 선법(善法)을 주어 이러한 감정에 머물지 않도록 하리라. 또한 내가 비록 자와 비와 희심으로써 중생을 아끼며 생각하더라도 그들에게는 아무 이익이 없으니 지금 이 세 가지 마음을 버리고 여러 선한 법을 행하여 중생이 실제로 이롭게 하리라."

이렇게 생각하고는 자·비·희의 세 가지 마음을 버리고 다음과 같이 일심으로 발원한다. "일체 중생이 묘한 사심(捨心)으로 장엄되는 것을 내가 다 볼 수 있게 되기를 서원합니다." 그리고 가장 가까운 한 사람을 선정하여 그가 괴롭지도 즐겁지도 않고 평온한 상태로 있는 모습을 떠올린다. 만일 다른 생각이 끼어들면 거두어들여 생각을 그 사람에게 되돌리고 평온한 상태로 있는 모습이 분명하고 뚜렷하게 보이도록 한다. 이처럼 수행하다 보면 정념(正念)의 복덕과 선근의 힘으로 삼매가 일어나서 억지로 공력을 들이지 않더라도 가까운 사람이 괴롭지도 즐겁지도 않은 모습을 자유자재로, 또한 뚜렷하게 볼 수 있게 된다. 이와 같이 차례로 조금 덜 가까운 사람, 보통 사람, 조금 미워하는 사람, 아주 미워하는 사람으로 대상을 점차 바꾸어 나가고 이를 한 방향, 두 방향 등으로 계속 넓혀 시방에 가득 차도록 한다. 그리고 인간뿐 아니라 육도 중생 모두가 시방에 가득 차서 괴롭지도 즐겁지도 않고 평온한 상태로 있는 모습을 본다.

이와 같이 선정을 닦는 가운데 많은 중생을 볼지라도 마음에 애착하는 마음이나 미워하는 마음이 생기지 않는다. 수많은 생명들이 평온한 마음으로 있는 모습을 보니 정법이 동요되지 않으며 삼매가 더욱 깊고도 묘하게 된다. 그 마음이 안온하고 평등하여 둘로 갈라지지 않으므로 이를 "마음이 사심과 상응하였다."고 말한다.

사무량심(捨無量心)을 마지막에 수행하는 것은 대개 두 가지 이유 때문이다. 첫 번째는 중생이 즐거움이나 기쁨을 얻는다 할지라도 이것이 사라질 때는 다시 고통스럽기 때문에 즐거움이나 기쁨은 사실 번뇌에 속한다. 그러나 마음이 괴롭지도 않고 즐겁지도 않으면 마음이 평온하고 시종 근심이 없으므로 중생에게 마지막으로 사심(捨心)을 주고자 하게 되는 것이다. 두 번째는 수행자 자신이 자무량심이나 희무량심을 닦을 때 애착심이 생길 수 있고 비무량심을 닦을 때는 근심과 슬픔이 생기기도 한다. 이러한 마음은 수행자에게 번뇌가 되므로 평정심을 갖는 수행이 필요하고 또한 중생에게 실질적인 이익을 줄 때도 평정심으로 해야 하므로 마지막으로 이 마음이 확충되도록 사무량심을 닦는 것이다.

지금까지 사무량심(四無量心)의 수행방법을 설명하면서 삼매에 들어야 관하는 대상을 또렷하고 자유롭게 볼 수 있다고 하였다. 삼매는 총 아홉 단계라고 하였는데 어떤 단계에 들어야 사무량심을 수행하기 좋은가? 천태대사는 『대지도론』 20에 나오는 설명을 바탕으로 이에 대해 밝히고 있는데 사무량심은 색계의 사선과 중간선에서 수행할 수 있다고 한다. 무색계정에 들어가면 색법이 없어지므로 중생이 즐거워하는 모습이나 고통스러워하는 형상 등 색상을 떠올리기가 어렵다. 또한 욕계정이나 초선의 근분정인 미도지정은 정의 깊이가 얕아서 수행을 감당하기 어렵다고 한다.

또한 사선 각 단계에서 나타나는 특징을 살펴보면 사무량심 각각의 특징과 잘 부합되는 것이 있다. 즉 초선은 각지와 관지가 중심이 되므로 욕계 중생이 고뇌하는 형상을 깊이 느낄 수 있어서 비무량심을 수행하기 쉽다. 제2선에 들어가면 큰 기쁨이 있으니 희무량심을 닦기가 용이하고 제3선에는 온 몸에 두루 퍼지는 즐거움이 있으니 자무량심을 닦기가 수월하다. 그리고 제4선에 들어가면 묘한 평정심으로 장엄이 되니 마지막의 사무량심을 닦기에 좋다. 특히 제4선은 지림공덕 가운데 염청정지가 있어서 다른 생각의 개입 없이 청정하게 중생을 관할 수 있으므로 이 단계에서는 네 가지 무량심을 모두 수월하게 닦을 수 있다고 한다.

사무량심을 수행하여 얻는 공덕에 대해서 『증일아함』 48 「방우품(放牛品)」에서는 악몽을 꾸지 않고 해를 입지 않으며 죽은 뒤 범천에 태어나는 등 열한 가지가 있다고 밝히고 있다. 앞의 열 가지는 현세에 얻는 공덕이고 범천에 태어난다는 것은 내생에 받는 공덕이다. 또 사선에 의지하여 사무량심을 닦게 되면 초선천인 범천뿐 아니라 각 단계에 해당하는 2선천 내지 4선천에 몸을 받을 수도 있다. 또 『중아함』 60 「팔성경(八城經)」에서는 사무량심을 수행하면 도를 얻을 수 있고 이 경지에 이르지 못하면 오하분결만 끊고 색계 4선천인 5나함천에 화생할 수 있다는 내용이 있다. 이는 석가모니불께서 입적한 뒤 아난이 설법한 것이기는 하지만 사무량심 수행을 통해 성인의 계위에 오를 수도 있음을 보여주는 중요한 내용이다. 그러나 자비관은 본래 진에심을 없애는 대치관으로서 수행하는 것이 일반적이다.

03 어리석음을 다스리는 연기관(緣起觀)

　　연기관은 인연관(因緣觀) 혹은 관연관(觀緣觀)이라고도 하는데 어리석음으로 인해 도를 깨닫기 어려운 사람들에게 필요한 수행법이다. 여기서 어리석다는 것은 세상 물정이나 자연 이치를 아무 것도 알지 못하는 정도의 어리석음을 말하는 것이 아니고 오히려 총명하고 지식도 뛰어나지만 무익한 분별심으로 이것저것 헤아리거나 바르지 못한 마음으로 한 견해에 얽매어 삼매에 쉽게 들지 못하는 것을 말한다. 이러한 어리석음으로 크게 세 가지가 거론되는데 첫 번째는 죽으면 모든 것이 끝난다고 생각하는 단견(斷見)과 육신은 죽더라도 영혼 등이 남아서 영원히 산다는 상견(常見)이 있다. 두 번째는 유와 무에 집착하는 어리석음이다. 사대(四大)나 오온 등은 '있다', '없다'를 결정적으로 말할 수 없고 속제냐 진제냐에 따라, 혹은 설법 상대나 주변의 상황에 따라 다르게 설해야 한다. 그런데도 이러한 이치를 모르고 '있다'와 '없다'를 이분법적으로 나누어 한쪽으로 결론을 내려고 궁리하는 어리석음이다. 세 번째는 세간의 본성을 헤아리는 어리석음이라고 부르는데 세상을 이루고 있는 근본적이며 궁극적이고 변하지 않는 물질, 예를 들면 원자(atom)와 같은 것을 상정하여 그것이 무엇일까 등을 추론하는 것과 같은 것을 말한다.

　　지관을 수행하는 초기에 이러한 어리석음이 일어나면 깊은 단계로 진입하기 어렵다. 예를 들어 한 가지 대상을 정해서 마음을 고요히 집중하고 있는데 문득 "세상은 처음에 어떻게 생기게 되었을까?" 하는 의문이 일어나는 경우가 있다. 이러한 일이 일어나는 이유는 물론 이 수행자의 평소 성향이 작용한 것이기도 하겠지만 이를 전문적으로 연구하는 사람도 아니고 이런 생각을 자주 하는 것도 아닌데도 수행 중에 문득 이러한 생각이 떠오르기 시작하는 일이 있다. 그러면 실제로는 합리적인 결론을 낼 수 없어서 아무 실익이 없는데도 불구하고 생각이 꼬리를 물고 일어나서 일념을 이루는 데 큰 장애로 작용하게 된다. 이러한 문제로 삼매에 드는 것이 어렵거나 바른 관을 행하는 데 장애가 되는 수행자라면 연기법(pratītyasamutpāda)을 먼저 관하라는 것이다.

경전에 나타나는 연기설은 지분이 열 가지로 설명되거나 여덟 가지만으로 끝나는 경우 등 여러 가지 형태가 있으나 이는 설법을 듣는 청자의 근기와 상황에 따라 필요한 부분만 설한 것이고, 온전한 형태는 열두 가지 지분으로 이루어진 12연기설이다. 그러므로 연기관도 무명에서 시작하여 생로병사로 끝나는 12연기설을 관하는 것이 보통이다. 연기관을 행하는 내용은 여러 경전에서 적지 않게 찾을 수 있는데 『잡아함』 22권에 실린 590 「상인경(商人經)」은 재가자가 행한 경우로서 열두 지분을 모두 갖추고 있으므로 인용하기 좋은 사례라 생각된다.

> 저 우바새는 새벽[後夜]에 몸을 바르게 하고 좌정하여 생각을 앞에 매어두고 12인연을 역과 순으로 관찰하였다. 즉 이것이 있으므로 저것이 있고, 이 일이 일어나므로 저 일이 일어난다는 것이다. 무명(無明)의 인연으로 행(行)이, 행의 인연으로 식(識)이, … 명색(名色)이 … 육입처(六入處)가 … 촉(觸)이 … 수(受)가 … 애(愛)가 … 취(取)가 … 유

(有)가 … 생(生)이 … 노사(老死)와 우비뇌고(憂悲惱苦)가 일어나니, 이와 같이 고통만의 큰 집적이 일어난다. 그러므로 무명이 멸하면 행이 멸하고 … 식이 … 명색이 … 육입처가 … 촉이 … 수가 … 애가 … 취가 … 유가 … 생이 … 노사와 우비뇌고가 멸한다. 이와 같이 고통만의 큰 집적이 멸한다고 관하였다.

또 『대방등대집경』 28 「무진의보살품」에는 연기관이 보살의 행법으로 소개되고 있는데 다음과 같은 내용이다.

보살이 인연을 관하는 방법은 무엇인가? 선하지 않은 사유가 모이면 무명이 모인다. 무명이 모이므로 행이 모이고 행이 모이므로 식이 모이고 … 노사가 모이므로 우비고뇌가 모인다. 이처럼 온갖 고통이 모이는 것을 아는 것이 보살이 인연을 관하는 방법이다. … 선하지 않은 사유가 멸하면 무명이 멸하고 무명이 멸하면 행이 멸하고 … 노사가 멸하므로 우비고뇌 등 온갖 고통의 집적이 멸한다. 이처럼 온갖 고통의 집적이 멸하는 것을 아는 것이 보살이 인연을 관하는 방법이다.

이 경문에서는 보통 12연기의 시초에 놓여 있는 무명 앞에 '선하지 않은 사유[不善思惟]'가 있다는 점이 조금 이색적이라 할 것이지만 이에 대한 자세한 논의는 지금의 주제가 아니므로 피하기로 하자. 두 경문을 보면 재가 남성이 행하거나 보살이 행하거나 간에 연기관의 기본 구조는 번뇌와 고통이 생기는 과정을 차례대로 관하고, 다음에 번뇌와 고통이 사라지는 과정을 차례대로 관하는 것임을 볼 수 있다. 이는 순서에 따라 차례대로 관한다는 의미로 순관(順觀) 혹은 유전문(流轉門)이라고 한다. 이에 비해 "노사는 무엇 때문에 생기는가?" 혹은 "무엇이 멸해야 노사가 멸하는가?" 하는 식으로 결과로부터 거슬러 올라가 무명에까지 이르는 것은 역관(逆觀) 혹은 환멸문(還滅門)이라고 부른다(유전문과 환멸문의 정의에 대해서는 이론(異論)이 있다). 인도 대승불교의 논사인 안혜(安慧, Sthiramati, 475~555)는 『아비달마잡집론』 4 「삼법품」에서 12연기를 생과 멸, 순과 역, 네 가지 방식으로 관하는 것을 잡염(雜染)의 순·역과 청정(淸淨)의 순·역이라는 명칭으로 분별하고 있는데 정비가 잘 된 견해라고 보인다.

　연기관을 행하는 것은 열두 지분이 생겨나는 순관과 역관, 멸하는 순관과 역관의 네 가지 모두 가능하지만 어리석음을 대치하기 위해서 닦는 지금은 위의 두 경문처럼 순관이 기본이 된다. 왜냐하면 오정심관의 하나로 닦는 연기관은 이미 배운 것을 익힌 '염'이 주된 방법이기 때문이다. 즉 12연기설을 이미 스승에게 배우거나 경전에서 읽어 알고 있으므로, 근본 원인에서 시작하여 결과까지 발생 순서로 관하면서 여기에만 생각을 묶어두어 다른 생각이 끼어들면 되돌려 오로지 연기설만 생각하는 것이 연기관의 내용이다. 이렇게 염하는 과정에서 그 의미를 체득하고 자신의 것으로 체화하여 일상적으로 보는 모든 유위법이 인(因)과 연(緣)으로 화합하여 생기고 멸하는 무상한 것임을 체득하면 연기관이 완성되는 것이다. 이에 비해 12연기설을 알지 못하는 독각 수행자의 경우 역관을 할 수밖에 없다. 즉 "늙고 죽는 것은 무엇 때문에 생기는가?" 하고 현재 나타나 있는 고통의 상황에서 출발하여 점차 교설로서 체계화되어 있지 않은 단계를 거슬러 올라가 근본 원인인 무명에까지 도달해야 하는 것이다. 전자는 지도에 따라 길을 가고 후자는 길을 스스로 찾아가는 것과 유사하다고 할까?

경문에 보이는 연기관의 내용은 매우 짧고 단순해 보이지만 이를 통해 어리석은 분별이라는 선정의 장애가 제거되기 위해서는 그 깊은 의미가 이해되고 체화되어야 한다. 다시 말하면 무명이 무엇이고 행과 식 등은 무엇을 말하는 것이며, 어째서 무명으로 인해 행이 생기고 행으로 인해 식 등이 생기는 것인가가 이해되어야만 한다는 것이다.

12인연을 설명하면서 그 각각의 지분이 의미하는 바가 무엇인지에 대해 설일체유부의 삼세양중인과설(三世兩重因果說)을 비롯하여 예로부터 몇 가지 해석법이 있었다. 천태대사는 이를 세 가지 방식으로 구분하여 세 가지 연기관으로 밝히고 있다. 첫 번째는 열두 지분 가운데 처음의 무명과 행, 두 가지는 현재를 있게 한 과거의 원인에 속하고, 마지막의 생과 노사는 미래에 나타날 결과에 속하며, 가운데 여덟 가지는 현재에 속한다. 중생의 삶은 이렇게 삼세를 거치며 계속 이어지므로 세계는 영원히 불변하는 것도 아니고 영영 없어지는 것도 아님을 관하는 것이다. 이는 전술한 삼세양중인과설의 내용으로서 12인연을 삼세로 나누어 관하는 것인데 단견이나 상견으로 인해 선정에 장애가 되는 경우에 수행하면 좋다고 한다. 두 번째는 12인연을 현재로 국한시켜 관하는 것으로, 이는 과보(果報) 12인연이라고 부른다. 즉 처음 잉태되어 태아로 있다가 출생한 뒤부터 죽을 때까지의 과정을 무명부터 차례로 노사까지 짝을 지워 중생의 삶을 관하는 것이다. 이렇게 관할 때 삶이란 잠시도 머물지 않고 전후 단절 없이 이어지므로, 유무를 헤아리는 어리석음으로 선정에 장애가 될 때 행하면 좋은 인연관이다. 세 번째는 한 찰나 일어나는 생각에 인연의 열두 지분이 다 갖추어지는 것을 관하는 것으로, 이는 일념 12인연을 관하는 것이라고 한다. 이것은 특히 세상의 모든 것을 이루는 공통 물질, 변하지 않는 근본으로서 미세한 입자 같은 것이 있을 것이라고 억측하는 견해로 선정 수행에 장애가 되는 사람들에게 적합하다고 한다.

연기관은 염(念, smṛti)을 주된 방법으로 사용하는 대치관법으로서 오정심관의 하나이지만 이를 잘 수행하면 선정의 장애만 제거하는 것이 아니라 큰 도를 이룰 수도 있다. 『잡아함』 301경과 302경에는 세존이 설해 준 12연기의 생멸을 들은 제자들이 이를 통해 아라한과를 이루는 이야기가 담겨 있다. 또한 석가모니께서도 정각을 이루는 과정에서 (경전에 따라서는 정각을 이룬 뒤) 12연기관을 행하였다는 기록이 여러 경전에 보인다.

전술하였듯이 천태대사는 오문선에 포함시키지 않고 있는 관법이지만 여기서 잠깐 계분별관을 언급하고 지나가는 것이 좋을 듯하다. 계(界, dhātu)란 전체를 이해하기 위하여 공간적으로, 혹은 성질 면에서 서로 유사한 것들을 한데 묶어서 분류한 하나의 단위를 말한다. 예를 들어 세계를 정신계와 물질계로 나누거나, 직업사회를 분류하여 법조계·상공계·언론계 등으로 부르는 것과 같은 것이다. 이러한 분별범주로 불교에서 가장 기본적으로 사용하는 것이 흔히 삼과(三科)라 부르는 오온(五蘊)·12처(處)·18계(界)이다. 계분별(界分別, dhātu-prabheda)이란 오온·12처·18계 등의 분류 범주를 사용하여 세계를 하나하나 분석하고 분별해 보는 방법이다. 이렇게 분별하여 관찰한다면 각각의 세계는 영원하지도 않고 고정되어 있지도 않으며 뜻대로 움직여지는 것도 아님을 알게 된다. 계방편관(界方便觀)·석계관(析界觀) 등으로도 호칭하는데 이 관법은 변치 않는 자아가 있다고 집착하거나 자만심이 강하여서 선정에 장애를 일으키는 경우에 대치법으로서 수행하는 것이다.

『잡아비담심론』「현성품」에 설명된 이 행법을 보면 자신을 이루고 있는 오온 하나하나를 분석하여 그것이 지·수·화·풍·공·식이 화합한 것에 지나지 않고 이들이 흩어지면 자아라 할 것도 없음을 관하는 방식이다. 이렇게 자아가 없음을 깨닫는 것은 연기관과 유사한 측면이 있다. 연기관을 통해서도 상주하고 주재하는 자아를 찾을 수 없음을 깨달을 수 있기 때문이다. 또한 자아에 대한 집착이 강하다면 이는 부정관으로 대치할 수도 있다. 이렇듯 계분별관은 다른 행법으로 대치(代置)가 가능하므로 천태대사나 여러 경론에서 계분별관을 빼고 염불관을 포함시키고 있는 것이라 생각된다.

04   악업을 다스리는 염불관(念佛觀)

염불관(念佛觀, buddhānusmṛti)은 악업을 다스리는 것에 좋은 효과가 있는 수행법이다. 악업이란 탐·진·치 가운데 어느 한 번뇌가 현재 강하게 작용하고 있는가 여부와 관계없이 과거의 숙업이 발현하여 선정 수행에 장애가 되는 것을 말한다. 악업이 발현하는 양상은 대개 세 가지로 나눌 수 있다. 첫 번째는 혼침(惛沈/昏沈, styāna)으로 인해 어두운 것으로서, 선정을 닦으려 용심하면 곧 어두운 동굴 속에 갇힌 듯이 캄캄하게 지각이 생기지 않아서 삼매가 일어나지 못하는 경우이다. 두 번째는 악념이 일어나는 장애이니, 수행자가 선정을 닦는데 비록 혼침에 빠지지는 않지만 나쁜 생각이 계속 일어나는 경우이다. 혹은 십악이나 오역죄 등을 저지르고 싶은 마음이 들기도 하고 출가자라면 계를 깨뜨리고 환속하고 싶은 생각이 일어나기도 한다. 이러한 나쁜 생각이 쉬지 않고 계속 이어져 선정이 일어나지 못하도록 방해한다면 이것은 악념의 장애가 일어나는 모습이다. 세 번째로 경계가 핍박하는 장애가 있다. 선정을 닦을 때 앞과 같은 장애는 없지만 대신 몸에 갑자기 아픔이 느껴지거나 핍박하는 일이 일어난다. 예를 들어 머리나 팔다리 혹은 눈이 없는 사람의 모습이 보이거나, 자신의 옷이 다 찢어진 채 땅 속에 들어가거나 불길이 닥쳐 몸을 태우는 모습이 보이기도 한다. 또 높은 벼랑에서 떨어지거나 산 사이에 끼이기도 하고 귀신이나 호랑이 등이 덤비기도 한다. 무서운 형상은 꿈

속에서 나타나기도 한다. 이 현상들은 대부분 과거의 죄업이 일어나 수행자를 핍박하는 것으로서 수행자를 두렵게 만들기도 하고 고통스럽게도 한다. 이러한 종류는 일일이 말할 수 없을 정도로 많으니 이렇게 과거의 악업이 발현하여 선정을 닦기 어려울 때는 염불관을 우선 수행할 필요가 있다.

근래 들어 염불이라고 하면 대개 입으로 불보살 명호를 소리 내어 외우는 칭명염불을 떠올리고, 또한 대승불교에서 행하는 이행도(易行道)라고 생각하는 경향이 있다. 하지만 염불은 석가모니불 시대에 이미 많이 행해지던 수행법이고 내용도 다양하여 대승의 수행, 혹은 쉬운 수행이라고만 간주하기 어렵다. 염불은 한 가지 대상을 잊지 않고 계속 생각하는 염의 행법 가운데 한 가지로서 아함부 경전에서 염법(念法), 염승(念僧)과 함께 삼념으로 지칭되는 경우가 많다. 또 육념·팔념·십념 등도 있는데, 십념이란 앞의 세 가지에 염계(念戒), 염시(念施, 보시), 염천(念天), 염휴식(念休息), 염안반(念安般, 수식), 염신비상(念身非常), 염사(念死)를 더한 것으로서 『증일아함』「십념품」에서 설명되고 있는 행법이다. 이렇게 초기경전에서 삼념 내지 십념이 열거될 때 염불은 항상 가장 앞에 놓이는 중요한 행법이다. 『증일아함』「광연품(廣演品)」에서 석존은 염불의 행법을 비교적 소상하게 설명하고 있다.

어떤 비구가 몸과 뜻을 바르게 하고 결가부좌하여 생각을 목전에 매어두고 다른 생각이 없도록 하여 오로지 부처님을 생각[念]한다. 여래의 형상을 관찰하되 잠시도 눈을 떼지 않도록 하고 (여래 형상에서) 눈이 떨어지지 않게 되면 곧 여래의 공덕을 생각한다. "여래의 신체는 금강으로 이루어졌고 십력을 갖추고 있으며 ... 해탈한 이와 해탈하지 못한 이를 모두 아신다."

염불을 한다는 것은 우선 여래의 형상이 눈을 감고도 또렷하게 보이도록 집중해야 하고 다음에 여래가 성취한 계율과 선정과 지혜의 공덕을 생각하는 것이다. 이를 수행하면 명예가 생기게 되고 큰 과보를 이루며 열반에까지 이를 수 있다고 석가모니불은 경문에서 부연하고 있다.

한편 같은 경 「고당품(高幢品)」에서 세존은 사부대중 가운데 공포심이 일어나 온몸의 털이 곤두설 정도가 된 이가 있다면 "나의 몸을 생각하라."고 가르치고 있다. 이때 여래의 십호(十號)를 떠올리면 공포심이 자연히 소멸될 것이라고 한다. 누구에게나 의지처가 되었던 석가모니불의 재세 시에는 석존의 상호를 직접 그리고 자주 볼 수 있었으므로 그 모습과 공덕을 떠올리는 것이 한결 쉬웠을 것이다. 이를 통해 공포심을 제거할 수 있고 나아가 큰 도를 얻을 수도 있다고 석가모니불은 설하고 있는 것이다.

석가모니 부처님이 열반하신 뒤 찬술되어 오문선과 대승선법을 상세히 밝히고 있는 『좌선삼매경』 상(上)에서는 염불을 행할 때 입적한 석가모니불 대신 불상을 보라고 가르치고 있다.

만일 처음 익히는 수행자라면 불상이 있는 곳에 데리고 가거나 스스로 가게 하여 불상의 상호를 자세히 보도록 한다. 상호 하나하나를 분명히 보고 나면 일심으로 그 모습을 지닌 채 수행처로 돌아와 마음의 눈으로 불상을 떠올려 본다. 의식이 다른 곳에 흘러가지 않도록 하고 생각을 오로지 불상에 매어두어 잡념이 끼어들지 않도록 한다.

이와 같이 먼저 불상을 자세히 본 뒤 좌선하여 여래의 형상 전체를 떠올린다. 이렇게 익숙해지면 다음에 32상 80종호 하나하나를 상세히 떠올리고 공덕과 지혜 그리고 법신을 생각하며 나아가 한 부처님, 두 부처님으로 수를 늘려 시방에 가득 찬 부처님을 생각하는 데 이른다. 이렇게 되면 염불삼매를 얻는다고 한다. 위의 『좌선삼매경』에서는 이 염불관을 수행하는 이유에 대해 '등분행(等分行)'을 다스리거나 죄가 무거운 사람이 부처님을 찾는 경우 수행한다고 하였다. '등분행'이란 탐욕·진에·우치의 어느 한 가지가 강하여 일어나는 장애가 아니라 이 삼독이 고루, 등분으로 작용하여 생기는 장애라는 의미이다.

이러한 경론들을 참조하여 천태대사는 염불관의 수행 방법을 크게 세 종류로 나누어 설명하고 있다. 첫 번째로 혼침으로 인해 어둠 속에 있는 듯한 장애가 일어나면 여래의 삼신 가운데 응신불(應身佛)을 관하는 것이 좋다. 응신은 일반 범부들이 육안으로 볼 수 있는 모습으로서 그 대표적 특징은 32상 80종호로 알려져 있다. 이 상호 각각에 대한 설명은 여러 경론에서 찾아볼 수 있고, 또한 불상이나 불화를 통해 볼 수 있는데 이 가운데 떠올리기 쉬운 상호를 한 가지 고른다. 예를 들어 32상 가운데 눈에 잘 띄는 미간의 백호상(白毫相)을 취한다면 눈을 감고 그 상호를 관하는 것이다. 만일 근기가 둔하여 상이 잘 떠오르지 않고 마음이 어둡다면 불상이나 불화를 찾아 일심으로 백호상만을 오래 본 뒤에 자리에 돌아와 그 모습을 떠올린다. 상호를 쉽사리 볼 수 있도록 불상을 마주하고 앉아 수행할 수도 있다. 상호를 본 뒤 눈을 감았는데 명료하게 그 모습이 떠오르지 않으면 다시 눈을 떠서 쳐다본 뒤 눈을 감고 집중한다. 이처럼 한 상호를 명료하게 볼 수 있게 된 뒤에 차례대로 다른 상호들도 두루 관하여 심안을 밝게 열면 혼침으로 어두운 마음을 다스릴 수 있다. 염불의 공덕으로 업장이 제거되기 때문이다.

두 번째로 마음을 고요하게 할 때 악한 생각이 자꾸 일어나 장애가 된다면 부처님이 과보로서 증득한 공덕의 몸인 보신불(報身佛)을 염하는 수행을 하는 것이 좋다. 보신의 공덕을 염하는 내용은 다음과 같다. 우선 마음을 모아 "부처님께서는 십력·사무소외·18불공법과 일체종지(一切種智)로써 법계를 두루 비추어 보시고 부처님의 나라인 상적광토(常寂光土)에서 움직이지 않으면서도 육신을 삼계에 두루 나타내어 일체 중생에게 이익을 주시니 그 공덕은 무량하고 불가사의하다."고 정념(正念)으로 생각한다. 이같이 공덕을 계속 염하면 악한 생각이 일어나는 장애가 대치된다. 장애가 사라지는 원리는 무엇일까? 부처님의 공덕을 염하는 것은 뛰어나고 선한 법에 집중하는 마음작용[心所]이고, 악념을 사유하는 것은 과거의 업으로 자신도 모르게 악법에 생각이 경도되는 데서 생긴 마음작용인데 선은 능히 악을 깨뜨릴 수 있기 때문이다. 보신불을 염하는 것은 마치 누추하고 어리석은 사람이 단정하고 지혜로운 사람 앞에 서면 스스로 부끄러워지는 것과 같아서 악한 마음이 선심(善心) 앞에 서면 부끄러워 스스로 그치게 되는 것이다. 부처님의 공덕에 집중하여 계속 염하는 가운데 일체의 장애는 없어지게 된다.

세 번째로 무서운 경계가 핍박하는 장애를 다스리기 위해서는 법신불(法身佛)을 염하는 것이 좋다. 법신불이란 바로 법성을 말하는 것이니 육안으로 볼 수 있는 것이 아니다. 그것은 본래 여여(如如)한 것이어서 생기는 법이 아니고 또한 멸하는 일도 없다. 형체가 없으며 공적(空寂)한 무위법(無爲法)으로서 무위 가운데는 이미 경계가 없는데 어떻게 핍박하는 상이 있을 수 있겠는가? 나타나는 경계가 모두 공이어서 환상과 같음을 알게 되면 공포가 사라지고 경계도 물러난다. 경계가 핍박할 때 32상과 같은 형상을 염하는 것은 바른 대치방법이 아니다. 왜냐하면 이 사람이 아직 상에 집중하지 않았을 때 이미 경계로 인해 어지러운데 다시 상을 취하면 이로 인해 마가 붙어서 그 마음이 더욱 심하게 어지러워지는 경우가 많기 때문이다. 지금 공이라고 관하는 것은 나타나는 온갖 경계를 파하여 없애는 방법이다.

이처럼 마음을 모아 염불하는 것은 공덕이 무량하다. 부정관을 수행하면서 보게 되는 무서운 형상으로 인해 문득 공포가 생기거나, 오래 전에 겪은 무서운 일이나 죄가 있어서 이에 대한 잠재된 기억이 되살아나면서 공포심이 일어날 때 이 수행으로 대치할 수 있다. 이 수행이 잘 이루어지면 백팔삼매 등 대승의 여러 가지 삼매에 들어가 많은 공덕을 얻을 수 있기 때문에 보살들은 염불문 수행을 주로 한다.

당(唐) 시대 화엄종의 제5조인 규봉 종밀(圭峰宗密, 780~841)은 염불을 크게 칭명(稱名)·관상(觀像)·관상(觀想)·실상(實相)의 네 가지로 구분하였는데 칭명염불이 가장 쉽고 실상염불이 가장 고차원의 행법이라 할 수 있다. 기존의 경론에 소개되어 있는 염불은 응신불의 상호를 관하는 관상

염불(觀想念佛) 내지 법신불을 관하는 실상염불(實相念佛)이 주된 것이었다. 후술하겠지만 천태대사가 원돈지관의 행법으로서 정리한 사종삼매(四種 三昧)에서는 부처님의 상호나 공덕을 염하는 관상염불과 더불어 명호를 부르는 칭명염불도 수행하는 것을 볼 수 있다. 조금 더 쉬운 행법이 적용되고 있는 것이다. 그러나 점차 세월이 흘러 근기가 많이 약해진 시대가 되면서 불보살의 명호를 입으로 소리 내어 외우는 칭명염불이 수행의 주요한 방식으로 자리 잡게 되었고 지금은 염불이라고 하면 칭명염불을 가리키는 것이 일반적인 상황이다.

05 산란함을 다스리는 수식관(數息觀)

수행자 가운데 탐·진·치 삼독심이 치성하지는 않더라도 여러 가지 사소한 생각이 번갈아 떠올라 집중이 되지 않는 사람, 즉 산란함이 집중을 방해하는 유형이 있으니 이럴 경우에는 수식관(數息觀)을 먼저 닦는다. 마음을 산란하게 만드는 요소는 사실 매우 많다. 분노가 치솟거나 욕심이 끊임없이 올라오는 등의 상황도 마음을 산란하게 만들지만 여기서는 삼독심이 강해서 집중이 되지 못하는 경우가 아니라 이런저런 잡념, 불교 용어로는 각(覺)과 관(觀)이 치성해서 삼매에 들지 못하는 경우를 말한다. 각과 관이란 앞서 색계 사선 가운데 초선의 다섯 가지 지림공덕을 밝히면서 설명한 바 있다. 즉 신역으로는 심(尋)으로 번역되는 각이란 모양이나 소리, 냄새 등 주변의 인식 대상을 찾아 헤매는 마음작용이고, 신역으로 사(伺)라고 번역되는 관이란 찾은 대상이 무엇이라고 슬쩍 살펴 판단하는 것이라고 하였다. 과거의 기억이나 현재의 상태 그리고 미래에 대한 이런저런 생각들이 무작위적으로 일어나 생각이 계속 떠다니는 것이 각관이 치성한 상태이다. 각관은 약한 삼독심이 복합적으로 작용해서 일어나는 경우라고 설명된다. 삼독심이나 악업이 강해서 선정에 장애가 되는 경우에는 대개 한 가지 생각이 일어나 그 대상을 중심으로 생각이 맴돌지만 각관이 치성하다는 것은 온갖 생각들이 꼬리를 물고 일어나 집중이 되지 않는 경우이므로 앞의 네 가지와는 다르다.

수식관이라는 명칭은 '숨[息]을 세는[數] 관법'이라는 의미이지만 범어로는 아나파나 스므리티(ānāpāna-smṛti), 즉 안반념(安般念)이라고 한다. 스므리티의 팔리어 사띠(sati)는 현재 미얀마, 스리랑카, 태국 등 남방 상좌부 불교에서 수행법으로 많이 사용하는 용어이다. 아나(āna)는 입식(入息) 즉 들숨이고, 아파나(apāna)는 출식(出息) 즉 날숨을 말하는데 이 둘이 연성된 범어 아나파나를 한문으로는 보통 안나반나(安那般那) 혹은 줄여서 안반(安般)이라고 음사한다. 그리고 스므리티란 염(念)으로 한역하므로 이를 직역하여 염입출식이라고 하거나 지식념(持息念)이라 번역하는 경우도 있고, 음사를 위주로 하여 안나반나관(安那般那觀) 혹은 안반념, 안반수의(安般守意)라 부르기도 한다. 삼매에 들기 위하여 일상적으로 가장 많이 사용되는 방법이며 이 책 앞 절에서도 초선에 들기 위한 행법으로서 설명한 바 있다.

수식관의 수행방식은 말 그대로 자연스럽게 호흡을 하면서 호흡의 숫자를 세거나 호흡의 상을 관찰하면서 마음을 집중하는 것인데 상세하게는 근기의 차이에 따라 두 가지 방식으로 나뉜다. 하나는 육묘문(六妙門)이라 불리는 방식이고 다른 하나는 16특승(特勝)이라 불리는 것으로 이는 조금 수행근기가 높은 이들이 하는 방식이다. 이 수식관의 행법은 『아비달마대비바사론』 26의 「보특가라납식(補特伽羅納息)」에 꽤 상세히 설명되어 있다. 또한 보통 선경(禪經)으로 분류되는 『수행도지경(修行道地經)』, 『좌선삼매경』 등에도 설해져 있고 안세고(安世高)가 한역한 『대안반수의경(大安般守意經)』은 수식관만 전적으로 상세히 설명하고 있는 성전으로서 유명하다.

1) 육묘문(六妙門)

육묘문(六妙門)이란 천태대사의 용어로서 『대비바사론』, 『구사론』 등 현장 번역의 논서에서는 지식념(持息念) 혹은 육식념(六息念)이라고 부른다. 자신의 호흡을 염의 대상으로 삼아 수(數) – 수(隨) – 지(止) – 관(觀) – 환(還) – 정(淨)의 여섯 단계로 방식을 점차 전환하며 마음을 집중하는 수행법이다. 이 여섯 가지 단계를 부르는 명칭은 한역자에 따라 경론마다 조금씩 차이를 보이지만 내용은 대동소이하다. 천태대사는 육묘문 수행 방법을 『차제선문』, 『마하지관』 등에서 설명하고 있는데 이를 기초로 삼아 그 다양한 전개 양상을 부정지관(不定止觀)이라는 명칭으로 해설한 책이 『육묘법문』이다. 이들에 의거하여 육묘문의 행법을 설명하면 다음과 같다.

수행자는 앞에서 설명한 좌선의 자세를 취하고 천천히 호흡을 한다. 숨은 중간에 끊어지거나 소리가 나지 않는, 고요하고 면면히 이어지는 깊은 호흡을 한다. 숨을 먼저 내쉰 다음 들이쉬면서 '하나' 하고 수를 센다. 다시 숨을 내쉬고 들이쉬면서 '둘' 하고 수를 센다. 이렇게 열까지 세고 다시 하나부터 세는데, 이는 초선에 들기 위하여 수를 세는 것과 똑같은 방식이므로 앞의 설명을 참조하면 될 것이다. 이렇듯 마음을 오로지 숫자 세는 것에만 붙잡아 매어서 다른 생각이 끼어들지 않도록 한다. 이것이 수(數, gaṇana), 즉 호흡의 숫자를 세는 것으로서 육묘문의 첫 번째 단계이다. 단순한 방법이지만 중간에 수를 틀리거나 잊어버리기도 하고 열을 넘어 열하나, 열둘을 세는 경우도 많이 있다. 이렇게 잘못 세는 것이 자각되면 바로 다시 하나로 돌아가 오로지 호흡의 수를 세는 것에만 집중해야 한다.

호흡을 세는 것이 일정한 경지에 이르면 애써서 집중하지 않아도 마음이 오로지 호흡에만 매이게 되어 세는 것이 정확하게 된다. 그러면 더 이상 수를 세지 않고 마음이 가만히 호흡을 따라가며 지켜보는 것이 따라가는 수행, 즉 수(隨, anugama)의 단계이다. 숨이 들어갈 때는 콧구멍 입구로부터 비강, 기도, 폐를 거쳐 배꼽과 내지는 발가락 끝까지 이른다. 숨이 나갈 때는 온 몸에서 역순으로 폐에 모였다가 코끝으로 흘러나와 점차 한 손가락, 한 뼘, 한 자 거리로 나가서 몸 밖으로 흩어진다. 이렇듯 숨이 들어가고 나가는 것을 의식이 따라가면서 그대로 느끼는 것이 수식(隨息)이다. 『수행도지경』에서는 이를 상수(相隨)로 번역하고 있다.

호흡을 따라가는 것이 익숙해지면 이미 마음이 미세해진 것이므로 이제 따라가는 것을 버리고 마음을 한데 모으는 것으로 전환한다. 이를 머문다는 의미에서 지(止, sthāna)라고 한다. 호흡은 의식 속에서 사라지고 오로지 마음을 응집하다 보면 몸과 마음이 텅 빈 것과 같은 느낌이 들면서 삼매에 들어가게 된다. 욕계정이나 미도지정 등의 정법으로 마음을 지탱하면서 자신이나 외부의 형상을 보지 않는 적정(寂靜)한 상태가 된다. 수행자는 그때 이런 생각을 한다. "이 삼매가 비록 적정하기는 하지만 지혜의 방편이 없어서 생사를 깨뜨릴 수 없다." 그리고 다시 생각한다. "지금 이 선정은 모두 인연법에 속한 것으로서 오온·12처·18계가 화합하여 생긴 것이니 허망하여 실체가 없다. 내가 지금 이것을 깨닫지 못하고 있으니 응당 비추어 보리라." 이렇게 생각하고는 지에 집착하지 않고 관을 일으켜 분별한다.

네 번째 단계인 관(觀, upalakṣaṇa)은 호흡을 관찰하는 것인데, 자신에게 일어나는 현상이나 처해 있는 상황을 있는 그대로 관찰하는 것이므로 전술한 삼관 가운데 실관(實觀)에 속한다. 수행자가 앞의 세 단계를 거치고 나면 삼매의 힘으로 자신의 몸 전체에서 숨이 드나드는 것을 관찰할 수 있게 된다. 숨은 코와 입으로만 출입하는 것이 아니고 피부 전체의 모공을 통해 마치 허공중의 바람과 같이 드나든다. 이 모습을 상세히 분별하면 피부와 근육, 뼈와 살 등 신체를 이루는 36물을 모두 볼 수 있는데 이들은 마치 양파처럼 알맹이가 없으며 안이나 바깥이 모두 깨끗하지 못하니 심히 혐오스럽다는 것을 알게 된다. 다시 삼매에서 느껴지는 기쁨이나 즐거움 등은 결국 사라질 수밖에 없는 법이고 선정 중에 일어나는 심식은 무상하게 생멸하여 찰나도 머물지 않으므로 붙잡을 수 없다는 것과, 선정 중에 일어나는 선과 악 등의 법은 모두 인연법이어서 자성이 없다는 것도 관한다. 이와 같이 관할 때 사념처(四念處)를 얻게 되어 전도된 마음이 깨지고 아상이나 인상 등이 사라지게 되는 것이 관을 수행하는 것이다. 이렇듯 관을 행하다 보면 마음이 관하는 경계를 분별하고 분석하면서 생각이 유동하게 될 수 있는데 그러면 다시 바르지 않은 생각이 끼어들게 되므로 진실한 도가 아니다. 그때는 관 수행을 버리고 환을 닦아야 한다.

환(還, vivartana)이란 외부의 대상으로 향하던 마음을 내부로 되돌린다는 의미이다. 『대비바사론』 26에서는 전환한다는 '전(轉)'으로 번역하고 있고 『좌선삼매경』에서는 관(의 대상)을 전환한다는 의미로 전관(轉觀)이라고 한역하였다. 또 구마라집이 한역한 『성실론』14에서는 대상을 바꾼다는 의미로 전연(轉緣)이라 하거나 혹은 전(轉) 한 단어를 사용하고 있음을 볼 수 있다. 호흡이 이루어지는 자신의 신체를 관한다면 신체가 관의 대상이 되는데 이 대상을 관하는 주체인 마음으로 돌리는 것이다. 즉 "마음이란 무엇인가?," "마음은 어디에 있으며, 본래부터 있는 것인가?" 하는 식으로 자문하여 관찰하는 것이다. 이리하여 이 마음이라는 것도 결국 인연이 화합하여 잠시 나타나는 것이니 분별되는 대상뿐만 아니라 분별하는 주체인 마음도 본래 있는 것이 아니고 본성은 공인 것임을 알게 된다. 이렇듯 대상과 주체를 모두 잊고 근원에 돌아가는 것이 환이다.

환과 상응하게 된 뒤에 수행자가 대상과 주체를 여의고 이들이 없는 경지로 돌아가려 하면 오히려 이들의 속박을 벗어날 수 없음을 알아야 한다. '있다'는 생각에서 벗어나 '없다'는 쪽으로 마음이 따라가는 것은 바로 유(有)를 버리고 무(無)에 집착하는 것과 같다. 이때는 환을 버리고 정(淨)에 마음을 안주하여야 한다. 정의 범어 파리슛디(pariśuddhi)는 완전한 청정이라는 뜻이다. 더러움을 버려서 깨끗하게 되는 것이 아니라 이분법적 사고를 초월하여 더러움도 깨끗함도 없는 본연의 청정함을 의미한다. 색이 청정함을 알면 관의 대상인 신체에 대한 망상 분별이 일어나지 않고, 수·상·행·식이 청정함을 알면 관의 주체인 마음에 대해 분별이 일어나지 않는다. 분별되는 경계가 없으므로 아무런 걸림이 없다. 망상과 분별의 때를 버리고 자아라고 집착하는 때가 없어지는 것을 정(淨)을 수행하는 것이라고 부른다. 요점만 말한다면 몸도 마음도, 수행하는 주체도 대상도 없고 청정함도 부정함도 분별하지 않게 되는 것이 정을 수행하는 것이다. 이를 통해 근본 삼독을 버릴 수도 있고 성인의 참된 지혜가 계발되기도 한다.

지금까지 살펴본 여섯 가지 단계를 묘문(妙門)이라고 부르는데, 묘하다는 것은 열반을 말한다. 이 여섯 가지 법을 통하면 열반에 이를 수 있기 때문에 육묘문이라고 하는 것이다. 이 가운데 앞의 세 가지는 지(止)의 성격이 강하니 정(定)의 법이라 할 수 있고 뒤의 세 가지는 관(觀)의 특성이 강하므로 혜(慧)의 법이라고 할 수 있다. 이 여섯 가지 법은 이처럼 수행의 두 가지 원리인 지와 관을 조금 더 세분한 것이라 할 수 있으므로 이 원리를 잘 이해하여 응용하면 온갖 선정을 일으켜 일체의 지혜를 얻을 수 있다.

여기서 잠깐 호흡수행을 통해 몸을 이루고 있는 36물, 다시 말하면 신체 전체를 볼 수 있게 된다는 것에 대해 생각해 보자. 육묘문의 두 번째 단계인 수식(隨息)에서 "숨이 들어갈 때는 콧구멍 입구로부터 비강, 기도, 폐를 거쳐 배꼽과 내지는 발가락 끝까지 이른다."고 하였는데 이는 과학적으로 관찰되는 사실과 부합하는 설명인가? 우리가 현재 알고 있는 상식으로는 숨을 들이마시면 기도를 거쳐 폐에 이르고 들이쉰 숨 가운데 산소가 선별되어 피와 결합한 뒤 심장을 거쳐 신체 구석구석으로 운반된다. 또 신체 각 부분에서는 이산화탄소가 피와 결합해 심장과 폐를 거쳐 밖으로 배출된다. 이는 숨이 "발가락 끝까지 이른다." 하고 내보낼 때는 이와 역순으로 이루어진다는 수식의 설명과 정확히 일치하는 것이다. 이러한 공기의 체내 순환과정은 해부 등을 통해 육안으로 관찰할 수 있는 것이 아니므로 불교의 과학적 설명에 다시 한 번 감탄하게도 되지만, 그보다도 어떻게 이런 사실을 알 수 있는지 그 원리가 궁금해진다. 추측해 본다면 이 과정이 삼매에 든 상태에서 이루어진다는 사실을 고려할 수밖에 없다. 일상적으로 우리는 자신이 호흡을 하고 있는지 여부를 느끼지 못한 채 생활하지만 호흡에 집중하게 되면 숨이 코로 들어와 기도를 통과하는 정도까지는 감지할 수 있다. 그런데 삼매에 들면 감각이 고도로 예민해지기 때문에 숨이 폐와 심장 그리고 신체의 각 말단에까지 이르는 것도 느낄 수 있지 않을까. 그렇다면 육묘문의 네 번째 단계인 관식(觀息)에서 신체 전체를 본다는 것도 가능하다고 생각된다. 여기서 '본다'는 것은 육안으로 보는 것을 의미하는 것이 아니고 촉감을 통해 느끼는 것을 이렇게 표현한 것일 수도 있고, 혹은 촉감이 시각정보로 전환되는 공감각(共感覺, synesthesia)을 통해 실제 눈으로 보는 것처럼 지각되는 것일 수도 있다.

2) 16특승(特勝)

수식관의 두 번째 방법으로 16특승이 있다. 호흡의 수를 세는 수행인 수식은 어두운 마음으로 다만 숫자만 셀 뿐으로 관행(觀行)이 없다. 즉 지(止)의 성격이 강하여서 집중이 속히 이루어진다는 장점이 있지만 삼매를 증득할 때 아견(我見)이나 아만(我慢)과 같은 번뇌가 함께 생기는 경우가 많다. 그러나 호흡 수행의 초기부터 관을 함께 행하면 호흡의 무상함과 이 호흡에 의지하여 유지되고 있는 수명의 허망함을 쉽게 볼 수 있어서 이러한 병폐가 생기지 않는다. 호흡과 관행을 동시에 하기 위해서는 숨을 세는 수식이 아니라 숨을 따라가는 수식(隨息)을 기본으로 한다. 호흡을 하는 것은 육묘문의 첫 시작과 같이 느리면서도 면면히 이어지도록 하되 코끝에서 시작하여 배꼽, 발끝까지 이어지는 호흡을 의식이 따라다니는 것이다. 이때 호흡의 상이나 신체의 변화 등을 놓치지 않고 자각하는 것이 특승의 방법이다. 『증일아함』 「안반품」에서 석가모니불께서 라홀라 [羅雲]에게 특승 수행을 가르치니 라홀라가 그대로 수행하는 내용이 있다. 간략히 중요한 부분만 소개해 보면 다음과 같다.

> 어떤 비구가 몸과 마음을 바르게 하고 결가부좌하여 다른 생각 없이 뜻을 코끝에 매어두고는 내쉬는 숨이 길면 길다고 알고, 들이쉬는 숨이 길면 길다고 안다. 내쉬는 숨이 짧으면 짧다고 알고 … 내쉬는 숨이 차가우면 차다고 알고 … 들이쉬는 숨이 따뜻하면 역시 따뜻하다고 안다. 온몸에서 숨이 들어가는 것과 나가는 것을 관찰하여 모두 안다. 숨이 있을 때는 있다고 알고, 숨이 없을 때도 없다고 알며, 숨이 심장에서 나오면 심장에서부터 나오는 것을 알고, 숨이 심장으로 들어가면 역시 심장으로 들어가는 것을 안다.

호흡을 하면서 단순히 숫자를 세는 것이 아니고 그 상을 그대로 놓치지 않고 자각하라는 내용이다. 이 경문에서도 "숨이 심장에서 나오고 들어가는 것을 안다."고 말하고 있는 점이 주목된다. 이렇게 숨의 순환을 자각하면서 삼매가 점차 깊어지는 내용은 여러 경론마다 조금씩 설명이 다르지만 정돈된 형태로는 16법으로 정리된다. 다만 이 16법에 대해 명칭을 붙이지 않은 경전도 있고 『수행도지경』에서는 '수식16특승'이라고 부르는데 천태대사의 풀이를 따라 16특승으로 호칭하기로 하고 그 내용을 살펴보기로 한다.

16특승이란 ① 숨이 들어오는 것을 아는 것, ② 숨이 나가는 것을 아는 것, ③ 숨의 길고 짧음을 아는 것, ④ 숨이 몸에 두루 퍼짐을 아는 것, ⑤ 신체의 모든 작용을 제거함, ⑥ 기쁨을 느낌, ⑦ 즐거움을 느낌, ⑧ 마음의 모든 작용을 느낌, ⑨ 기쁨을 지음, ⑩ 마음을 다잡는 것, ⑪ 마음이 해탈함, ⑫ 무상을 관함, ⑬ 나가서 흩어짐을 관함, ⑭ 욕망을 관함, ⑮ 멸함을 관함, ⑯ 버림을 관함을 말한다.

첫 번째와 두 번째 단계인 숨이 들어오는 것을 아는 것[知息入]과 숨이 나가는 것을 아는 것[知息出]이란 말 그대로 호흡을 하면서 숨의 모습을 자각하는 것을 말한다. 마치 성문에 수문장이 있어서 들어오고 나가는 사람들을 모두 관찰하는 것처럼 자신의 호흡을 있는 그대로 보는 것이다. 그리하여 마음이 미세해지면 숨이 들어올 때는 코끝으로부터 배꼽에 이르고 숨이 나갈 때는 배꼽에서부터 코에까지 이르는 것을 안다. 이처럼 호흡을 비추어 보아도 산란하지 않은 단계가 되면 호흡의 거칠고 미세한 상을 알게 된다. 즉 들숨은 거칠고 날숨은 미세하다. 왜냐하면 들어오는 기운은 원활하고 급하므로 상이 거칠고 나가는 숨은 껄끄럽고 느리므로 미세한 것이다. 숨이 들어올 때는 가볍고 나갈 때는 무겁다는 것을 안다. 들어온 숨은 몸 안에 있으므로 몸을 가볍게 하고 내쉴 때는 몸에 바람의 기가 줄어들게 되므로 몸이 무겁게 느껴지는 것이다. 숨을 들이쉴 때는 매끄럽고 내쉴 때는 껄끄럽다는 것도 안다. 숨은 외부로부터 들어오는데

246

바람의 기운은 원활하므로 매끄럽고 안으로부터 내쉴 때는 안의 찌꺼기가 몸의 모공을 막기 때문에 껄끄러운 것이다. 또 들숨은 차갑고 날숨은 따뜻한 것도 안다. 숨이 바깥에서 올 때는 차가운 기운이 들어오는 것이니 차고 안에서 나갈 때는 몸의 더운 기운이 나가는 것이므로 따뜻하다. 들숨일 때는 짧고 날숨일 때는 길다는 것도 안다. 들어오는 호흡은 원활하여 쉽게 다하므로 짧고 나가는 숨은 껄끄러워 다하기 어려우므로 오래 걸리는 것이다. 이리하여 호흡으로 인해 일체의 고통과 번뇌가 있게 되며 생사를 오가면서 쉬지 않고 윤회하게 됨을 깨닫게 되니 놀라고 두려운 마음이 생긴다. 수행자가 호흡을 따라가면서 호흡에 이러한 여러 가지 상이 있음을 아는 것이므로 숨이 들어오고 나가는 것을 아는 것이라고 한다.

세 번째는 숨의 길고 짧음을 아는 것[知息長短]이다. 이는 수식을 하다가 욕계정을 증득했을 때와 유사한데, 그때는 정이 밝고 깨끗하지만 호흡의 상을 도무지 자각하지 못한다. 하지만 여기서는 처음 욕계정을 얻을 때 호흡의 길고 짧은 상을 모두 안다. 즉 정에 들었을 때 들숨은 길고 날숨은 짧다고 안다. 왜냐하면 마음이 안에 고요히 머물게 되면 호흡은 마음을 따라 안으로 들어오게 되어 들숨이 길고, 마음이 바깥 경계에 반연하지 않아서 날숨이 짧아지기 때문이다. 또한 호흡이 길면 마음이 미세하고 짧으면 마음이 거칠다는 것도 안다. 마음이 미세하면 호흡이 미세해지고 호흡이 미세하면 코에서 배꼽까지 미미하고 천천히 숨이 들어오고 나갈 때도 마찬가지이므로 길어지게 된다. 또한 실제 호흡은 짧은데도 길게 느끼면 정이 미세한 것이고 긴 호흡을 짧게 느끼면 정이 거친 것이다. 예를 들어 호흡이 코에서 시작하여 가슴에서 끝나면 가는 길이 짧은 것인데 이 때 마치 시간이 오래 걸려 배꼽까지 이르는 것처럼 느껴지는 경우가 있으니, 이것이 바로 가는 길은 짧은데 시간이 길다고 한다. 이렇게 호흡하는 시간이 길고 짧음을 느끼는 가운데 무상함을 안다. 즉 마음이 일어나고 멸하는 것이 일정하지 않아서 호흡이 길기도 하고 짧기도 하여 다양하게 나타나는 것이다. 그러므로 이 정을 얻을 때는 무상을 깨닫는 것이 더욱 명확해진다.

네 번째 숨이 몸에 두루 퍼짐을 아는 것[知息遍身]은 미도지정에 해당한다. 수식을 통해 들어가는 근본선의 미도지정에서는 허공에 뜬 것과 같이 몸에 대한 아무런 느낌이 없는데 사실은 몸에 대한 감각이 없는 것이 아니지만 아직 심안(心眼)이 열리지 않아서 보지 못할 뿐이다. 지금 특승을 수행하여 미도지정이 일어날 때도 역시 몸이 빈 듯이 정에 들어가지만 점차 몸이 구름이나 그림자처럼 단단하지는 않지만 있다는 것을 느끼게 된다. 그리하여 나가고 들어오는 숨이 몸 전체의 모공에 두루 퍼져 있음을 깨닫는다. 이때도 역시 호흡의 길고 짧은 모양 등을 알면서 호흡이 들어오면 쌓이지 않고 나가면 흩어짐이 없어서 무상하게 생멸하고 있음을 보게 된다. 몸이란 공한 것이고 지금 일어난 정법 역시 인연이 화합하여 생긴 것으로서 실체가 없는 법임을 보게 된다. 그리하여 몸이나 정에 대해서 집착하지 않게 된다.

다섯 번째부터 여덟 번째까지 신체의 모든 작용을 제거하는 것[除諸身行], 기쁨을 느끼는 것[受喜], 즐거움을 느끼는 것[受樂], 마음의 모든 작용을 느끼는 것[受諸心行]은 초선에 들어갔을 때 나타나는 지림공덕으로서 각·관과 희·락·일심지가 일어나면 그것을 사실 그대로 아는 것이다. 수식을 통해 들어가는 근본 초선에서는 지림이 일어날 때 그대로 그 감정에 매몰되는 것이 보통인데 지금 특승에서는 그 마음이 일어남을 그대로 자각하고 또한 그것이 무상하게 변천하는 것임을 사실 그대로 알아서 그것에 집착하지 않는다. 초선의 각과 관은 팔촉에 의거하여 일어나는 것으로서 신업과 구업, 즉 신행에 속하는데 이를 사실 그대로 자각하여 지켜보면 그것에 집착하지 않게 되므로 '신행(身行)을 제거한다'고 한 것이다. 다음 아홉 번째인 기쁨을 짓는 것[心作喜]과 열 번째인 마음을 다 잡는 것[心作攝]은 제2선의 내정(內淨)·희지(喜支)와 일심지(一心支)가 일어났을 때 그것을 자각하고 사실대로 아는 것이다. 열한 번째 마음이 해탈하는 것[心作解脫]은 제3선의 낙지(樂支)를, 열두 번째 무상을 관하는 것은 부동정인 제4선이 일어났을 때 그것을 그대로 아는 것이다. 이어서 나가서 흩어짐을 관하는 것[觀出散]은 공처정에, 욕망을 관하는 것[觀欲]은 식처정에, 멸함을 관하는 것[觀滅]은 무소유처정에, 버림을 관하는 것[觀棄捨]은 비유상비무상처정에 짝하여 각각 그 상태를 사실 그대로 관찰하여 아는 것이다. 이에 대한 자세한 내용은 『차제선문』 권7을 참조하기 바란다.

이 16특승의 핵심은 수식관이 진전되면서 처음부터 끝까지 수행 자체에 매몰되지 않고 자신의 마음에 관찰자를 세워 자신에게 일어나는 변화를 놓치지 않고 자각하며 아는 것에 있다. 자신의 신체와 마음에서 일어나는 일체의 일을 영화를 보듯이 무심하게 바라보는 것이다. 신체와 마음의 변화를 바라보는 가운데 그것이 잡을 수 없고 무상하게 변화하는 것임을 자연히 알게 되어 애착을 일으키지 않는다. 나아가 몸과 마음이 자성이 없는 공임을 깨닫는 무루(無漏) 지혜가 생길 수 있으니, 특승 가운데는 정도 있고 관도 있다. '특별히 수승한 법[特勝]'이라고 부르는 것은 이러한 장점에 기인한다. 석가모니불이 제자들에게 부정관을 가르쳤을 때 일부 탐욕심이 적은 사람들이 자살을 하자 수식관으로 수행을 바꾸도록 하였을 때 행하였던 것도 16특승이다. 현재 남방 상좌부 불교에서 주로 행하는 위빠사나(vippassana), 즉 호흡이나 신체 동작 등을 있는 그대로 자각하고 감정이나 마음상태를 놓치지 않고 관찰하는 사띠(sati) 수행은 바로 이 16특승의 초기 단계 행법과 유사한 것이라고 할 수 있다.

제5장 · 부정지관(不定止觀)의 원리와 형태

지금까지 대치관(對治觀), 즉 장애를 제거하기 위한 수행법이라는 제목으로 설명한 여러 행법들은 천태의 삼종지관 가운데 점차지관의 기초적 단계에 속하는 내용들이다. 점차지관의 체계에서는 이보다 더욱 닦기 어렵고 깊은 단계의 수행으로서 통명관(通明觀)이나 십상(十想), 팔배사(八背捨), 구종대선(九種大禪) 등이 있지만 전술하였듯이 위의 수행 어느 한 가지만으로도 도를 깨치는 것이 가능하므로 여기서는 설명을 생략한다. 비유하면 해발 2천 미터가 되지 않는 지리산을 오르기보다 9천 미터에 육박하는 에베레스트산을 등반하는 것이 한결 어려운 일이겠지만 낮은 산에서도 등반의 묘미와 삶의 이치를 깨달을 수 있는 것과 같다. 이것이 가능한 이유는 낮은 산에도 계곡과 능선, 평탄한 길과 경사가 심한 길 등 산의 이치가 다 갖추어 있기 때문이다.

천태지관 가운데는 또한 다음 장에서 기술할 원돈지관도 있다. 원돈지관은 여러 가지 수행법을 종합적으로 닦아나가면서 수행계위를 단계적으로 분리하지 않는 행법이다. 점차지관이든 원돈지관이든 궁극적으로 모든 법의 진실한 모습, 즉 제법실상(諸法實相)을 깨닫는 것이 목적이지만 수행이 진전되는 과정에서 발현하는 삼매는 다양한 모습으로 나타난다. 그 이유는 과거에 닦았던 숙업과 현재의 근기 그리고 수행환경이 다르다는 것에서 찾을 수 있다. 같은 수행으로 시작하여도 사람마다 수행의 진전 과정이 다르게 나타나는 것을 부정지관(不定止觀)이라고 한다. 하지만 이들 수행을 관통하는 원리는 전술하였듯이 지와 관 두 가지로 요약할 수 있고 이를 조금 더 확대한 것이 육묘문(六妙門)이다. 육묘문은 앞절에서 수식관의 한 방법으로 설명하였지만 이 여섯 가지 법을 기축으로 삼아 수행 내용을 전반적으로 점검하면 선정의 진전 과정과 도를 증득하는 양상을 몇 가지 유사한 형태로 묶을 수 있다. 이렇게 지관수행이 부정으로 발현하는 모습을 설명한 것이 부정지관이고 이를 기술하고 있는 책이 『육묘법문』이라는 1권짜리 저술이다. 이번 장에서는 이를 토대로 지관수행이 진전되는 원리와 발현하는 다양한 형태, 즉 부정지관의 핵심을 정리하고자 한다.

천태대사의 정의에 의하면 부정지관(不定止觀)이라는 것은 별도로 위계가 없으며, 점차지관을 행하다가 원돈지관으로 되기도 하고 원돈을 수행하다가 점차가 되기도 하는 것을 말한다. 또 얕은 것과 깊은 것이 서로 뒤바뀌기도 하니 이는 수행인마다 근기와 업보가 제각각이어서 발현하는 법이 다르게 나타나기 때문이다. 도를 닦는 방법은 간략히 말하면 지와 관이 되고 세분하여 말하면 수·수·지·관·환·정이 되니 이를 육묘문이라 한다. 이 여섯 가지 법은 모든 선정에 공통되며 이 묘한 법을 통하면 능히 열반에 이를 수 있기 때문에 '문(門)'이라고 한다. 육묘문은 정해진 수행 단계가 없어서 욕계정이나 미도지정 등 낮은 삼매 단계에서도 이 여섯 법을 묘하게 행하여 여섯 번째 정심(淨心)을 성취하면 무루의 지혜를 얻을 수 있는 것이다. 앞의 수식관에서 설명하였지만 먼저 호흡을 세는 안반법에 의거하여 차례로 진전되는 점차지관의 상으로 여섯 법의 이치를 간략히 설명한 뒤 부정지관의 다양한 모습을 밝히고자 한다.

① **수(數)** _____ 수행자가 거칠거나 끊어지지 않는 고요한 호흡을 하면서 들숨이나 날숨의 수를 센다. 하나부터 열까지 세면서 마음을 오로지 숫자 세는 데에만 붙잡아 매어서 흩어지지 않도록 한다. 이것을 수(數), 즉 숫자를 세는 수행이라고 한다. 그리하여 하나부터 열까지 세는 것에 큰 힘이 들지 않게 되면 마음이 호흡에 저절로 머물게 된다. 호흡하는 것이 응집되어 마음의 상이 점차 미세해지면 숫자 세는 것이 거추장스럽게 여겨지게 된다. 그때 수행자는 숫자 세는 것을 버리고 따라가는 수행을 하여야 한다.

② **수(隨)** _____ 들고 나는 호흡에 의식이 따라가는 것을 수(隨), 즉 따라가는 수행이라고 한다. 마음을 호흡에 머물러 의식이 분산되지 않도록 한다. 그리하여 마음이 점차 미세해져서 길거나 짧은 것, 따뜻한 것이나 차가운 것 등 숨의 상을 느끼고 나아가 온 몸 전체에서 호흡이 이루어지는 것을 안다. 입식(入息)과 출식(出息)이 임의롭게 서로 의지하고 사유가 편하게 응집되어 고요해지면 이것을 따라가는 것과 상응하였다고 한다. 상응이 이루어지고 나서 따라가는 것이 거추장스럽게 느껴지면 이것을

버리고 싶은 욕구가 일어난다. 마치 심하게 피로하면 잠을 자고 싶어지면서 여러 가지 업무들이 즐겁지 않은 것과 같다.

❸ 지(止) _____ 수(隨)의 수행이 성취되면 다음으로 지를 닦는데 지의 방법으로는 한 가지 대상에 마음을 묶어두는 계연지(繫緣止), 마음을 제어하는 제심지(制心止), 진여를 체득하는 체진지(體眞止)가 있다. 이 가운데 수행이 여섯 단계로 진행되는 육묘문에서는 제심지를 사용한다. 제심지란 모든 대상에 대한 생각을 쉬고 호흡의 숫자를 세거나 호흡을 따라간다는 생각을 하지 않으면서 마음을 고요히 응집하는 방법이다. 이것을 계속 수행하면 몸과 마음이 텅 빈 듯이 삼매에 들어가는 것을 느끼면서 자신이나 외부의 형상을 보지 않게 된다. 욕계정이나 미도지정 등의 정법(定法)이 마음을 지탱하면서 자유롭게 부동의 상태가 된다. 이때 수행자는 "지금 이 삼매는 비록 적정(寂靜)하기는 하지만 지혜의 방편이 없어서 생사를 깨뜨릴 수 없다."고 생각하고 관의 단계로 넘어간다.

❹ 관(觀) _____ 관에는 세 가지 종류가 있으니 첫 번째는 혜행관(慧行觀)으로서 진여(眞如) 자성을 보는 지혜가 작용하는 관이다. 두 번째는 득해관(得解觀)이니 바로 구상과 같은 가상관(假想觀)을 말하고, 세 번째는 실관(實觀)으로서 현상으로 나타나는 사실 그대로 관하는 것이다. 지금의 육묘문은 실관을 사용하여 정법(定法)을 성취한 이후에 혜행관을 써서 실상의 이치를 관하여 도에 들어가는 것이다. 여기서 실관이란 진실 정관(正觀)을 가리키는 것이 아니고 나타난 현상을 사실 그대로 보는 관이라는 의미이다. 중생이 한 시기에 받는 과보는 실로 사대(四大)를 기본으로 삼아서 부정한 36물로써 이루어진 것이지만 범부들은 무명에 덮여 그대로 보지

못하고 이것에 집착한다. 그러나 욕심과 선입견을 버리고 자세히 관찰하면 심안이 열려서 사실을 그대로 보게 되므로 실관이라고 한다. 실관을 수행하는 법은 다음과 같다. 수행자가 삼매에 든 가운데 자신의 몸 전체에서 미세하게 출입하는 호흡을 관찰하여 그것이 허공중의 바람과 같고, 피부와 근육, 뼈와 살 등의 36물은 마치 양파처럼 알맹이가 없으며 안이나 바깥이 모두 깨끗하지 못하니 심히 혐오스럽다는 것을 본다. 다시 삼매 가운데서 맛보는 기쁨, 즐거움 등의 느낌은 모두 사라질 수밖에 없는 것이기 때문에 결국 괴로움이라는 것을 관찰한다. 또한 선정 중에 일어나는 심식은 무상하게 생멸을 거듭하여 한 순간도 머물지 않으므로 붙잡을 수 없다는 것과 선정 중에 일어나는 선과 악 등의 법은 모두 인연법이어서 자성이 없다는 것도 관한다. 이와 같이 관할 때 전도된 마음을 깨뜨리고 인상(人相)이나 아상(我相)을 얻지 못하게 되니 선정이 무엇을 의지하게 되겠는가? 이것이 관을 수행하는 모습이다. 이처럼 관을 잘 행하면 몸 전체에 두루 퍼져 있는 모공에서 호흡이 출입하는 것을 실제로 느끼게 된다. 심안이 밝게 열려서 자신을 이루고 있는 36물과 몸 안의 벌레 구멍들을 명철하게 보게 되니 안과 밖이 모두 깨끗하지 못하며 온갖 고통이 핍박하고 있음을 알게 된다. 찰나마다 변하고 있는 일체의 법들은 모두 자성이 없으니 마음에 슬픔과 기쁨이 교차하며 의지할 것이 없게 되고 사념처를 얻어서 네 가지 전도가 깨어진다. 이를 관과 상응한 것이라고 한다. 이렇듯 관을 통한 이해가 일어날 때 마음이 관하는 경계를 대상으로 분별하고 분석하면서 지각하는 작용이 마음을 동요하게 만들면 진실한 도가 아니다. 그때는 응당 관을 버리고 환을 닦아야 한다.

⑤ 환(還) _____ 관하는 작용은 마음으로부터 일어나는 것이지 관하는 대상이 가지고 있는 속성에서 비롯된 것이 아니다. 그럼에도 불구하고 경계를 따라가며 분석한다면 근본을 놓치는 것이 되므로 응당 관하는 이 마음이 어디에서부터 생긴 것인가를 돌이켜 관해야 한다. 관하는 마음은 본래부터 있는 것이 아니고 어디서 생기는 것도 아니어서 '있다'고 정의할 수 없다. 관하는 마음이 없다면 관하는 대상도 역시 있다고 할 수 없다. 마음과 대상은 같은 것이 아니지만 경계가 없으므로 분리되어 있는 것도 아니다. 관하는 주관과 대상을 분별하는 마음을 모두 잊는 것이 근원에 돌아가는 요점이니 이를 일러 환(還)을 수행하는 것이라고 한다. 이리하여 마음속의 지혜가 개발되어 애써 공력을 들이지 않아도 자연히 집착하는 마음을 깨뜨릴 수 있게 되고 마음의 본원에 돌아가게 되는 것을 환과 상응하는 것이라고 한다. 환과 상응하게 된 뒤에 수행자가 경계와 분별지를 여의고 이들이 없는 경지로 돌아가려 하면 오히려 경계와 분별지의 계박을 벗어날 수 없음을 알아야 한다. 마음이 한쪽을 따라가는 것이기 때문이다. 이때는 환을 버리고 정의 도에 마음을 안주하여야 한다.

⑥ 정(淨) _____ 색이 청정함을 알면 망상 분별이 일어나지 않는다. 수·상·행·식 역시 청정함을 알면 분별이 일어나지 않는다. 청정하다는 것은 전체가 흰색인 도화지와 같아서 경계를 구분할 수 없다는 것이고 따라서 걸릴 것도 없다는 말이다. 이것과 저것, 나와 남을 나누는 것은 망상의 소산이다. 이러한 분별의 때를 씻어내고 자아라고 집착하는 때를 버리는 것을 정(淨)을 수행하는 것이라고 부른다. 요점만을 들어 말한다면, 만일 마음이 본래 청정함을 따를 수 있다면 정을 수행하는 것이

라고 부른다. 이때는 수행하는 주체나 대상도 없고 청정함과 부정함도 없다. 이렇게 수행할 때 활연히 마음과 지혜가 상응하여 걸림 없는 방편이 저절로 개발되고 삼매가 바르게 일어나며 마음에 의지하는 바가 없게 된다. 이리하여 정(淨)을 증득하게 되는데 여기에는 두 종류가 있다. 첫 번째는 상사증(相似證)으로서 오방편위(五方便位)와 같이 유사한 무루의 지혜가 일어나는 것이다. 두 번째는 진실증(眞實證)으로서 참된 무루 지혜가 일어나는 것이다. 삼계의 번뇌 때가 다 없어지기 때문에 청정함을 증득한다고 부른다.

위와 같이 육묘문을 차례로 닦아 도를 성취하는 것은 『육묘법문』에서 차제상생육묘문(次第相生六妙門)이라고 부르고 있는데 이 여섯 법은 모든 수행의 근본 원리가 된다. 때문에 삼세의 모든 부처님들이 도에 들어가는 처음에는 육묘문을 근본으로 삼으며 보살이 육묘문에 잘 들어가면 일체의 불법을 갖출 수 있다고 한다. 예를 들어 처음의 수(數)법을 통해서 사선이나 사무량심, 사무색정을 성취할 수 있고 수(隨)법을 통해서는 16특승을, 지를 통해서는 오륜선을, 관을 통해서는 구상이나 팔념 등을, 환을 통해서는 삼삼매나 중도정관을, 정을 통해서는 구종대선을 성취할 수 있다. 이를 역별대제선육묘문(歷別對諸禪六妙門)이라고 한다. 이 두 가지는 육묘문이 점차지관에 응용되는 모습이다.

또 이 여섯 법은 원돈지관을 수행할 때에도 작용하니 이 여섯 법이 모두 한 마음에서 나오는 것임을 관하는 관심육묘문(觀心六妙門)과 한 마음에 여섯 법이 그대로 갖추어져 있어서 한 가지를 관하면 곧 일체를 보게 되어 하나와 여섯이 같은 것도 아니고 다른 것도 아님을 깨닫게 되는 원관육묘문(圓觀六妙門)이 그것이다.

이와 달리 이 육묘문이 부정지관으로서 작용하는 모습은 다음과 같은 것이 있다.

첫째, '편의에 따라 닦는 육묘문'이라는 의미로서 수편의육묘문(隨便宜六妙門)이라고 하는 방법이 있다. 이는 여섯 법을 차례로 반복해서 닦아보아 자신에게 맞는 법이 나타나면 그것을 집중적으로 수행하는 것을 말한다. 즉 마음을 모아 호흡을 세는 수(數)법을 행하다가 다음에 호흡에 의식이 따라가는 수(隨)법으로 바꾸고 내지 환과 정으로 차례로 바꾸어 행하여 본다. 이렇게 각 법을 여러 날씩 행한 뒤 다시 처음의 수로 돌아가 마지막 정법에 이르는 것을 수차례 반복하여 자신에게 편안하게 느껴지는 행법이 있으면 그것을 선택하여 집중적으로 닦는 것이다. 이렇게 하면 수행과보를 빠르게 얻을 수 있으므로 편의에 따른 육묘문이라고 부른다.

둘째, 장애가 나타나면 그것을 다스리는 법을 사용하는 것으로서 수대치육묘문(隨對治六妙門)이라고 부른다. 대치(對治)란 '(한 가지를) 상대하여 다스린다'는 의미로서 탐욕을 대치하는 부정관, 진심을 대치하는 자비관 등으로 사용한다. 수행의 진전을 가로막는 장애는 세 가지가 있다고 대·소승 경론에서 공통으로 열거하고 있으니 이를 삼장(三障)이라고 부른다. 먼저 평소 계를 청정히 지키거나 마음을 조섭하는 연습이 잘 되지 못하여 좌선 중에 마음이 지나치게 산란하거나 반대로 혼침에 빠지는 것은 과거의 업이 현재 과보로서 발현한 보장(報障), 즉 이숙장(異熟障, vipākāvaraṇa)이 일어난 때문이다. 그러면 수 내지 지의 방법을 사용하여

260

이를 다스리도록 한다. 다음에 좌선하는 중에 삼독으로 집약되는 번뇌장(煩惱障, kleśāvaraṇa), 즉 현행하는 업이 일어나는 경우가 있는데, 탐욕이 치성하면 구상 등의 부정관을 닦고 진에심이 강하면 사무량심 등 자비관으로 대치한다. 이들은 모두 육묘문 가운데 관(觀)에 속하는 방법이다. 또 사견과 같은 우치심이 강하게 일어난다면 12인연관 등을 통해 마음의 본성을 비추어 보아야 하니 이는 환(還)법을 사용하여 대치하는 것이다. 마지막으로 전생이나 현생에 지은 업이 아직 과보로서 발현하지 않아서 생기는 장애를 업장(業障, karmāvaraṇa)이라고 하는데 이때는 정(淨)법을 사용하여 대치한다. 즉 좌선 중에 홀연히 깜깜해져서 경계를 잃게 되는 흑암업(黑闇業)이 일어나면 청정한 32상을 갖춘 응신불을 염하고, 무섭거나 나쁜 악념(惡念)이 일어날 때는 일체종지를 갖춘 보신불을, 나쁜 경계가 핍박할 때는 청정한 법신불을 염하여 대치한다. 청정한 부처님을 염불하는 것은 육묘문 가운데 정(淨)법에 속한다.

셋째, 수(數)법을 행하면 그 안에 나머지 다섯 법이 포함되고, 내지 정(淨)법을 닦아도 나머지가 모두 그 안에 포함되는 것을 상섭육묘문(相攝六妙門)이라고 한다. 예를 들어 호흡을 세는 수(數)법을 행한다면 의식이 호흡을 따라가며 세는 것이므로 수(隨)법이 그 중에 있게 되고, 호흡에만 의식을 집중해야 하므로 지(止)법이 포함되며, 호흡과 숫자를 분명히 인식해야 하므로 관(觀)법도 그 가운데 포함된다. 수를 세다가 다른 생각이 끼어들면 얼른 자각하여 수식에 마음을 돌려야 하므로 환(還)문이 되고, 수를 세는 마음에는 오개나 거친 번뇌들이 사라져 고요하므로 정(淨)문에 포함되는 것이다. 한 가지 용어의 정의가 고정되어 있지 않아서 다양한 의미로 자유자재하게 사용될 수 있음을 보여주고 있다.

넷째, 여러 근기의 수행자들이 육묘문을 공통적으로 수행하여도 바라는 바가 달라 증득하는 것이 개별적으로 다르게 나타나니 이를 통별육묘문(通別六妙門)이라고 부른다. 예를 들어 둔근기의 범부 수행자가 수식 등을 행할 때 삼매에 들어 선정락을 누릴 것을 바라는 마음이 강하다면 마업(魔業)을 일으키는 것이라고 부른다. 성문승의 수행자는 수식 등을 닦으면서 이 법이 고(苦)임을 관하고 내지 멸성제를 관하게 되므로 이 수행을 통해 생사를 벗어나는 결과를 가져오고, 연각승의 수행자는 수식이 유(有)에 해당함을 알아 유의 원인인 취(取), 애(愛) 등으로 점차 거슬러 관함으로써 연기법에 통달하게 된다. 이에 비해 대승 수행자는 중생을 안락하게 하고 불지(佛智)를 얻기 위해 육묘문을 닦으므로 수식을 행할 때는 호흡이 신기루와 같아서 생사도 아니고 열반도 아니며, 버릴 것도 얻을 것도 아님을 알아 중도에 들어가게 되는 것이다.

다섯째, 중생이란 이름뿐이어서 실체를 잡을 수 없는 공한 것이지만 인연화합에 의해 가법(假法)으로 있는 존재이다. 이렇듯 실체가 있는 것도 아니고 없는 것도 아닌 중생에게 이익을 주려는 큰 서원을 세우고 보살지에 오른 수행자만 닦는 육묘문이 있으니 이를 선전육묘문(旋轉六妙門)이라 한다. 이들이 호흡을 세는 수(數)법의 수행을 할 때는 호흡이 삼제가 원융하게 갖추어 있는 실상법임을 알아 하나에서 열까지 세는 과정에서 호흡이 신기루와 같지만 이로 인해 생명이 유지됨을 분명하게 깨닫는다. 호흡의 자성이 공이지만 이로 인해 일체 세간의 선악인과와 25유 생사가 생겨나니 호흡 한 가지에 일체 세간과 출세간법이 모두 갖추어짐을 안다. 또 호흡 등의 법이 몸이 아니지만 호흡 등을 떠나면 별도로 몸이 있는 것도 아니어서 몸이 몸이 아님을 알게 되므로 자신의 몸도 아낌없이 보시하는 바라밀을 성취한다. 이와 같이 육묘문의 각 법을 행하는 중에 보살이 행하는 무애방편인 선전다라니(旋轉陀羅尼)를 닦게 되므로 선전 육묘문이라고 부른다.

지금까지 살펴본 다섯 가지의 육묘문 수행은 각 법에 고정된 상이 없고 닦아가는 차례가 없으며 증득하는 모습도 다르기 때문에 부정지관이라고 부른다. 그러므로 부정지관은 행법의 체계를 말하는 것이 아니라 점차지관과 원돈지관에 속하는 개별적인 지관 수행에 공통으로 작용하는 원리이고 증득의 발현 양상을 가리키는 용어라 할 것이다.

제6장 • 원돈지관(圓頓止觀)의 수행 방법

원돈지관에서 '원(圓)'이란 '치우쳤다'는 의미인 '편(偏)'의 상대어로서 공제(空諦)나 가제(假諦)의 한쪽에 치우치지 않고 원융한 중도실상을 관한다는 의미이고 '돈(頓)'이란 '점(漸)'에 대비되는 말로서 공관(空觀) - 가관(假觀) - 중관(中觀)의 단계를 밟지 않고 곧바로 삼제원융한 실상을 관한다는 뜻이다. 원돈지관을 수행하기 위해서는 먼저 원교로서 설해지고 있는 제법실상의 법문을 읽거나 들어서 알고 있어야 한다. 변화하는 모든 존재나 법칙[유위법有爲法]의 변치 않는 진실한 모습(특징)이라는 뜻을 갖는 '제법실상(諸法實相)'이라는 용어는 반야부 경전에 매우 많이 등장하고 『대보적경』, 『화엄경』, 『법화경』 등 주요 대승경전에서도 중요한 비중으로 거론되고 있다. 그런데 이 용어에 대한 해석은 크게 두 가지 계통이 있다. 첫번째 해석은 모든 법은 생기지도 않고 사라지지도 않는다[불생불멸不生不滅]는 『중론』의 팔부중도(八不中道)를 바탕으로 하는 입장으로서, 언어로 분별되기 이전 불가득공(不可得空)이 모든 법의 실상이라는 것이다. 두 번째 해석은 진실은 공이지만 인연에 따라 나타나는 잠시의 모습도 역시 실상의 한 측면임을 밝히는 입장으로서 이는 『대지도론』의 설명에 바탕을 두고 있다. 천태학에서는 전자를 통교적 해석이라 하고 후자를 원교적 해석이라 부른다. 연기하는 모든 법의 실체는 공이라는 진리는 삼승에 공통으로 설해진다는 의미에서 통교라 하고, 공뿐만 아니라 가제(속제)와 중도제일의제까지 제법의 다양한 측면을 빠짐없이 원만하게 설한 가르침은 원교라고 부른다.

천태학에서는 제법실상을 논할 때 두 번째 입장을 견지하며 이를 삼제원융(三諦圓融)한 제법실상이라고 부른다. 예를 들어 보자. '산은 높고 들은 평평하다.'(모양), '물은 섭씨 1백도에서 끓어 수증기가 되고 0도에서 얼음이 된다.'(성질), '선행은 즐거운 과보를 받고 악행은 괴로운 과보를 받는다.'(인과) 등은 모두 진리라고 할 수 있다. 그러나 깊이 고찰해 보면 산과 들은 고정되어 있지 않고 수증기와 물과 얼음은 명확히 분리할 수 없으며 선과 악, 즐거움과 괴로움은 상대적이다. 그러므로 이러한 존재나 법칙들의 고유한 모습이나 성질을 한 가지로 정의하거나 그 실체를 붙잡으려는 것은 불가능한 일이다. 일체의 존재나 법칙들이 본질적으로 공간이나 시간적으로 분리되지 않고 경계가 없기 때문에 갖게 되는 이러한 특성들을 자상(自相)이나 자성(自性)이 없다 하고 무아(無我)·무상(無相)이라 하며, 붙잡을 수 있는 고유한 모습이나 성질이 없다는 측면에서는 (불가득)공이라 한다. 하지만 이들의 모습이나 특성, 그들이 갖는 효용이 한시적이나마 있으며, 우리는 그러한 것을 이용하여 생활의 편리를 도모하고 있는 것 또한 사실이므로 이러한 진리를 '세속적인 진리'라는 의미에서 '속제(俗諦, saṃvṛti-satya)'라 하고 천태학에서는 '한시적이고 임시적인 진리'라는 의미로 '가제(假諦)'라고 부른다. 나아가 공이나 가제 어느 한 가지만 가지고 있는 존재는 실제로는 없기 때문에 공도 아니고 가도 아니며, 공이기도 하고 가이기도 한 본연의 진리를 중도제일의제(中道第一義諦)라고 한다. 사실 일체의 유(有), 즉 실체를 부정하는 공이라는 용어는 무(無)와는 같지 않은, 유와 무의 이분법을 초월한 중도의 의미가 담겨 있어서 일체가 공임을 설하는 진리인 진제(眞諦, paramārtha-satya)는 승의제(勝義諦) 또는 제일의제(第一義諦)라고도 번역한다. 그러나 천태대사는 사람들이 속제의 부정이 지나쳐 다시 진제에 집착하여 공의 실체를 찾으려 하는 이른바 악취공(惡取空)에 빠질까 염려하여 공제와 가제 어느 한쪽만 치우치지 않도록 중도제일의제, 줄여서 중제를 제3의 진리로 세웠다. 나아가 또 이 중제에만 집착하는 잘못을 일으킬까 염려하여 삼제 각각은 별개가 아니고 한 가지 법에 모두 갖추어져 있는 세 측면일 뿐이라는 의미인 삼제원융이라는 표현을 통해 제법실상을 해설하고 있는 것이다. 어느 한쪽에 치우쳐 있지 않은 모든 법의 진실한 모습을 언어를 사용하여 원교적 모습 그대로 이해시키기 위한 천태대사의 간절함이 느껴지는 대목이라 할 수 있다.

지관 수행을 통해 도를 얻는다는 것은 이렇듯 원교적 차원의 제법실상을 깨닫는 것인데 여기에는 점차와 원돈의 두 가지 방식이 있다. 먼저 변화하는 일체의 사물이나 심리작용의 관찰을 통해 그 본질적인 모습이나 특성을 얻을 수 없음을 깨닫는 것은 종가입공관(從假入空觀), 줄여서 공관(空觀)이라고 한다. 공의 이치를 깨달으면 일체에 탐욕심이나 미움 같은 집착이 생기지 않으므로 이를 바탕으로 인연생기(因緣生起)하는 현상들을 걸림 없이 있는 그대로 관찰할 수 있게 된다. 중생을 제도하는 보살행을 하기 위해서 이러한 현상들을 사실 그대로 관찰하는 것은 종공입가관(從空入假觀), 줄여서 가관(假觀)이라고 한다. 이 두 가지 관을 방편으로 삼아 삼제원융한 제법실상을 그대로 보는 관법은 중도제일의제관(中道第一義諦觀), 줄여서 중관(中觀)이라고 부른다. 화엄학에서 설하고 있는 4종 법계관을 여기에 대비시키면 공관은 이법계관(理法界觀), 가관은 이사무애법계관(理事無礙法界觀), 중관은 사사무애법계관(事事無礙法界觀)과 유사하다 할 수 있다. 이렇듯 모든 법이 가지고 있는 세 가지 측면, 공제와 가제와 중제를 차례로 관하여 실상을 체득한다면 차제삼관(次第三觀)이라고 부른다. 하지만 원교적 차원에서 보면 공간적으로나 시간적으로 법과 법 사이에 경계가 없는 것이 실상이므로 수행상의 단계를 사실상 분리할 수 없고, 증득하여 얻는 계위도 비슷하게 임의로 설정한 것이다. 성문지에서 밝히는 7현4성이나 보살지에서 구분하고 있는 52위의 계위도 마치 무지개와 같이 각각의 단계 사이에는 명확한 경계선이 사실상 없다. 이는 편의상 가법(假法)으로 규정한 것이다. 때문에 원교의 수행계위는 육즉(六卽)으로써 설명한다. 이즉(理卽) 내지 구경즉(究竟卽)까지 여섯 단계로 구별되는 것은 가제를 반영한 것이고, 모든 단계가 분리되지 않고 상즉(相卽)해 있다는 점에서는 공제를 반영하여 '즉(卽)'이라는 표현을 사용하였다. 분별법인 여섯과 무분별법인 즉을 함께 써서 공·가·중 삼제의 이치를 모두 갖추는 것으로 수행계위를 설명하는 것이다. 이리하여 원교의 수행은 한 찰나에 삼관이 함께 이루어진다는 측면에서는 일심삼관(一心三觀)이라 하고, 차례를 설정할 수 없는 돈법(頓法)으로 세 가지가 모두 갖추어진다는 측면에서는 원돈지관이라고 부른다.

"처음 발심하였을 때 곧 정각을 이룬다."는 『화엄경』의 설법이나 『유마경』의 불이법문(不二法門), "바다에서 목욕하면 일체 모든 강물을 사용한 것"이라는 『열반경』의 법문이 모두 원교의 설법이다. 『법화경』「방편품」에서는 부처님이 체득하는 제법실상을 십여시(十如是)로써 설명하고 있다. 이러한 제법실상의 도리는 수행을 통해 온몸으로 증득해야 온전하게 알 수가 있다. 하지만 수행자가 이러한 법문을 들은 뒤에 의심을 일으키거나 놀라지 않고 청정한 믿음을 가져서 자신의 정견(正見)으로 삼는다면 원돈지관의 수행에 나설 수 있다. 이 수행은 기존의 모든 법을 포괄하고 있으며 진전되는 단계 역시 빠짐이 없다. 이러한 수행을 통해 스스로를 발전시키면서 또한 중생을 제도한다. 이를 천태대사는 "원교의 설법을 듣고 원만한 믿음을 일으키며 원만한 수행을 수립하여 원만한 계위에 머문다. 또한 원만한 공덕으로 스스로 장엄하고 원만한 힘과 작용으로 중생을 제도한다[聞圓法 起圓信 立圓行 住圓位 以圓功德而自莊嚴 以圓力用建立衆生]."고 표현하고 있다(『마하지관』 권1상).

원돈지관의 수행은 크게 다섯 가지 이치로 설명된다. 그것은 ① 큰마음을 일으키는 발대심(發大心) ② 큰 수행을 닦는 수대행(修大行) ③ 큰 과보를 감득하는 감대과(感大果) ④ 큰 의심의 그물을 찢는 열대망(裂大網) ⑤ 열반3덕이라는 큰 곳으로 귀결되는 귀대처(歸大處)이다. 이 가운데 큰마음이란 원교적 입장에서 세운 사홍서원을 말하고, 큰 수행이란 사종삼매와 십경십승관법을 가리킨다. 큰 과보 이후 세 가지는 『마하지관』에 설해 있지 않으나 미루어 알 수 있을 것이다.

먼저 큰마음을 일으키는 것으로서 원교에 의거한 사홍서원(四弘誓願)이란 다음과 같다. 첫째 "중생은 가없으나 모두 다 제도하리라."고 서원한다. 중생은 육도를 통해 끝없이 생겨나지만 중생은 실체가 없다. 또한 범부와 현자, 현자와 성인 사이에도 명확한 경계가 없다. 제도되는 중생에 대해 중생이라는 분별을 일으키지 않고, 제도하는 자신이 보살이라는 생각도 갖지 않는다. 이를 아상·인상·중생상·수자상의 사상(四相) 없이 제도행을 하는 것이라고 말한다. "일체 중생을 제도하여도 실제로 제도되는 중생은 한 명도 없다고 생각해야 한다."는 『금강경』「구경무아분」의 설법은 이러한 인식을 바탕으로 한 것이다. 둘째 "번뇌는 끝없지만 다 끊으리라."고 서원하지만 실제로 끊어야 할 번뇌는 없다고 생각한다. '번뇌즉보리(煩惱卽菩提)'이니 번뇌와 보리의 사이에는 경계가 없어서 번뇌의 실체가 없으며, 가법으로 있는 번뇌라 할지라도 번뇌가 없으면 그것을 풀어낸 보리도 있을 수 없기 때문이다. 셋째 "법문은 한없지만 다 배우리라."고 서원하지만 일체 법이 모두 중도실상임을 안다. 때문에 진리와 비진리, 정견과 사견(邪見) 사이에는 본질적으로 분별할 수 있는 경계가 없으므로 진리를 익히되 그 실체가 없다고 생각한다. 넷째 "불도는 위없지만 모두 성취하리라."고 서원하지만 '생사즉열반(生死卽涅槃)'이니 최종적으로 얻는 아뇩다라삼먁삼보리는 그 실체를 잡을 수 없는 것임을 안다.

이와 같은 마음으로 대 서원을 세운 뒤 이 서원을 채우기 위하여 수행에 나서는 것이 두 번째의 '수대행(修大行)'이다. 이때의 수행이 원교의 수행이니 '원(圓)'이란 모든 것이 남김없이 다 포괄된다는 의미로서 불교의 온갖 교설과 수행법이 여기에 다 담기게 된다. 그러므로 이 수행에는 앞의 점차지관에서 설명한 전 방편이 그대로 사용되고 사선팔정이 있으며 수식관이나 염불관과 같은 대치수행법도 포함된다. 다만 그 하나하나의 법이 모두 실상이고 중도 아님이 없어서 '일즉일체다즉일(一卽一切多卽一)'이라는 전제 아래 단계별로 밟아 올라간다는 생각을 하지 않아야 한다. 이러한 수행을 천태대사는 사종삼매와 십경십승 관법으로 설명하고 있다. 여러 대승경전에 설해진 수행법들을 모아 주로 행하는 외형적 자세를 기준으로 상좌 · 상행 · 반행반좌 · 비행비좌의 넷으로 나눈 것이 사종삼매이고, 이를 통해서 마음으로 관하는 대상과 내용은 십경십승관법이라고 부른다.

01 사종삼매(四種三昧)

대승불교, 특히 원교 수행을 네 종류로 나눈 것이 사종삼매인데, 명칭은 네 종류의 삼매이지만 실제 수행방법에는 예배와 송경, 참회와 참선 등 여러 가지가 종합적으로 포함된다. 수행 내용의 가장 핵심이라 할 수 있는 참선의 방식은 지와 관 두 가지를 행하는 것이다. 천태대사는 네 가지 각각의 행법을 신체작용을 통해 하는 것[身行], 입을 통해 하는 것[口行], 의식을 통해 하는 것[意行]으로 나누어 설명하고 있다. 이 가운데 상좌, 상행, 반행반좌삼매는 기간을 최대 3개월로 정하여 수면 시간도 없이 용맹하게 정진하는 행법으로서 특히 일상적으로 대중들과 함께 수행하는 것이 느슨하다고 생각되어 강한 정진을 통해 보살계위에 오르려 할 때 행하는 것이다. 그리고 비행비좌삼매는 기간을 정하지 않고 일상에서 계속 실천할 수 있는 행법이다.

1) 상좌삼매(常坐三昧)의 행법

상좌삼매(常坐三昧)란 좌선을 위주로 하는 삼매행법이라는 의미로서 일행삼매(一行三昧)라고도 한다. 천태대사는 이 행법이 『문수설반야경』과 『문수사리문경』에 나온다고 하였다. 중국 남북조의 양(梁) 시대에 만다라선(曼陀羅仙)이 번역한 『문수사리소설마하반야바라밀경』 하권에는 일행삼매가 무엇이냐는 문수사리의 질문에 "법계는 한 모양이니 이 법계에 연(緣)을 매어두는 것"이라고 석가모니불이 답변하는 내용이 있다. 이어서 일행삼매에 들어가고자 한다면 먼저 반야바라밀에 대한 설법을 듣고 설한 대로 익힌 연후에 "공한처(空閑處)에 머물러 모습을 취하지 않고 한 부처님에게 마음을 매어두어 그 이름을 오로지 불러야 한다. 부처님 계신 곳을 향해 단정히 앉아 한 부처님을 끊임없이 생각하라."고 설하고 있다. 또 같은 시대 승가바라(僧伽婆羅)가 한역한 『문수사리문경(文殊師利問經)』의 「촉루품」에서는 문수보살이 여래 십호를 염(念)하여 여래의 모습을 보고 그 설법을 듣는 방법을 질문하니 석가모니불께서 여러 행법을 설하는 가운데 "90일간 무아상(無我想)을 수행하라. 정좌하여 다른 생각이 끼어들지 않도록 전념(專念)하되 식사나 경행, 용변을 볼 때를 제외하고는 일어나지 않도록 하라."는 내용이 있다. 이러한 경설을 바탕으로 천태대사는 상좌삼매의 행법을 『마하지관』 권2상에서 세세히 분별하여 설명하고 있으니 요약하면 다음과 같다.

먼저 몸은 항상 결가부좌로 앉아 있어야 하고 다니거나 서거나 눕는 것은 안 된다. 대중들 사이에서 수행해도 좋고 홀로 거처하면 더욱 좋다. 이때는 고요한 방이나 번잡함과 떨어진 공한지에 거처한다. 방석 하나를 두고 옆에는 다른 자리가 없도록 한다. 90일을 한 기한으로 삼는다. 결가부좌하여 목과 척추를 곧게 세우고 움직이거나 흔들거나 늘어지거나 기대지 않는다. 앉을 때 "허리를 상에 기대지 않을 것이며 눕거나 쓸데없이 서지 않을 것이다." 하고 서원한다. 다만 경행할 때나 용변을 볼 때는 제외한다. 서쪽에 모셔 놓은 불상을 향하여 앉으며 잠깐이라도 폐하지 않고 계속 이어서 수행한다. 허용되는 것은 오직 좌선뿐이며 금하는 것은 범하지 않는다. 부처님을 속이지 않고 자신의 서원을 등지지 않으며 중생을 속이지 않도록 한다.

말은 일체 하지 않아야 한다. 일상적인 세속의 말은 물론이고 경전을 외우는 송경(誦經)과 주문을 읊는 송주(誦呪)도 고요함을 방해하므로 하지 않는다. 다만 좌선 중 극도로 피곤하거나 병으로 힘들거나 잠이 몰려오는 등 안팎으로 장애가 침범하여 정념을 유지하기 어렵다면 한 부처님의 명호를 부른다. 이 부처님의 명호를 부르면서 부끄러워하고 참회하며 삼귀의를 한다면 시방 부처님 명호를 부르는 것과 공덕이 같다. 마치 사람이 슬프거나 답답할 때 큰 소리로 노래하면 마음이 풀어지는 것과 같다. 명호를 부르는 것도 이와 같아서 바람이 일곱 곳에 닿아 신업을 이루고 소리가 울려 입술로 나와 구업을 이루면 이 두 가지가 마음을 도와서 기연(機緣)을 이루게 되니 부처님이 이에 감응하게 되는 것이다. 부처님이 감응하는 것은 마치 무거운 물건을 끄는데 혼자 힘으로는 나아갈 수 없을 때 곁의 도움을 빌면 가볍게 끌 수 있는 것과도 같다. 수행인도 마음이 약해져서 장애를 물리치기 어려울 때 부처님 명호를 불러 가호를 청하면 악연이 그의 수행을 깨뜨릴 수 없다. 만일 법문을 깨닫지 못한다면 반야를 해득한 이를 가까이하여 들은 대로 수행하여야 한다. 그러면 능히 일행삼매에 들어가 눈앞에 부처님의 형상이 나타나면서 보살위에 오를 수 있다.

의업으로는 지관을 행해야 한다. 단정히 정좌하고 정념하여 악각(惡覺)

과 어지러운 생각을 제거한다. 악각은 세 가지로 분류하는데 어떤 대상을 강하게 바라는 느낌인 욕각(欲覺), 이것이 이루어지지 않은 것에 대해 화가 나는 에각(恚覺), 화가 나는 대상에 대하여 해를 끼치고자 하는 생각인 해각(害覺)이 그것이니, 이를 삼악각이라고 한다. 자신의 마음을 관하여 이러한 악각이 일어나는 것이 감지되면 마음을 얼른 돌리고, 다른 사유가 끼어들지 않도록 상(相)을 취하지 않는다. 오로지 법계에 마음을 매어 법계만 일심으로 생각하는데, 매어둔다는 것이 바로 지(止)의 수행이고 일심으로 생각한다는 것은 바로 관(觀)을 수행하는 것이다. 일체법이 모두 불법이며 이들은 전후가 없고 끝이나 경계가 없으며 아는 자아도, 설하는 이도 없다고 믿는다. 만일 아는 자아, 설하는 자 모두 없다면 있는 것도 아니고 없는 것도 아니다. 또한 아는 것도 아니고 알지 못하는 것도 아니어서 이 두 변을 떠나 머무는 곳 없이 머문다. 모든 부처님이 편안히 머무는 것처럼 적멸한 법계에 거처한다. 이러한 법은 수행자 스스로 얻은 것이 아니고 수행에 앞서 경전이나 스승의 법문을 통해 익힌 것을 사유하는 것이다. 이러한 심오한 법문을 듣고 놀라거나 두려워하면 수행을 진전시킬 수 없다. 이 법계는 또한 보리라 부르고, 불가사의한 경계라고 하며 반야, 불생불멸이라고도 한다. 이와 같은 일체법은 법계와 다르지 않다. 다르지 않다는 것을 듣고서 의혹을 일으켜서도 안 된다. 이와 같이 관하는 것은 여래의 십호를 관하는 것과 내용이 같다.

2) 상행삼매(常行三昧)의 행법

상행삼매(常行三昧)란 앉아서 닦는 좌선이 아니라 계속 걸으며 염불하는 행법으로서 수행 중 시방에 계신 제불의 모습을 볼 수 있으므로 불립삼매(佛立三昧)라고도 한다. 『반주삼매경』에 의거한다고 하는데 '반주(般舟)'의 원어는 범어 프라티웃파나(pratyutpanna)로서 '(부처님이) 현재 앞에 나타난다.'는 뜻이다. 이 경전 「사사품(四事品)」을 보면 '현재불실재전립삼매(現在佛悉在前立三昧)', 즉 현재 계신 부처님들이 모두 앞에 서 계시는 (모습을 볼 수 있는) 삼매를 속히 얻기 위한 방법에 네 가지가 있다고 석가모니불께서 설하시는 가운데 다음과 같은 내용이 있다. "첫째, 3개월 동안 세간의 생각을 잠깐도 하지 않고 둘째, 3개월 동안 잠깐이라도 눕거나 출타하지 않으며 셋째, 3개월 동안 식사와 용변을 제외하고는 잠깐이라도 쉬거나 앉지 않고 경행하며, 넷째 사람들에게 경을 설하되 의복과 음식을 바라면 안 되니 이를 네 가지 방법이라고 한다." 이와 같이 하면 삼매에 들어 아미타불을 친견하거나, 적어도 꿈속에서라도 부처님을 보게 될 것이라고 한다. 부처님의 모습을 보게 되는 것은 부처님의 위신력과 삼매의 힘 그리고 수행자가 쌓은 본래 공덕의 힘으로 말미암는다고 설명한다. 천태대사는 경전의 이 구절을 근본으로 삼아 더욱 세세한 방법을 밝히고 있다.

먼저 이 수행을 할 때는 악지식과 어리석은 이, 친척과 이웃을 피해 홀로 거처해야 한다. 내외의 계율에 밝아서 장애를 제거할 수 있는 스승이 반드시 필요하다. 이 삼매행법을 가르쳐 준 스승을 부처님처럼 보아 혐오하거나 화내지 말고 그의 장단점을 따지지 말아야 한다. 스승을 종 복이 주인 대하듯 받들어 모셔야 하니, 만일 스승에 대해 악심이 생겼다 면 삼매를 구하려 해도 끝내 얻기 어렵다. 또한 어머니가 자식을 보호하 듯 외호하는 이와 함께 험로를 헤쳐 나갈 수 있는 동행선지식도 필요하 다. 수행에 앞서 도량을 장식하고 불전에 올릴 공양물과 좋은 음식을 준 비한다. 몸을 깨끗하게 씻고 화장실을 출입할 때는 옷을 갈아입는다. 수 행에 앞서 서원을 세우되 "나의 근골이 썩더라도 이 삼매를 익히겠으며 얻지 못한다면 끝내 쉬지 않으리라."라고 한다. 항상 탁발로 연명하며 별 도의 공양을 받아서는 안 된다.

90일을 기한으로 삼아 오로지 불상 주위를 돌면서 입으로는 아미타 불의 명호를 부르고 마음으로는 항상 아미타불을 염하여 쉼이 없어야 한 다. 입으로 부르는 구칭(口稱)과 마음으로 떠올리는 의념(意念)을 함께 행 할 수도 있고, 혹은 먼저 의념한 뒤에 구칭하거나 먼저 구칭한 뒤에 의념 을 할 수도 있다. 중요한 것은 구칭과 의념이 서로 이어져 단절되는 시간 이 없어야 한다는 것이다. 아미타불 한 분을 구칭하는 것은 바로 시방 부 처님의 공덕을 찬탄하는 것과 같으므로 다만 아미타불에만 전념하여 그 를 법문의 주로 삼도록 한다. 요점만 들어 말하면 걸음마다 소리마다 생 각마다 오직 아미타불에게만 향하도록 하는 것이다. 마음으로는 아미타 불이 여기서 서방으로 10만억 불찰을 지나 보배 땅, 보배연못, 보배나 무, 보배로 된 집에서 보살들 가운데 앉아서 경을 설하고 있음을 생각한 다. 상호를 염할 때는 부처님의 32상을 염하는데 발바닥의 천복륜상(千輻 輪相)으로부터 하나하나 상호를 거슬러 올라가 정수리의 무견정상(無見頂

相)에까지 이른다. 또한 무견정상으로부터 차례로 내려와서 천복륜상에 이르며 자신 역시 이러한 상을 얻을 수 있기를 서원한다. 항상 스승을 잘 섬기면서 정해진 기간인 3개월을 마칠 때까지 세간에 대한 욕구를 잠깐이라도 생각하지 않고, 잠시라도 눕거나 출타하지 않는다. 3개월간 계속 행선하면서 식사할 때와 화장실 갈 때를 제외하고는 쉬지 않는다. 아무도 파괴할 수 없는 큰 신심을 일으키고 아무도 미치지 못할 대 정진을 이어간다면 수행자는 아무도 미칠 사람이 없는 큰 지혜를 얻게 된다고 한다.

3) 반행반좌삼매(半行半坐三昧)의 행법

걸으면서 닦는 행도(行道)와 앉아서 닦는 좌선을 섞어서 행하는 수행을 반행반좌삼매(半行半坐三昧)라고 한다. 이 삼매의 근거가 되는 경전은 두 가지로서 『대방등다라니경』에 "이 장구(章句)를 1백 20번 외우면서 불상 주위를 1백 20바퀴 돌고나서 물러나 앉아 사유한다."고 한 구절과, 『법화경』 「보현보살권발품」에서 보현보살이 "그 사람이 다니거나 서 있으면서 이 경전을 독송하거나, 앉아서 이 경전을 사유하면 저는 여섯 개의 어금니가 있는 흰 코끼리[육아백상六牙白象]를 타고 그 사람 앞에 나타나겠습니다."고 한 내용이 그것이다. 『방등다라니경』에 의거하는 수행은 방등삼매라 하고 『법화경』에 의거하여 천태대사가 더욱 상세히 설명한 방법은 법화삼매라고 부른다.

방등삼매(方等三昧)의 수행법은 다음과 같다. 이 삼매는 신명(神明)이 증명을 해야 수행할 수 있다. 먼저 『방등다라니경』에 나오는 단다라왕 등 12신왕(神王) 보기를 기원하고 이들 가운데 한 명이라도 꿈에 나타났다면 참회를 허락한 징표가 되므로 수행을 시작할 수 있는 것이다. 이렇게 자격이 갖추어지면 한적한 곳에서 도량을 장엄하는데, 땅과 실내외에 향기로운 진흙을 바르고 채색을 한 둥근 단을 만든다. 오색 번기를 걸고 전단향(栴檀香)과 등촉을 사르고 높은 법좌를 편다. 24위의 존상을 안치하되 이보다 많아도 무방하다. 좋은 음식을 정성을 다해 진설하고 깨끗한 새 옷과 신을 마련한다. 새것이 없으면 깨끗하게 빨아 입는다. 외부에 출입할 때는 옷과 신을 바꾸어서 수행 중에 사용하는 것과 섞이지 않도록 한다. 7일간 재를 올리는데 이 기간에는 매일 세 차례 목욕하여 청결하게 해야 한다. 첫날은 승가 대중에게 공양을 올리는데, 공양 받는 출가자의 숫자는 정해진 것이 없어서 수행자가 형편을 보아가며 조절할 수 있다. 안팎의 계율에 밝은 분을 스승으로 청하여 24계와 다라니주를 받는데 8일과 15일에 자신이 지은 죄를 스승에게 고한다. 24계란 이 『대방등다라니경』에 설해진 것으로서 "배고픈 중생이 와서 음식과 쉴 곳을 구할 때 그것을 들어주지 않는 것" 등 보살로서 어기지 말아야 할 내용을 담고 있다.

이 수행은 7일을 한 기한으로 삼는다. 기간은 줄일 수 없으며 힘이 닿으면 기일을 늘여서 계속 수행해도 무방하다. 수행자는 10인 이내가 되어야 하며 이를 넘으면 안 된다. 재가자가 함께 참여해도 되는데 이때 재가자는 솔기가 하나인 옷[單縫] 등 3의를 준비해야 한다.

첫날에는 참가자가 한 목소리로 삼보와 열 분의 부처님, 방등다라니,

열 분의 법왕자를 세 번 청한다. 청하는 법은 『국청백록』의 방등참법에 실려 있다. 10불이란 무량수·석가모니·유위(비바시)·식(시기)·수섭(비사부)·구루진(구류손)·구나함모니·가섭불과 과거의 뇌음왕불(雷音王佛)·비법장불(祕法藏佛)을 말하고, 10법왕자란 문수사리·허공장(虛空藏)·관세음(觀世音)·비사문(毘沙門)·허공(虛空)·파암(破闇)·보문(普聞)·묘형(妙形)·대공(大空)·진여(眞如)보살을 말한다. 청하는 것이 끝나면 향을 사르고 염송하며 삼업으로 공양한다. 공양이 끝나면 앞에서 청한 삼보에게 예배한 뒤 지극한 마음으로 눈물을 흘리며 죄를 참회한다. 이것이 끝나면 일어나 존상 주위를 1백 20번 도는데 한 번 돌 때마다 다라니를 한 번씩 외운다. 다라니는 다음과 같다. "나모 구구진샤 톄디이근 나가야미 사바하 다냐타 바기품바 울바다뱌야 바기품바 열바라 아누나다냐타 아누나다냐타 부득구추 바기품바 사바하." 이를 느리지도 빠르지도 않게, 높지도 낮지도 않게 외운다. 돌면서 다라니 외우는 것이 끝나면 10불, 방등다라니, 10법왕자에게 예배한다. 이와 같이 행한 뒤 물러나 앉아 좌선 사유한다. 좌선 사유가 끝나면 다시 일어나 돌면서 다라니를 외우고 이것이 끝나면 다시 좌선 사유한다. 두 번째부터는 청하는 것만 생략하고 나머지 행법은 똑같은데 이렇게 7일을 계속 한다. 여기서 '사유하라'고 한 것은 방등다라니를 사유하는 것이다. 방등다라니는 그 명칭이 마하단특다라니(摩訶袒特陀羅尼)라 하니 이를 번역하면 '대비요(大祕要)로써 악을 막고 선을 지닌다.'는 뜻이다. '비요(祕要)'란 실상 중도의 바른 공을 말한다.

다음에 법화삼매는 3·7일을 기한으로 수행하는데 다음과 같은 열 가지 과정을 거친다. ① 조용한 방을 수행도량으로 정하여 높은 자리에 『법화경』한 부를 모신다. ② 처음 도량에 들어갈 때는 육재일(六齋日)을 골라 향을 넣은 물로 목욕하고 정결한 새 옷을 입고 들어간다. ③ 도량에 들어가 법좌 앞에 방석을 깔고 몸과 입과 마음으로 삼보께 공양 올린다. ④ 지심으로 법화회상의 삼보가 강림하기를 청한다. ⑤ 삼보를 찬탄한다. ⑥ 부처님께 예배드린다. ⑦ 육근참회 및 권청, 수희, 회향, 발원을 행한다. ⑧ 법좌를 오른쪽으로 돌면서 삼보를 생각하고 칭명한다. ⑨ 『법화경』의 전체나 「안락행품」만을 구송한다. ⑩ 자리에 앉아 좌선하여 실상을 관한다. 이러한 행법을 하루 여섯 차례 반복하며 두 번째부터는 삼보를 청하는 것만 생략한다. 행법의 자세한 내용은 천태대사가 저술한 『법화삼매참의』에 나오며, 좌선할 때 제법실상(諸法實相)을 관하는 내용은 다음에 기술할 십경십승관법이 된다.

법화삼매는 중국과 한국의 고승들이 수행하였다는 기록을 다수 볼 수 있다. 천태대사의 스승인 혜사(慧思, 515~577) 선사는 평소 『법화경』을 1천 번 이상 독송하였는데 그가 스승 혜문(慧文)에게 입문한 뒤에 법화삼매를 증득하는 과정을 『불조통기(佛祖統紀)』 6 등에서는 다음과 같이 기록하고 있다.

혜사는 낮에는 승가의 여러 가지 일에 봉사하고 밤부터 아침까지는 가르침을 따라 선정을 닦았다. 이렇게 3·7일이 경과하여 처음으로 얕은 삼매에 들게 되니 자신이 태어난 이후 지은 온갖 선업과 악업의 상이 다 보였다. 더욱 분발하여 용맹하게 정진하였는데 홀연히 사지가 축 늘어지면서 몸이 마음대로 움직이지 않는 선장(禪障)이 일어났다. 혜사는 스스로 관찰하였다. "이 병은 모두 업으로부터 생긴 것이다. 업은 마음에서 일어날 뿐 본래 바깥의 경계가 아니다. 그런데 마음의 근원을 돌이켜 보면 업은 얻을 수 없다." 마침내 장애를 이겨내고 8촉이 일어나 초선(初禪)에 들게 되니 3생 동안 자신이 도를 행한 자취가 보였다. 선정 삼매는 일어났지만 아직 도를 얻은 것은 아니었다. 하안거가 끝나고 자자(自恣)를 행할 무렵 혜사는 탄식하며 말하였다. "옛날 부처님이 세상에 계실 때는 90일을 채우면 도를 얻는 이가 많았는데 나는 지금 헛되이 법랍만 늘이니 심히 부끄럽구나." 몸을 풀어 벽에 기대려는 순간 활연히 대오(大悟)하여 법화삼매(法華三昧)를 증득하였다. 이로부터는 듣지 못하였던 경전도 의심 없이 다 이해가 되었다. 그의 나이 27세 때였다.

기록을 보면 법화삼매 수행을 하는 과정에서 색계 사선 가운데 초선에 들 수 있었고 자신의 과거를 다 알 수 있게 되었으며 이후 도를 깨달아 온갖 경전에 통달하게 됨을 알 수 있다. 혜사 선사의 지도를 받은 천태대사도 법화삼매를 증득하였고, 고려에서는 원묘국사(圓妙國師) 요세(了世, 1163~1245)가 천태대사의 『법화삼매참의(法華三昧懺儀)』에 나오는 방식을 그대로 행하는 대중단체인 백련결사(白蓮結社)를 이끌어 많은 성과를 내었다.

4) 비행비좌삼매(非行非坐三昧)의 행법

여러 대승경전에 설해져 있는 수행법 가운데 위의 세 가지 가운데 포함되지 않는 행법은 비행비좌삼매(非行非坐三昧)라고 부른다. 명칭은 행도 (行道)하며 하는 수행도 아니고 좌선하여 닦는 것도 아니라는 뜻이지만 이는 사구(四句)에 맞추기 위한 명칭으로서 실제로는 행도와 좌선도 가능하고 그 외의 일체 동작에 모두 통용된다. 혜사 선사는 수자의삼매(隨自意三昧)라고 불렀는데 이는 뜻이 일어날 때마다 방일하지 않고 그 뜻을 따라가 삼매를 닦는다는 의미이다. 『대품반야경』에서는 각의삼매(覺意三昧)라고 호칭하고 있는데, 각(覺)이란 비추어 아는 것이고 의(意)란 마음법이니, 수행자의 마음이 일어날 때 돌이켜 비추어 마음이 일어난 근원이나 종말, 오는 곳이나 가는 곳을 볼 수 없으므로 각의라고 부른다고 천태대사는 설명하고 있다. 비행비좌삼매로 분류되는 원교 수행법으로는 경전에 설해진 내용에 의거한 것이 있고 일상적으로 일어나는 마음을 선(善)·악(惡)·무기(無記)로 나누어 이와 결부시켜 닦는 방법이 있다. 전자를 약경관(約經觀)이라 하고 후자를 약성관(約性觀)이라고 부른다.

먼저 약경관으로서 『청관세음보살소복독해다라니주경(請觀世音菩薩消伏毒害陀羅尼呪經)』(약칭 『청관음경』)에 보이는 수행법은 다음과 같다. 『청관음경』은 바이샬리성에 큰 역병이 돌자 석가모니불께서 대중들에게 서방의 관세음보살을 청하게 하고, 내왕한 관세음보살이 다라니를 설하여 대중의 병이 나은 것을 계기로 이후에도 관세음보살의 구제력을 청하는 수행법을 아난에게 설하는 내용으로 되어 있다.

먼저 고요한 곳에 도량을 마련하여 여러 장식물로 장엄하고 깃발과 번개(幡蓋=일산), 향 등을 준비한다. 아미타불상과 관세음, 대세지 두 보살상을 서방에 안치하고 두 보살의 지물인 버들가지와 청정수를 진설한다.

화장실에 다녀온 뒤에는 향을 몸에 바르고 청정하게 목욕한 뒤 새 옷을 입는다. 재일의 처음에는 정서방을 향하여 오체투지로써 삼보와 과거 7불, 석가모니불과 아미타불, 세 다라니 그리고 관세음보살과 대세지보살께 예배드린다. 예배가 끝나면 호궤하여 향 사르고 꽃을 뿌린 뒤 지심으로 일상에서 행하는 법대로 운상(運想)한다. 공양을 마치면 몸을 단정히 하고 마음을 바로 하여 가부좌로 앉은 뒤 마음을 호흡 세는 것에 매어둔다. 열 호흡을 1념으로 하여 10념을 성취하면 일어나 향을 사르고 중생을 위하여 위의 삼보를 세 번 청한다. 청이 끝나면 삼보 이름을 세 번 부르고 더해서 관세음보살을 칭명한다. 합장하여 4행게를 구송하고 나면 세 가지 다라니를 한 차례 외운다.

여기서 합장하여 구송하는 4행게란 액난을 만난 중생이 관세음보살을 청하는 게송으로서 "원컨대 저를 고통에서 구해주시고[願救我苦厄] 대비심으로 일체 중생을 덮어주소서[大悲覆一切]."로 시작되는 내용이다. 또 『청관음경』에는 다라니가 세 종류 설해지고 있으므로 '세 가지 다라니'를 외우라고 하였다. 첫 번째 다라니는 관세음보살이 설한 것으로 "다야가 오호니 모호니 투바니 탐바니 안도리 반도리 수비제 반반도도라라 바사니다질가 이리매리 제리수리 가바리 구제단기 전다리 마등기 늑차늑차 살바살타 살바바야비사하 다도가 가제가제 니가제 수류비 수류비 늑차늑차 살바바야비사하"이다. 경전에서는 시방제불구호중생신주(十方諸佛救護衆生神呪)라고 하는데 통칭 '소복독해다라니'로 부른다. 두 번째 다라니는 석가모니불이 다시 청하여 관세음보살이 설한 것으로 명칭은 '파악업장소복독해다라니주(破惡業障消伏毒害陀羅尼呪)'인데 통칭 '파악업장다라니'

라고 한다. 주문은 "나무불타 나무달마 나무승가 나무관세음보리살타마 하살타 대자대비 유원민아 구호고뇌 역구일체포외중생 영득대호 다질 가 타호니 모호니 염바니 탐바니 아바희 모호니 안도리 반도리 수비제 반도라 바사니 휴휴루루 안도리 도도루루 반도리 주주루루 이반도리 두 두부부 반도라바사니 신지 진지 니진지 살바아바야갈다 살바열바바다 가 아바야 비리다 폐전사하"라는 내용이다. 마지막 주문은 석가모니불 이 설한 것으로서 대길상육자장구구고신주(大吉祥六字章句救苦神呪)라고 부 른다. '육자장구다라니'로 약칭하는 이 주문의 내용은 "다질가 안다리 반 도리 지유리 단다리 전다리 저야바다 야사바다 파라니기 난다리 바가리 아로니 박구리 모구례 도비례 사하"이다.

다라니는 한 차례만 외워도 되고 시간이 허락되면 일곱 차례까지 외 워도 좋다. 송주가 끝나면 죄를 고하여 참회한다. 계를 범한 모든 것을 고백하여 깨끗이 한 뒤 앞에서 청한 분들께 예배드린다. 예배가 끝나면 한 명이 법좌에 올라 이 경문을 구송하고 나머지 사람은 주의 깊게 듣는다. 오 전과 초야는 방법이 이와 같고 나머지 시간은 평시의 의례대로 한다.

이 행법 가운데 '마음을 호흡 세는 것에 매어둔다.'는 것은 수식관(數息 觀)을 말하는 것이니 자세한 방법은 앞 장에서 설명한 것과 같다. 그런데 호흡수를 1백 회로 한정하고 있기 때문에 이 행법은 좌선 중심이라기보 다 주문을 외우고 참회하는 것에 중심이 있다고 보인다. 때문에 『국청백 록』에는 이 행법이 「청관음참법(請觀音懺法)」이라는 제목으로 실려 있는데 이후 송(宋)대 천태종 승려인 자운 준식(慈雲遵式, 964~1032)은 이 내용이 너 무 소략하다 하여 자료를 추가하여 『청관세음보살소복독해다라니삼매의(請觀世音菩薩消伏毒害陀羅尼三昧儀)』(『청관음참의』로 약칭)라는 책을 별도로 저술하였다. 준식은 중국 천태종의 16조로 추존된 고려 출신 보운 의통(寶雲義通)의 제자로서 국청사에서 예불과 독경수행 등을 하다가 폐병에 걸려 각혈을 하게 되자 이 방식대로 다라니를 외우면서 쉼 없이 정진하였다. 결국 7·7일 만에 득도하고 병도 완쾌되었던 경험을 토대로 이 책을 저술하였다고 한다. 『청관음경』에 의거한 비행비좌삼매 수행법에 대해 더 자세히 알고자 한다면 『대정장』 46권에 실려 있는 준식의 책이나 이를 천태종 구인사에서 번역하여 출판한 책(『법화삼매참의 외』)을 참조하면 될 것이다. 이 책은 다라니의 한문표기가 『대정장』과 조금 상이하다.

다음으로 약성관(約性觀)이란 수행자에게 일어나는 마음을 선과 악, 무기의 삼성으로 나누어 수시수처(隨時隨處)로 관찰하는 수행법이다. 선행(善行)은 여러 가지가 있으나 육바라밀로 크게 나누어 볼 수 있다. 보시를 행하는 것을 예로 들어 본다면 보시하려는 마음이 없었을 때[未念], 보시하려는 마음이 일어났을 때[欲念], 보시를 행하는 마음[念], 보시가 끝나고 마음이 다른 대상으로 옮겨갔을 때[念已]의 사운(四運)으로 마음을 관찰한다. 보시물을 바라보거나 보시물의 촉감을 느끼는 마음은 외부로부터 온 것이 아니고 인연 없이 안에서 생긴 것도 아니며 항상 스스로 있는 것도 아니다. 근(根)·경(境)·식(識)의 삼사(三事)가 화합하여 이 마음이 생기지만 근과 경과 식은 또한 실체를 잡을 수 없으므로 공(空)이다. 실체가 없지만 그 마음에 지옥 내지 불계(佛界)의 십법계가 모두 있고 보시물의 모습, 성질, 인연 등 십여시(十如是)가 다 갖추어지니 한 찰나 일어나는 마음에는 공(空)·가(假)·중(中)의 삼제(三諦)가 원융하게 있음을 관찰할 수 있다. 이와 같이 행한다면 보시하는 이나 보시 받는 이 그리고 보시물의 실체에 집착하지 않게 된다. 『금강경』에서는 이를 '무주상보시(無住相布施)'라고 불렀다. 보시와 마찬가지로 지계를 실천할 때나 선정을 닦을 때에도 이와 같이 마음을 관찰하여 그 마음에 삼제가 모두 갖추어짐을 보는 것이 선심(善心)을 관하는 수자의삼매이다.

악행에 대해서도 이와 같은 방법으로 관한다. 예를 들어 보시를 행하는 마음과 반대되는 성격인 탐욕심이나 아까워하는 마음을 관한다면 그 마음이 일어나지 않았을 때, 일어나려 할 때, 일어났을 때, 사라진 뒤를 관하여 그것이 공이고 가이고 중임을 보는 것이다. 다만 이를 잘못 관하면 악의 성품은 본래 없는 것이라는 악취공(惡取空)에 빠져 악행을 서슴지 않고 행하게 될 수도 있으므로 근기가 낮은 행자라면 이를 피하라고 천태대사는 주의를 주고 있다.

또 선과 악을 결정할 수 없는 무기심이 일어날 때도 역시 이와 마찬가지로 행한다. 이렇듯 순간순간 일어나는 마음을 놓치지 않고 관찰하는 행법은 현재 남방불교권에서 주로 실천하고 있는 위빠사나와 유사한 점이 있다. 다만 위빠사나는 일어나는 마음을 그대로 보는 방법인 실관(實觀)임에 비해 원돈지관은 삼제가 원융한 실상이라고 관하는 것까지 나아간다고 하는 점에서 한층 근기가 높은 이가 행할 수 있다는 점이 다르다고 할 것이다.

02   십경십승(十境十乘) 관법

1) 관의 대상인 십경(十境)과 관의 내용인 십승(十乘)

　지금까지 보아 왔듯이 사종삼매로 분류된 대승의 수행법에는 예불, 염불, 송경, 참회 등 여러 행법이 포괄되어 있어 종합적이라 할 수 있지만 그 핵심은 지와 관 두 가지에 있다. 예불이나 참회 등은 악업과 산란함을 그쳐 마음을 고요하게 머물도록 하는, 즉 넓은 의미로서 지(止)를 행하는 과정의 일환이고 염불이나 송경은 진리를 보는 바른 지혜를 얻기 위한 관(觀)의 방편이라 할 수 있다. 이러한 과정을 통하여 깨달음을 얻는다는 것은 달리 말하면 조작되고 분리된 허망한 현상 세계의 뒤에 감추어져 있는 본질, 여여하고 하나인 본래의 모습, 즉 제법의 실상(實相)을 명확하게 보는 것이다. 제법실상 자체는 삼제(三諦)를 원융하게 갖추고 있으므로 이 실상을 체득하는 직접 원인이 공관이나 가관의 어느 한 쪽에 치우치지 않은 중도정관(中道正觀)이 된다. 제법실상은 본래 '언어의 길이 끊어지고 마음의 분별작용이 그친 곳[언어도단言語道斷 심행처멸心行處滅]'에 있는 것이어서 중도정관 역시 이론으로 설명할 수 없는 것이지만 이 중도정관의 내용을 언설을 빌어 근사치로나마 설명하고자 한 것이 십경십승관법이다. 관찰하는 주요 대상을 열 가지로 나눈 것이 십경(十境)으로서 ① 음입계경(陰入界境), ② 번뇌경(煩惱境), ③ 병환경(病患境), ④ 업상경(業相境), ⑤

마사경(魔事境), ⑥ 선정경(禪定境), ⑦ 제견경(諸見境), ⑧ 증상만경(增上慢境), ⑨ 이승경(二乘境), ⑩ 보살경(菩薩境)이고, 이 대상을 관찰하는 내용을 열 가지로 열거한 것이 십승(十乘)으로서 ① 관부사의경(觀不思議境), ② 발진정보리심(發眞正菩提心), ③ 교안지관(巧安止觀), ④ 파법편(破法遍), ⑤ 식통색(識通塞), ⑥ 도품조적(道品調適), ⑦ 조도대치(助道對治), ⑧ 지차위(知次位), ⑨ 능안인(能安忍), ⑩ 무법애(無法愛)를 말한다. 한 가지 대상에 대해 열 가지 내용으로 관할 수 있으므로 십경의 각각을 십승의 법으로 관찰하면 도합 1백 가지 관법이 되어 백법성승관(百法成乘觀)이라고도 한다.

관찰의 대상으로서 첫 번째로 열거된 음입계경(陰入界境)이란 오음·12입·18계를 말한다. 오음(五陰)과 12입(入)은 각각 오온(五蘊)과 12처(處)의 구역(舊譯)인데, 천태대사는 신역(新譯)의 주역인 현장(玄奘)보다 60여 년 앞선 인물이어서 구역의 용어를 사용한다. 흔히 삼과(三科)라고 불리는 오온·12처·18계는 일체의 법을 비슷한 성질을 갖는 것끼리 분류한 것이다. 본래 법이라는 용어는 범어 다르마(dharma)를 번역한 것으로 매우 다양한 의미를 담고 있다. 크게 두 가지로 대별할 수 있는데 첫 번째는 일체의 존재를 가리키는 말로서 '제법무아(諸法無我)'와 같은 경우이고, 두 번째는 중생이 의지해야 할 진리를 의미하는 것으로서 '불법(佛法)'이나 '법사(法師)'와 같은 용례가 있다. 전자는 다시 존재들을 구성하는 고유한 성격을 갖는 요소들을 의미하는 것과 이 요소들이 모여 이루어진, 우리가 육안으로 볼 수 있는 사물들을 가리키는 경우가 있다. 전자는 사대(四大), 오온(五蘊) 내지는 구사학에서 5위75법, 유식학에서 5위100법이라 부르는 것들로서 이를 가리킬 때는 다르마의 음차어인 달마(達磨)를 사용하는 경향이 있다. 이러한 법은 '세법(細法)'이라 하여 색법이라 할지라도 매우 미세하므로 육안으로는 관찰할 수가 없다. 이에 비해 후자는 이러한 요소들이 크게 적집된 것이므로 『아함경』이나 『대지도론』 등에서는 거친 법이라는 의미로 '추법(麤法)'이라고 부르며, 색법에 속하는 것은 육안으로도 관찰이 된다. 법이 모여 법이 생기는 격이다. 그런데 일체 사물은 미세한 요소로서의 법으로 구성되어 있고, 미세한 요소로서의 법은 단독으로 존재하는 일이 없으므로 본질적으로 두 가지는 같은 대상을 갖게 되고, 진리로서의 법 또한 존재세계를 그대로 반영한 것이므로 지시하는 대상이 동일하게 된다. 때문에 음입계라는 용어는 제법(諸法)과 같은 의미가 되는데 이들을 다 관찰한다는 것은 사실상 불가능한 일이다. 때문에 이들 가운데 12처와 18계를 내어두고 오온만을 취하고, 오온 가운데 앞의 4온은 차치하고 마지막 식온(識蘊)을 관찰의 대상으로 삼는다. 식온은 별도의 실체가 있는 것이 아니고 순간순간 일어나는 범부들의 분별의식이고, 이를 보통 마음이라고 말한다. 순간순간 일어나는 분별심을 관찰하여도 그것은 제법을 관찰하는 것과 조금도 다르지 않다고 천태대사는 말한다. 그것은 "마음은 교묘한 화가와 같아서 갖가지 오음을 그린다."는 『화엄경』「야마천궁보살설게품」의 경문에 의해 지지된다. 일체의 법은 마음이 만들어내는 것이므로 이 마음을 관하면 일체를 관하는 것과 같게 된다는 논리이다.

관찰을 해야 하는 첫 번째 대상은 오온 가운데 식온, 다시 말하면 순간순간 일어나는 분별의식이라고 하였다. 여기에 관찰 내용으로서 십승의 첫 번째인 관부사의경(觀不思議境)을 적용하면 식온, 즉 마음이 불가사의함을 관하는 방법이 된다. 이 마음이 불가사의하다고 관하는 것은 어떻게 하는 것인가?

2) 마음이 불가사의함을 관하는 상근기 행법

천태대사에 따르면 중생의 마음에는 세간의 분별법인 지옥·축생·아귀·수라·인간·천·성문·연각·보살·불의 열 가지 법계가 다 갖추어져 있다고 한다. '마음에 갖추어져 있다'는 것은 무엇을 말하는가? 지옥(地獄)이라고 하면 보통 많은 악업을 지은 이들이 가는 곳, 극심한 고통만 이어지는 '장소'로 생각하는 경향이 있다. 하지만 지옥이라는 말은 그러한 환경 세계, 즉 국토(國土)세간만을 가리키는 것이 아니고 그곳에서 살아가는 개개 중생의 심신이 이루는 오온(五蘊)세간과 그들이 모여서 나름의 질서와 규칙을 이루고 있는 사회를 말하는 중생(衆生)세간도 아울러 지칭하는 용어이다. 즉 지옥이라고 하면 국토·오온·중생의 삼종세간을 모두 갖추어 지칭하는 말로서 이를 상세하게는 지옥계라고 한다. 이에 비해 축생 내지 불이라는 용어로는 개개 중생을 떠올리는 경우가 많고, 천(天)이라는 용어는 거주세계를 가리키는 경우와 개개 중생을 뜻하는 경우가 모두 있지만 이들도 역시 삼종세간을 함께 지칭하는 말로서, 각각의 세계를 ~계라고 부른다. 이렇듯 열 가지로 대별되는 세계를 구분하는 기준은 크게 아홉 가지로 나눌 수 있다. 그것은 각각의 세계가 가지고 있는 모습[相]과 성질[性], 체(體)와 능력[力], 작용[作], 인(因)과 연

(緣), 과(果)와 보(報) 등이다. 이러한 아홉 가지 범주로 분석하여 지옥계 내지 불계를 정의할 수 있다는 것이다. 하지만 각각의 세계가 갖고 있는 이러한 구분은 본질적이거나 변치 않는 것이 아니고 궁극적으로는 분별되지 않는 평등한 공(空)의 특성을 가지고 있으므로 이를 본말구경등(本末究竟等)이라고 부른다. 『묘법연화경』 「방편품」에서 석가모니불이 설한 이러한 열 가지 분별 범주에는 모두 여시(如是 ; 이와 같은)라는 말이 앞을 수식하고 있으므로 천태학에서는 십여시(十如是)라고 부른다. 열 가지가 모두 본래 공한 것으로서 진여의 법이라는 측면에서 여(如)이고, 공의 특성을 갖는 법들이 세간의 편리에 의해 분별된 가제(假諦)의 모습으로 나타나기 때문에 중도라는 측면에서 시(是)이다. 이렇듯 일상에서 지식[분별지分別智]으로 분별되고 판단되는 세속제로써 십법계를 자세히 논하면 삼종세간과 십여시로 세분할 수 있지만 이 분별은 사물 자체가 본래 가지고 있는 속성이 아니라 마음에 의해 부여되었다는 점에서 '마음에 갖추어져 있다'고 말한다.

그런데 이 십법계 각각은 다시 십법계를 갖추고 있으니 1백 법계가된다. 예를 들어 지옥세계의 중생은 지옥의 성질이나 모습만 갖고 있는 것이 아니고 축생 내지는 붓다의 성질이나 모습도 갖추고 있고, 붓다에게도 지옥 내지 보살의 그것이 다 갖추어져 있다는 것이다. 이는 각각의 세계가 분리되어 있지 않다는 실상(實相) 본연의 모습에 기인한 것이다. 무지개가 일곱 색으로 나누어지지만 사실 분리되는 경계가 없고 시각을 1시, 2시로 분별하지만 시각 사이에는 간격이 없다. 세계는 시 · 공간적으로 분리되어 있지 않으므로 지옥과 축생 내지 붓다의 세계는 본래 나누어지지 않는다. 십법계 각각이 다른 십법계를 갖추고 있다는 것은 작은 사물의 구조가 거대 사물에도 동일하게 반복된다는 프랙탈(fractal) 이론으로 접근하는 것도 하나의 이해 방법이다. 이렇게 본질적으로 나누어지지 않지만 겉으로 인연 따라 나타난 현상에 의해 분별이 가능하다. 즉 지옥계 중생은 현재 지옥의 마음만 발현되어 있는 상태이고 불세계의 중생은 붓다의 마음이 발현되어 있다는 점에서 분별이 가능하다는 것이다. 지옥 중생에게도 붓다의 마음이 있으므로 언젠가는 붓다가 될 수 있고 붓다에게는 지옥 중생의 마음이 있어서 그들의 모습으로 화현하고 교화할 수 있다. 선천적으로 갖추고 있다는 점에서는 성득(性得)이라 하고 후천적으로 발현된 것은 수득(修得)이라는 용어로 부르니, 지옥 중생은 성선은 있으나 수선(修善)이 없는 경우이고 붓다는 성악은 갖추고 있으나 그것이 수악(修惡)으로 발현하지 않은 경우이다.

1백 법계 각각이 갖추고 있는 십여시와 삼종세간을 종합하면 도합 3천 세간이 된다. 모든 사물이나 세계는 이러한 3천 세간으로 분별할 수 있는데 이것은 사물 자체가 본래 가지고 있는 것이 아니라 마음으로 나누어 분별한 것이다. 마음이 없다면 모르되 겨자씨만한 마음이라도 있는 중생이라면 모두 3천 법을 갖추고 있다. 이렇듯 언어로써 3천 제법을 분별하지만 사실 이들은 자성이나 자상이 없는 것이어서 엄밀히 분별되는 것이 아니다. 본래 공한 것이지만 인연이 화합하여 허깨비와 같이 존재하는 것이고 거기에 임의로 이름을 붙인 것이다. 3천 법은 공(空)이면서 가(假)이고, 가이면서 중(中)이다. 한 마음이 3천 법을 갖추니 일즉일체(一卽一切)요, 3천 법이 한 마음을 떠나지 않으니 일체즉일(一切卽一)이다. 마음과 법이 분리되어 있지 않으므로 마음이 3천 법을 낳는 것도, 3천 법에서 마음이 생기는 것도 아니다. 만일 법성이 무명과 합하여 일체법이 있게 된다면 가제가 되고 일체법을 분별하지 않고 한 법계로 본다면 공제가 되며, 하나도 일체도 아니면 중도제일의제이다. 이와 같이 원용한 삼제가 한 마음에 있어서 일념삼천(一念三千)이 되는 도리는 사려로 알 수 없고 언어로 논의할 수 없으니 불가사의(不可思議)인데 이를 한 마음 가운데 관하는 일심삼관(一心三觀)이 바로 음입계경을 부사의경으로 관하는 방법이다. 일심삼관은 남북조 시대에 혜문(慧文)이 처음 증득하였다고 하는데 이것이 혜사를 거쳐 천태대사에게 전해지게 되었다고 중국 천태종의 정사(正史)로 인정되는 『불조통기(佛祖統紀)』는 기록하고 있다.

　일상적으로 일어나는 마음에 불가사의하고 오묘한 삼제원용의 실상경계가 갖추어져 있다는 원교 설법을 깊이 이해하였다면 일체 중생을 구제하겠다는 자비심 내지는 무상정등각을 이루겠다는 발보리심을 진정으로 일으켜야 한다. 어찌하여 진정으로 자비심을 일으켜야 하는가? 반야(般若)로써 공제(空諦)를 보면 나와 남은 분리되지 않는 일체(一體)이고, 따라서 모든 중생이 열반에 들어야 불도(佛道)가 완성됨을 진심으로 이해하게 되기 때문이다. 비유하면, 한 몸 가운데 머리만 완전하고 눈이나 팔다리 등이 불완전하다면 온전한 몸이라 할 수 없는 것과 같다. 이렇게 동체대비를 바탕으로 일으키는 진정한 보리심을 발진정보리심(發眞正菩提心) 혹은 기자비심(起慈悲心)이라고 부르며 십승관법의 두 번째가 되는데, 그 구체적 내용은 성불을 향하는 보살들이 공통으로 세우는 서원인 사홍서원(四弘誓願)이다. 제법실상의 이치를 이해한 위에 세우는 사홍서원을 『마하지관』 5상(上)에서는 다음과 같이 기술하고 있다.

중생은 허공과 같지만 허공과 같은 중생을 제도하겠다고 서원하고 번뇌는 실재하는 것이 아님을 알지만 실재하지 않는 번뇌를 끊겠다고 서원한다. 중생의 수는 심히 많다고 알지만 심히 많은 중생을 제도하고 번뇌는 끝이 없지만 끝없는 번뇌를 끊는다. 중생의 진여는 부처님의 진여와 같음을 알지만 부처님과 같은 중생을 제도하고 번뇌는 실상과 같음을 알지만 실상의 번뇌를 끊겠다고 서원한다.

위 내용은 사홍서원의 첫 두 구절로서 고통을 없애고자 하는 비심(悲心)에 기인한 것이다. 중생이라는 존재는 실로 그 실체를 잡을 수 없고 나와 분리되지 않는다. 『금강경』 「구경무아분(究竟無我分)」에서는 이에 대해 "아뇩다라삼먁삼보리를 구하고자 하는 마음을 일으킨 이는 '나는 일체 중생을 열반에 들게 하리라'고 마음을 낸다. 일체 중생을 열반에 들게 하고 나서도 실로 열반에 든 중생은 한 명도 없다."고 표현하고 있다. 이는 공(空)의 입장에서 중생을 본 것이지만, 약속으로 분별된 법인 가제로서 중생은 존재하며, 그 수도 무한하게 많다. 마치 세월은 그저 물처럼 흘러가는 것일 뿐 경계가 없지만 사람들이 봄 내지는 겨울이라는 사계절로 분별하거나 12개월, 365일 내지는 분, 초로 시간을 나누는 것과 같다. 또한 중생의 진여는 부처님의 진여와 같다는 것은 공과 가의 한쪽에 치우치지 않는 중제(中諦)의 도리를 보이는 것이다. 중생이 무량하다면 그들의 번뇌도 무량하고, 그 번뇌를 끊어 주고자 하는 보살의 번뇌 역시 무량하다. 이 번뇌 역시 본체를 잡을 수 없으므로 삼제가 뚜렷하게 갖추어진 다. 이러한 인식 위에 법문(法門)은 무량하지만 다 배우고자 하는 것과 불도(佛道)는 위없이 높지만 다 이루겠다는 서원을 하게 된다. 이는 즐거움을 주고자 하는 자심(慈心)의 발로이다. 물론 법문과 불도 역시 본질은 공이면서 가이고, 가이면서 중임을 인식한 바탕 위에서 이러한 서원을 세우는 것이다. 중생이 번뇌 속에서 살아가는 것에 연민을 느껴 일으키는 자비심도 훌륭하지만 중생이나 번뇌가 실체가 없음을 알고, 역시 실체가 없지만 법문과 불도를 이루겠다는 서원을 세우는 보리심은 제법실상의 인식 위에서 세워지는 참된 보리심이고 자비심이다.

서원이 세워지면 응당 이를 충족시킬 수행을 해야 하는데 이때 수행자의 근기와 기호(嗜好)에 알맞은 수행방법을 찾아 그것을 지속시켜야 한다. 이를 교묘하게 지관에 안주하는 것[巧安止觀]이라 하여 십승관법의 세 번째로 삼았다. 수행자의 근기는 크게 신행인(信行人)과 법행인(法行人)의 두 가지로 구분한다. 전자는 설하는 법을 듣고[聞] 그대로 믿어 수행하는 사람이고 후자는 법에 대해 사유하여[思] 스스로 옳다고 판단한 것을 따라 수행하는 사람이다. 이러한 구분은 『잡아함경』, 『대품반야경』, 『구사론』, 『대지도론』, 『유가사지론』 등 대소승의 경론에서 '믿음을 따른 수행[隨信行]'과 '법을 따른 수행[隨法行]'이라는 용어로써 공통으로 나타나는 것이지만 이에 대한 정의는 조금씩 다르다. 일반적으로 전자를 하근기, 후자를 상근기라고 본다. 이 각각의 근기 중에도 고요함을 좋아하여 지(止)를 위주로 해야 할 사람, 사유하기를 좋아하여 관(觀)을 위주로 해야 할 사람이 있고, 또한 네 가지 방편 가운데 어느 한 가지가 적합한 사람이 있다. 네 가지 방편, 즉 사실단(四悉檀)이란 세속의 법을 통해 실상에 인도하는 세계(世界)실단, 법을 듣는 각 중생의 기호에 따라 인도하는 각각위인(各各爲人)실단, 제각기 가지고 있는 번뇌를 치료하여 인도하는 대치(對治)실단, 중도제일의제로써 곧바로 진리를 보게 하는 제일의(第一義)실단을 말한다. 실단이란 『대지도론』 1에 나오는 용어로서 '인정된 진리(received or admitted truth)'라는 의미를 갖는 범어 싯단타(siddhānta)의 음차어로 보는 것이 일반적인데 목적지에 도달하기 위한 수단, 방법이라는 의미로서 '방편(方便)'과 유사한 용어이다. 그러나 천태대사는 앞의 실(悉, 모두) 자는 '두루[遍]'라는 의미이고, 단(檀)은 보시를 뜻하는 범어 다나(dāna)의 음차라고 해석하고 있다. 즉 중국어와 범어의 합성어로 풀이하고 있는 것이다(『법화현의』 1하). 이렇게 하면 '네 가지 방편으로써 모든 중생에게 두루 진리를 베푸는 것'이 사실단의 의미가 된다. 이 네 가지 방법을 지와 관에 결부시켜서, 예를 들면 제일의에 따른 지, 제일의에 따른 관과 같이 나누어 신행인이나 법행인에 맞는 지관법을 고르는 것이 교안지관의 방법이다. 그런데 수행인의 근기와 이에 맞는 방법을 여러 가지로 분별하기는 하지만 근본적으로 이들은 나눌 수 없는 것이니 신행인과 법행인은 누가 상근기라 할 것이 없고, 지(止)가 바로 지혜이고 지혜가 바로 지이므로 지와 관도 엄밀하게 분별되지 않는다는 실상의 도리를 법문을 들어 알면서 수행하는 것이 원돈지관이다. 본래 공이지만 또한 가법으로 있는 이러한 근기와 기호의 차이는 일반적으로 수행을 지도하는 스승이 판별하여 그에 맞는 지관법으로 인도한다. 그러나 자신이 직접 체험해 보아서 법을 택하는 경우도 있다. 이러한 방법을 통해 가장 적합한 지관법을 택해 수행해 나가므로 '교묘하게 지관에 안주하는 것'이라고 부른다.

일상 중에 일어나는 마음이 삼제가 원융한 일체의 법을 갖추고 있는 불가사의한 것임을 아는 것과 진정한 자비심을 일으키는 것 그리고 알맞은 지관법을 택하여 안주하는 것 등 십승관법의 앞 세 가지는 선후를 논할 수 없다. 『마하지관』 5상에 "자비서원과 불가사의한 경계에 대한 지혜는 전후가 없이 동시에 일어난다." 하고 "모름지기 수행으로 원을 채워야 하는데 수행이란 바로 지관"이라 하였기 때문이다. 다시 말하면 한 마음에 삼천의 모든 법이 갖추어짐을 깊이 이해한다면[심식深識, 깨닫는 것이 아니다] 자연히 중생 구제의 서원이 일어나게 되고, 그 서원을 이루기 위해서는 지관수행에 매진해야 한다는 것이다. 역으로 지관수행이 바르게 된다는 것은 진정한 자비심이 갖추어진 것이고 중생과 내가 둘이 아닌 불가사의한 실상을 이해한다는 것이기도 하다. 다만 천태삼대부에 주석을 가하여 천태학을 부흥시키는 데 기여한 형계 담연(荊溪湛然, 711~782)은 『지관대의(止觀大意)』에서 상근기는 관불가사의경 한 가지만으로 족하고 하근기는 열 가지 법을 모두 갖추어야 한다고 해설하고 있는데, 이는 증득의 차원에서 해석한 것이라 보인다. 즉 부사의경이 증득되면 뒤의 아홉 법은 자연히 갖추어진다는 것이다. 하지만 지금의 수행은 마음이 불가사의한 것을 아직 증득한 것이 아니고 원교 법문을 통해 이를 깊이 이해하거나 믿는 경지에서 시작하는 것이라 보는 것이 정당한 이해이므로 진정한 자비심을 일으키는 것과 지관에 안주하는 것이 함께 작용해야만 한다. 이에 대한 상세한 논의는 일본 학자 안도오 토시오(安藤俊雄)가 『천태학』이라는 그의 저서에서 행한 바 있고 국내에도 관련 연구가 있다.

3) 마음을 관하는 중근기와 하근기의 행법

큰 자비심을 갖추고 자신의 근기에 알맞은 지관에 오래 머물러 마음이 불가사의한 경계임을 관한다면 바른 정과 혜가 성취되어 참된 보살의 지위, 즉 초발심주에 이를 수 있다. 그러나 오래 수행을 이어가도 이것이 성취되지 못하면 수행자에게 법에 대한 집착이 있는 것이니 일체가 공이라는 무생문(無生門)의 도리에 의거하여 일체의 법을 타파하도록 한다. 이를 '법을 두루 타파한다'는 의미로 파법편(破法遍)이라고 부른다. 여기서 법이란 번뇌, 즉 견사혹과 진사혹 그리고 무명혹의 삼혹(三惑)을 가리킨다. 유신견(有身見)·변견(邊見)·견취견(見取見)·계금취견(戒禁取見)·사견(邪見)·탐욕[貪]·성냄[瞋]·어리석음[癡]·교만심[慢]·의심[疑] 등 십사(十使)가 근본이 되어 삼계의 사제(四諦)에 대해 일으키는 미혹을 견혹(見惑)이라하고 탐욕·성냄·어리석음·교만심의 네 가지가 근본이 되어 일으키는 감정적 미혹을 사혹(思惑)이라 한다. 장교(藏教)와 통교(通教)에서는 이들이 모두 끊어져야 진여(眞如)의 이치를 완전히 깨닫는다고 설하고 있는데 천태대사는 이들 번뇌에 대한 관법을 '견혹이 가임을 보아 공에 들어가는 관[從見假入空觀],' '사혹이 가임을 보아 공에 들어가는 관[從思假入空觀]'이라고 부른다. 견혹과 사혹이 고정된 실체가 있는 실법(實法)이 아니고 인연화합에 의해 잠시 나타나는 가법(假法)임을 보아 진실한 도리인 공의 진리에 들어간다는 의미이다.

성문이나 연각의 경우 진실한 도리를 깨달음으로써 삼독심이 끊어지고 더 이상 유루업(有漏業)을 짓지 않아서 윤회하지 않는 경지를 이루는 것이 수행의 종착지이지만 보살은 여기에서 나아가 중생을 구제하는 데 소용되는 가법을 익혀야 한다. 의약이나 천문, 지리 등에 대한 지식은 세속에서 생활하는 데 유용한 법이지만 시대와 장소 등의 제약을 받는 임시의 진리, 즉 가제(假諦)라고 부른다. 가제는 인류의 모든 역사와 장소를 통틀어 축적되었고 계속 변하고 확대되는 것이므로 이에 대해 알지 못하는 번뇌를 모래나 먼지처럼 많다는 의미로 진사혹(塵沙惑)이라고 부른다. 보살이 진사혹을 깨는 것은 이러한 세속의 법이 본래는 실체가 없다는 공제(空諦=진제)를 깨닫는 것이 전제되어야 한 가지에 집착하지 않고 무애자재하게 이루어질 수 있으므로 '공으로부터 가제로 들어가는 관[從空入假觀]'을 사용하게 된다. 더 나아가 이 두 가지 관을 방편으로 삼아 공·가·중 삼제가 원융한 법성을 보는 것을 장애하는 근본 미혹인 무명혹(無明惑)을 끊는 관이 '중도제일의제에 들어가는 관[入中道第一義諦觀]'이다. 유식학에서는 앞의 공관을 사용해 얻어지는 지혜를 근본지(根本智) 혹은 무분별지(無分別智)라 하고 뒤의 두 관으로 얻어지는 지혜를 후득지 혹은 무분별후득지(無分別後得智) 등으로 부른다.

이렇게 세 가지 관을 차례로 사용하여 번뇌를 끊는다고 하면 이는 별교(別敎)의 설법으로서 종(縱)으로는 모든 법을 다 깨뜨린 것이라 할 수 있지만 횡(橫)으로는 완전한 것이 아니라고 한다. 견사혹과 진사혹, 무명혹이 별개가 아니어서 차례로 끊는 것이 아니라는 원교(圓敎) 설법의 바탕

위에서 관이 이루어져야 참으로 '법을 두루 타파하는' 것이 된다. 천태대사는 이에 대해 "견사혹이 바로 무명혹이고 무명혹이 바로 법성이다. 견사혹을 타파하는 것은 곧 무명혹을 타파하는 것이며 무명혹을 타파하는 것은 바로 법성을 보아 실상의 공에 들어가는 것이니 이렇게 되어야 비로소 두루 법을 타파한 것이라고 부른다."고 밝히고 있다(『마하지관』 6하). 이 문장 가운데 견사혹 자리에 진사혹이 들어가도 똑같은 내용이 됨은 물론이다.

번뇌의 깊이와 넓이가 무한하지만 결국 하나로 이어져 있음을 알아서 한쪽에만 집착하지 않는 파법편의 관법으로도 도를 깨달을 수 없다면 다섯 번째 관법으로 식통색(識通塞)을 닦아야 한다. '식통색'이란 수행 가운데 통하는 것과 막히는 것을 안다는 뜻이다. 수행의 종류를 횡적으로 분류하면 성문승의 수행인 사성제관과 연각승의 수행인 12연기관 그리고 보살의 수행인 육바라밀이 있다. 사성제를 놓고 말한다면 고제와 집제는 막힘이 되고 도제와 멸제는 통함이 된다. 또 무명에서 시작하여 노사까지 이어지는 유전문의 12연기는 막힘이 되고 무명이 멸하여 노사까지 멸함을 관하는 환멸문의 12연기는 통함이 되며, 인색함 · 파계 · 분노 · 게으름 · 산란 · 어리석음 등 육폐(六蔽)는 막힘이, 이와 반대되는 육바라밀은 통함이 된다고 분별할 수 있다.

수행을 시간적 선후인 종(縱)으로 놓고 보면 견사혹은 막힘이 되고 이를 타파하는 종가입공관은 통함이 된다. 또 진사혹과 무명혹은 막힘이 되고 이를 타파하는 종공입가관과 중도정관은 통함이 된다. 수행자들은 각각의 수행을 통해 자신의 막힘과 통함을 점검하지만 일즉일체(一卽一切)

를 설하고 있는 원교에서는 이들이 분리되지 않는다. 즉 하나의 번뇌를 관한다면 거기에는 삼혹이 다 갖추어 있고 관하는 마음에도 삼관이 모두 갖추어져 있다. 관하는 주체인 마음과 대상인 번뇌도 분리되지 않는다. 『마하지관』 7상에서는 이를 "하나하나의 법, 하나하나의 마음, 하나하나의 대상이 모두 공·가·중에 상즉해 있으며 사성제·12연기·육바라밀을 갖추고 있다. 이것이 통함도 막힘도 없고, 통함과 막힘을 함께 비추는 것"이라고 해설하고 있다. 다시 말하면 관하는 법들, 관하는 주체와 대상에 통함과 막힘이 분리되지 않는 실상을 관하는 것이 일심삼관으로서 통함과 막힘을 아는 것이라는 설명이다.

위의 방법으로도 도를 성취하지 못하면 자신의 수행과정과 마음상태를 37도품을 기준으로 삼아 하나하나 점검하여 알맞게 조절해야 하는데 이를 도품조적(道品調適)이라고 부른다. 주지하다시피 보리분법(菩提分法), 조도품(助道品) 등으로도 불리는 도품(道品, bodhi-pākṣika)은 수행을 진전시키는 기본 요소들로서 사념처(四念處)·사정근(四正勤)·사여의족(四如意足)·오근(五根)·오력(五力)·칠각지(七覺支)·팔정도(八正道) 등 7조목이 각각 네 가지 내지 여덟 가지로 구성되어 있으므로 이를 합쳐 37도품이라고 일컫는다. 37도품에 대한 내용이 아비달마 문헌에 상세하므로 소승(초기)불교의 수행법이라고 생각하는 경우가 많은데 천태대사도 지적하고 있듯이 이는 대승의 경론에서도 채택되고 있으므로 소승만의 행법이 아니다. 대승과 소승의 구별은 형식의 문제가 아니라 내용의 문제인 것이다. 예를 들어 5근 가운데 첫 번째인 신근(信根)의 경우, 사성제를 관하여 삼독(三毒)을 끊으면 윤회하지 않는 열반에 들어갈 수 있다고 믿는다면 이를 뿌리로 하여 아라한이라는 소승의 열매를 맺을 것이니 소승의 믿음이다. 하지만 삼혹을 모두 끊어 중생을 제도하고 불국토를 청정하게 하는 것이 진정한 성불이고 열반이라고 믿는다면 대승의 믿음이 되어 이것을 뿌리로 삼아 십력, 사무소외 등 불도를 이룰 수 있게 되는 것이다. 37도품은 불교의 모든 수행에 적용되는 기본적인 심신의 요소라고 해야 한다.

도품조적이란 37도품을 자신의 수행 과정에 원교적 안목으로 새롭게 적용하는 것인데 첫 번째 조목인 사념처 가운데 신념처(身念處)를 예로 들어 보면 다음과 같다. 보통 신념처라고 하면 오온 가운데 색온에 마음을 머물러 그것이 부정하다고 관하고 나아가 무상(無常)이고 고(苦)이고 공(空)이라고 관하는 것이라고 설명된다. 하지만 이는 소승인 장교(藏教)의 교설이다. 원교에서 본다면 몸이 청정하다고 여기는 범부들의 생각이나 부정하다고 여기는 이승(二乘)의 견해는 모두 전도된 것이다. 몸이란 부정한 것도 아니고 청정한 것도 아니며 한쪽에 치우침이 없어서 중간도 없는 것이 중도실상의 견해이다. 이렇게 되는 까닭은 한 몸이 일체의 몸이 되는 가제의 원리와 일체가 한 몸이 되는 공제의 원리, 나아가 하나도 일체도 아닌 중도의 원리를 동시에 관하기 때문이다. 신념처를 이렇게 일심삼관(一心三觀)으로 운용하면 한 가지에 나머지 세 염처가 갖추어지고 나아가 37도품 전체가 갖추어진다. 하지만 이를 통해 도에 들어가지 못한다면 사정근을 닦고 내지는 팔정도를 닦는다. 이들 도품 하나하나가 삼제를 모두 갖추고 있는 것이므로 이들에 대해서도 역시 일심삼관으로 관하는 것이 원돈지관에서 도품조적의 행법이다.

지금까지 살펴본 내용들은 모두 관법에 관계된 것이지만, 관이 바르게 이루어지기 위해서는 지(止)가 뒷받침되어야 한다. 즉 마음을 고요하게 하여 삼매에 들어야 관이 바르게 이루어진다는 것이다. 하지만 수행 근기가 약하거나 선업을 많이 쌓아두지 않아서 삼매가 일어나지 않는다면 복덕 수행의 도움을 받아야 한다. 복덕 수행도 여러 가지가 있으나 지금 행하는 것은 원교 보살행이므로 육바라밀로 대표를 삼는다. 예를 들어 37조도품을 잘 조절하여 사종삼매 가운데 어느 한 가지를 수행하여도 삼매는 일어나지 않고 인색하고 탐욕스러운 마음이 문득 일어나 수행자를 방해한다면 보시를 하고, 파계하고 싶은 마음이 일어나면서 위의가 거칠어지면 지계를 행하는 것이다. 또 분노가 자꾸 일어나면 인욕을, 방일과 게을러지는 마음이 일어나면 정진을, 산란심이 일어나면 선정을, 단견이나 상견 등의 어리석음이 일어나면 반야를 수행한다. 이렇게 이관(理觀)이 아니라 사법(事法)으로서의 육바라밀은 바른 관을 일으키는 데 보조작용을 하는 것이므로 '도를 돕는 법으로써 치유한다[조도대치助道對治]'고 부르며 십승관법의 일곱 번째가 된다.

조도(助道)로서 육바라밀을 수행할 때는 반드시 먼저 참회를 해야 한다. 탐욕심이 일어나 장애가 될 때를 예로 든다면 자신의 선업이 엷어 삼매가 일어나지 않음을 진심으로 참회하고 사법으로서 보시를 행한 뒤 좌선하여 사유한다. "보시하는 가운데 재물과 보시하는 자와 보시 받는 자를 분별하여 볼 수 없으니 공이고, 재물은 인연 따라 생겨나 없다고 할 수 없으니 가(假)이며, 있다거나 없다는 한 쪽으로 정할 수 없으니 중도이다."고 관하는 것이다. 반야를 행한다면 사법(事法)으로서 몸이 부정하다고 보는 장교의 사념처 등을 행하여 전도된 마음을 파척한 뒤에 중도정관을 행하는 것이다. 이렇듯 참회와 사법(事法)을 실천하여 복덕을 증진시키면서 아울러 이치를 관하는 것이 조도대치의 관법이다.

　이상의 방법으로도 삼매에 들어 중도정관을 행하는 것이 성취되지 않는다면 자신이 현재 어느 정도의 단계에 있는지 점검해 볼 필요가 있다. 즉 교만한 마음으로 앞서가지는 않았는지, 비굴한 마음으로 퇴보하려 하지는 않는지 살펴보는 것으로서 이를 '계위를 아는 것'이라는 의미로 지차위(知次位)라고 부른다. 수행계위는 3현(三賢), 4선근(四善根)을 거쳐 4쌍8배의 성인에 이르는 장교의 계위와 『대품반야경』에 설해진 10단계의 통교보살 계위 그리고 『보살영락본업경』에 설해진 52위의 별교보살계위가 잘 알려져 있다. 지금은 원돈지관을 수행하는 것이므로 천태대사가 새롭게 조직한 원교의 계위로써 자신을 가늠한다. 이 계위는 별교의 52계위 앞에 오품제자위(五品弟子位)를 둔 것이니, 오품제자위란 『법화경』과 같은 원교의 경설을 듣고 진정으로 기뻐하는 수희품(隨喜品), 경설을 읽는 독송품(讀誦品), 다른 이에게 설하는 설법품(說法品), 육바라밀을 겸하여 수행하는 겸행육도품(兼行六度品), 육바라밀을 주로 수행하는 정행육도품(正行六度品)을 말한다. 자신이 이 가운데 어느 단계인지 가늠하고 각 단계마다 참회 – 권청 – 수희 – 회향 – 발원으로 이어지는 다섯 가지 참회[五悔]를 아울러 행한다면 일심삼관이 반드시 열린다고 한다. 오품제자위와 오회에 대한 자세한 내용은 『천태사교의』의 원교를 설명하는 부분을 참조하면 된다.

　지금까지 설명한 여덟 가지 방법이라면 반드시 도를 이룰 수 있다. 안 된다고 스스로 비관하지 않고, 남들이 찬탄하거나 비난하는 일에도 흔들리지 말고 도를 이룰 때까지 꾸준히 사종삼매를 수행하는 것을 '편안히 인내한다'는 의미로 능안인(能安忍)이라 한다. 특히 주변에서 간청한다고 도를 성취하기 전에 법을 설하거나 제자를 지도하는 일이 없도록 해야 한다. 십승관법의 마지막은 자신이 조금이나마 성취한 법에 대해 생기는 애착을 버리는 무법애(無法愛)이다.

4) 음입계경(陰入界境) 이후의 아홉 가지 대상과 십승관법

수행자가 십승관법을 행하는 첫 번째 대상은 음입계경, 이 가운데 일상 중에 일어나는 마음이라고 하였다. 평소의 마음은 작은 탐욕과 엷은 번뇌가 작용하여 순간마다 생멸을 거듭하는 것이어서 제2장에서 설명한 대로 오욕(五欲)을 버리고 오개(五蓋)가 작용하지 않도록 조절한다는, 상대적으로 쉬운 방법을 통하여 삼매에 들 수 있다. 그러나 바람이 그쳐서 물결이 잔잔해지면 속에 가라앉은 것이 다 들여다보이듯, 마음이 고요해지면 과거 숙업이 발동하여 강한 탐욕심이나 분노가 일어날 수 있다. 이들은 마치 잠자는 사자를 건드린 것과 같이 강력한 힘을 발휘하므로 수행자에게 큰 위험이 된다. 이러할 때는 음입계경을 버려두고 번뇌를 관찰의 대상으로 삼아야 하니, 이를 십경의 두 번째로서 번뇌경(煩惱境)이라고 한다. 그런데 이 번뇌를 조복시키고 끊어야 할 대상으로 보는 것이 아니라 번뇌가 그대로 보리이며 법성이어서 일체의 불법이 그 안에 갖추어진다고 관하는 것이 번뇌경에 대한 관부사의경의 행법이다. 다시 말하면 번뇌의 성품이 공이며 가이며 중도로서 삼제가 원융한 부사의한 법임을 일심삼관으로 관하는 것이다. 이때 진정한 자비심과 적절한 지관 등 십승관법의 두 번째와 세 번째 내용이 동반되어야 함은 물론이다. 그러나 이를 통해 관이 잘 이루어지지 않으면 파법편 내지 무법애 등 나머지 십승관법을 사용한다면 도를 깨달을 수 있다.

마음을 관할 때 때로는 병환이 생기기도 하고 숙세의 선업이나 악업이 발현하기도 하며 마사(魔事)가 일어나기도 한다. 수행을 할 때 이러한 것이 발현하면 두려워하지 않고 이를 그대로 대상으로 삼아 십승관법을 적용하여 관하니 이것이 세 번째 병환경(病患境), 네 번째 업상경(業相境), 다섯 번째 마사경(魔事境)이다. 『마하지관』에는 이들의 종류와 내용, 대처방법 등에 대해 자세히 설해져 있지만 병환의 경우 현대에는 주로 동서의 의학에 의지하여 치료하므로 지금 자세한 설명을 하지 않아도 좋을 것 같다. 선업이나 악업, 마사 등이 발현하는 양상도 여러 가지가 있는데 이는 다음 장에서 상술하기로 한다. 이러한 증상이 나타나면 설명된 대로 이해를 하면서 이들을 대상으로 관부사의경 등 십승관법으로 관해야 한다. 또 마음이 고요해지면서 숙세에 익혔던 여러 가지 선정이 분분하게 일어나게 된다면 선정경(禪定境)으로 삼고, 온갖 사견이 일어나 산란하다면 제견경(諸見境)으로 삼아 십승관법으로써 관해야 한다.

이상의 일곱 가지 대상 외에 자신이 깨달음을 얻은 것으로 착각하는 증상만, 중생구제에 나서지 않고 자리(自利)에 머물려는 이승의 마음이나 인위적인 보살의 마음이 강력하게 작용하기도 한다. 이 마지막 세 가지, 즉 증상만경(增上慢境)과 이승경(二乘境) 그리고 보살경(菩薩境)은 『마하지관』

에 내용이 설해져 있지 않으나 앞의 방식을 미루어 짐작할 수 있다.

원돈지관에서 중요한 것은 수행 중 좋지 않은 현상이 일어났을 때에도 일심삼관을 통해 극복한다는 점이다. 즉 이러한 현상들이 수행에 장애가 된다고 끊어버리려 하는 것이 아니라 있는 그대로 삼제가 원융한 실상임을 관하며[관부사의경] 내지 법에 대한 애착을 버리는 십승관법을 행하여 현상 자체를 근본으로부터 무화(無化)하여 해소한다는 것이다. 심지어 병조차도 지관의 대상으로 삼아 치료하였다. 전술하였듯이 자신의 경험을 토대로 『청관음참의』를 저술한 자운 준식(慈雲遵式)은 수행 중 각혈을 하며 거의 죽음에 이르게 되자 비행비좌삼매인 관음참법을 닦으며 병환경을 관하여 완치하였다고 전한다.

지금까지 살펴본 십경십승 관법은 전술한 사종삼매의 행법 가운데 지관(止觀)의 내용이 된다. 일반적으로 지관은 앉아서, 즉 좌선을 통해 행하지만 반드시 앉아서 하는 것만은 아니다. 사람의 일체 행동은 걷는 것, 서 있는 것, 앉아 있는 것, 누워 있는 것으로 보통 대별하는데 이를 행(行)·주(住)·좌(坐)·와(臥)의 사위의(四威儀)라고 한다. 지관은 앉아서만 행하는 것이 아니라 걷거나 서 있거나 누워 있는 모든 행동을 통해 이루어져야 한다. 걸어가는 것을 예로 든다면, 발을 들고 내리는 것은 색법에 속하고 이를 명령하는 것은 마음이다. 이 가운데 명령을 내리는 마음이 '자아'라고 계탁하거나 선악의 업과 분별이 일어나므로 걷는다는 행위 안에는 오온이 모두 갖추어진다. 나아가 12처와 18계도 모두 이 안에 있다. 이러한 오온, 12처, 18계는 무명과 다르지 않고 무명은 바로 법성이므로 걷는다는 행위에는 일체의 세간법과 불법이 모두 갖추어진다. 일즉다

(一卽多)이고 다즉일(多卽一)이 되는 이러한 도리가 불가사의한 경계이니 이 경계를 이해할 때 진정한 자비심과 지관이 일어날 수 있다. 나아가 걷는 다는 행위에 대해 나머지 일곱 종의 관법을 적용시킬 수 있으니 여기에 도 십승관법이 갖추어진다. 사위의에 말하고[語] 침묵하는 것[默]을 더하 여 육작(六作)이라고 부른다. 육작과 색·성·향·미·촉·법의 육경(六境) 모두를 대상으로 십승관법이 이루어지는 것을 천태대사는 '모든 연을 겪 고, 모든 대상을 향하여'라는 의미로 역연대경(歷緣對境)의 지관이라고 불 렀다. 사종삼매가 예불과 독경, 참회 등 온갖 행법을 망라하고 있듯이 십 경십승 관법은 모든 행위와 일체 대상에 대해 이루어지는 '원(圓)'의 수행 법이다.

제7장 · 지관수행 중 나타나는 현상들과 대처법

점차지관에 속하는 오정심관 등의 수행법이나 원돈지관의 십경십승 관법은 모두 삼매에 들어야 본격적으로 이루어진다. 다시 말해서 색계의 사선이나 무색계의 사정(四定), 이도 아니면 적어도 욕계정이나 미도지정 가운데 어느 단계에서 수행 과정의 주된 내용이 실천될 수 있다는 것이다. 삼매에 든다는 것은 평소 욕심이나 분노, 어리석음에 기인한 왜곡된 분별이나 여러 대상을 분주히 오가는 산란심이 작용하지 않는다는 의미이다. 이렇게 마음이 흐트러지지 않고 한 가지 대상에 집중되는 심일경성(心一境性)의 상태가 되어야 바른 관이 이루어질 수 있다. 그런데 마음이 집중되며 고요해지는 과정에서 원하지 않는 상황을 맞닥뜨리는 것이 일반적인 현상이다. 이는 마음 깊이 간직되어 있던 미세한 숙업이 자연히 겉으로 나타난 것일 수도 있고, 수행이 진전됨에 따라 이를 방해하는 마장이 발현한 경우도 있다. 비유하면 숙업이 나타나는 것은 시끄러운 소리가 사라지면 함께 나던 작은 물소리나 바람소리가 비로소 들리는 것과도 같고, 마장이 발현하는 것은 등산 중에 높이 올라갈수록 급격하게 나타나는 험로와도 같다.

숙업에는 선업과 악업이 있고 금생에 지은 것도, 전생이나 그 이전 생에 지은 것도 있다. 이들은 사라지는 것이 아니라 현재 나의 모습과 근성 등이 나타나게 만드는 뿌리로서 작용하므로 이들을 각각 선근(善根)과 악근(惡根)이라 부른다. 선근과 악근은 평소에는 잘 드러나지 않다가 마음을 고요하게 하면 표면에 나타나는데 선근은 수행의 진전에 도움이 되므로 이를 분별하여 활용하면 좋고, 악근은 장애가 되므로 먼저 이것을 제거하도록 노력해야 한다. 또 숙업이 아니라 마사(魔事)가 작용하여 선근이 일어난 것처럼 착각하게 만들거나 수행에 직접적인 장애가 되는 경우도 있으므로 잘 판단하여 취하거나 버리도록 해야 한다. 이때 필요한 마음이 제2장에서 설명한 '작용해야 하는 다섯 가지 마음' 가운데 교혜(巧慧)라 불리는 판단 작용인데 교묘한 지혜가 작용하기 위해서 선근, 악근과 마사 등을 구별하는 방법을 알아 둘 필요가 있다.

01 선근(善根)의 발현과 대처법

  선근을 대략 나누면 신업과 구업을 중심으로 행한 외선근(外善根)과 의업을 주로 해서 행한 내선근(內善根)으로 구분할 수 있다. 외선근(外善根)이란 삼매에 들지 않은 상태에서, 즉 산란한 마음 상태에서 보통 복덕수행이라 불리는 선업을 쌓아 생긴 선근을 말한다. 그 종류는 매우 많겠으나 『차제선문』 3상에서는 다섯 가지를 대표로 거론하고 있다. ① 보시를 행한 것, ② 계율을 잘 지킨 것, ③ 부모와 스승께 효순한 것, ④ 삼보를 공경하고 공양한 것, ⑤ 경전을 읽고 배운 것이 그것이다. 『마하지관』 8하에서는 선근을 육바라밀로 분류하여 여섯 가지를 예로 들고 있는데 세속의 선을 포함하고 있는 전자와 비교할 때 원돈지관을 행하는 이들은 근기 높은 수행자들이기 때문에 육바라밀로 대표를 삼은 것이라고 보인다. 『차제선문』에 의거하여 선근이 나타나는 모습을 설명하면 다음과 같다.

  수행자가 좌선을 행하면서 마음이 고요해지고 안정되었을 때 홀연히 의복이나 방석, 음식 등 공양물들이 보이거나 보시를 행해도 전혀 아깝지 않다는 마음이 일어나면 이는 전생이나 금생에 보시를 행한 보인과 습인이 나타난 것이다. 보인(報因)이란 선이나 악이 아니라 무기(無記)의 성질을 갖는 보과(報果)를 초래하는 원인이고, 습인(習因)이란 선악의 성질을 결정할 수 있는 습과(習果)를 부르는 원인을 말한다. 예를 들어 성질이 포악하고 화를 잘 내서 살인을 저지른 사람이 법에 따라 교도소에 갇히게 되었다면, 교도소 자체나 거기에 갇힌 상황은 선도 악도 아니므로 보과를 받은 것이고, 교도소 내에서도 포악한 마음이 상속되어 타인에게 화를 잘 내는 악행을 행한다면 습과로 나타난 것이다. 신역으로는 전자를 동류인(同類因)과 등류과(等流果)라 하고 후자는 이숙인과 이숙과라고 부른다. '이숙(異熟)'이란 선이나 악이 다른 성질, 즉 무기로 익었다는 의미이다. 앞에 든 예 가운데 공양을 행하는 등의 형상이 나타난 것은 보인에 해당하고 좋은 마음이 일어난 것은 습인에 해당한다.

또 수행자가 마음이 고요해진 가운데 홀연 깨끗한 옷을 입고 위엄 있는 자신의 모습이 보이거나 죄의 경중이 알아지면서 계를 지키며 참으려는 마음이 일어나면 지계와 인욕을 행한 보인과 습인이 나타난 것이다. 홀연 스승이나 부모의 단정한 모습이 보이며 공경하고 효순하는 마음이 일어나면 부모와 스승께 효순한 선근이 나타난 것이고, 홀연 삼보에 공양하는 모습이나 대중이 법회를 여는 모습이 보이며 공양하고 싶은 마음이 일어나면 삼보를 공경하여 공양한 선근이 발현한 것이다. 홀연 덕 있는 대중들이 경을 읽는 모습이 보이거나 경전의 내용을 읽으면서 막힘없이 뜻이 이해된다면 경전을 읽고 배운 보인과 습인이 선근으로 발현한 것이다. 습인이나 보인 가운데 한 가지만 발현하는 경우도 있다.

이러한 선근이 나타나면 정신이 맑아지고 몸에도 힘이 생겨 수행을 하는 데 도움이 된다. 일정한 시간이 경과하면 자연히 사라지므로 별로 문제될 것이 없으나 신기하다는 생각에 그 현상에 집착하면 장애로 작용한다. 다만 실제로 자신이 닦은 선근이 나타난 것이 아니라 마의 작용으로 일어나는 경우가 있으니 주의해야 한다. 마사(魔事)일 경우 선근의 모습이라 할지라도 이로 인해 마음이 산란해지고 번뇌가 일어나서 수행에 장애가 된다. 이럴 때는 나타나는 현상에 따라가지 말고 속히 마음을 다른 곳으로 돌려야 한다.

다음으로 내선근(內善根)이란 의업으로 행한 선근으로서 지관수행을 통해, 흔히 지혜수행이라 불리는 선업을 행한 것을 말한다. 숙세에 내선근을 행한 것도 종류가 매우 많지만 천태대사는 전술한 오정심관을 기준으로 삼아 오문선(五門禪)으로 분류하였다. 즉 수식문(아나파나문)·부정관문·자심문·인연문·염불문이 그것이다. 예를 들어 보자.

수행자가 지(止)를 잘 닦아서 마음이 안정되면 욕계정을 거쳐 미도지정에 들어가게 된다. 일반적이라면 미도지정 상태를 충분히 거친 뒤 팔촉이 일어나는데 이러한 과정을 지나지 않았는데 홀연 몸이 꿈틀거리면서 동촉을 비롯하여 팔촉(八觸)이 일어나거나, 호흡이 길고 짧은 것이 섬세하게 느껴지거나 몸을 이루고 있는 36물이 보이는 등의 현상이 일어나면 숙세에 수식문의 선정 가운데 하나를 닦았던 선근이 발현한 것이다. 또 욕계정이나 미도지정 상태에서 홀연히 시신이 보이면서 오욕이 싫어지는 마음이 일어나거나 백골이 빛을 내는 모습이 보이면 부정관문의 선정을 닦았던 선근이 발현한 것이다. 홀연 가까운 사람이 즐거워하는 모습이 보이면서 자심(慈心)이 일어나면 숙세에 자심관을 수행한 경험이 있었던 것이다. 홀연 과거와 현재, 미래를 살펴보는 마음이 생기며 모든 법에 자성이 없음을 자각하게 된다면 인연문의 수행을 하였던 선근이 나타난 것이고, 부처님의 상호가 보이면서 공경심이나 선한 마음이 일어나면 염불문의 수행을 하였던 선근이 발현한 것이다.

이러한 숙세의 선근이 일어날 때는 의식이 분명하고 심신이 편안하다. 그리고 과거에 익혔던 것이므로 이 선정을 계속 닦으면 속히 성취된다. 예를 들어 부정관문에 속하는 구상(九想)을 수행하는 이가 시신의 모습에 집중하다가 마음이 고요해지고 신체에 아무런 느낌도 없는 미도지정에 들어갔는데 갑자기 부처님의 상호가 보이거나 설법하는 모습이 보인다면 구상 수행을 계속할 수도 있지만 염불 수행으로 바꾼다면 성취가 빨리 된다는 것이다. 단, 내선근이 발현할 때도 외선근과 마찬가지로 마의 작용으로 일어나는 경우가 있고 바르지 않게 발현되는 경우도 있다. 이럴 때는 그것을 버려야 하므로 발현한 선근이 실제로 자신이 닦아서 생긴 것인지 거짓으로 나타난 것인지 구별해서 대처해야 한다. 구별하는 방법은 다음의 두 가지가 있다.

첫째, 현상이 일어날 때 나타나는 양상으로 구별하는 것으로서 열 가지 쌍을 기준으로 삼아 바르지 못한 것을 가려낸다. ① 나타나는 모습이 너무 지나치거나 모자라는 경우이다. 수식문의 선근이 일어나는 신호라 할 수 있는 동촉을 예로 든다면 진동이 너무 심하여 몸이나 팔다리가 흔들릴 정도면 지나친 것이고, 지신법도 없이 시작되어 온몸에 두루 퍼지기도 전에 사라져 버린다면 모자란 것이다. ② 선근이 나타날 때 몸과 마음이 묶인 듯이 꼼짝할 수 없거나 반대로 마음이 산란해져서 한 대상에 집중을 할 수 없는 경우, ③ 선근이 나타날 때 도무지 몸에 대한 감각을 느낄 수 없거나 반대로 나무나 돌처럼 단단하게 느껴지는 경우, ④ 모습이 나타날 때 지나치게 밝거나 암실에 들어간 것처럼 지나치게 어두워 인식이 일어나기 어려운 경우, ⑤ 근심이 생기거나 지나치게 기뻐서 가라앉히기 어려운 경우, ⑥ 몸과 마음이 여기저기 아프고 괴롭거나 반대로 너무 즐거워 헤어나기 어려운 경우, ⑦ 선행(善行)을 하고자 하는 생각이 자꾸 일어나거나 반대로 악심이 일어나는 경우, ⑧ 마음이 혼미해지거나 지나치게 많은 생각이 일어나 삼매가 깨질 지경인 경우, ⑨ 내선근이 일어나면서 여러 번뇌가 함께 일어나 마음을 가리거나 해탈하였다고 증상만이 일어나는 경우, ⑩ 마음이 경직되어 자유롭게 바꾸지 못하거나 의지가 유약해지면서 깨지기 쉽게 되는 경우이다. 간략히 말하면 나타나는 현상이 너무 지나치거나 모자라서 삼매에 지장을 주는 경우라면 바르지 않은 것이다. 허위로 일어난 것인데도 애착을 일으켜 따라간다면 실성하거나 죽음에 이르기도 하니 조심해야 한다. 허위의 선근이라고 판단되면 속히 마음을 다른 곳으로 옮겨야 한다.

둘째, 나타난 현상 자체로 판단하는 방법이 있다. 이것도 세 가지로 나눌 수 있는데 첫 번째는 발현한 선근을 취하거나 버리지 말고 정심(定心)을 유지하면서 가만히 들여다본다. 선근이 점차 뚜렷해지고 삼매에 손상이 없다면 바른 것이다. 두 번째는 발현한 선정을 계속 닦아보는 방법이다. 예를 들어 부정관이 발현하였다면 그 방법대로 계속 수행하는데, 선정이 진전되면 바른 것이고 점차 사라지면 거짓이다. 세 번째는 발현한 법이 어디에서 오는지 사유하는 것으로서 근원을 찾을 수 없이 공함을 알아 마음이 머물거나 집착하지 않도록 하는 방법이다. 허위의 선근이면 저절로 없어지고 바른 것이라면 더욱 증장하게 된다.

02 악근(惡根)의 발현과 대처법

악근도 종류가 매우 많지만 성질이 비슷한 것들을 묶으면 크게 다섯 가지로 분류할 수 있으니 그것은 각관·탐욕·성냄·어리석음·악업이다. 이들이 발현하는 순서가 있는 것은 아니다.

첫째 좌선하여 계속 지(止)를 닦으면서 마음을 모아도 각관(覺觀)이 치성하여 삼매가 일어나지 않는 경우이다. 각과 관은 초선이 갖는 특징의 하나로서 제3장에서 설명한 바 있지만 다시 요약하면 전5근에 나타나는 5경에 대해 일어나는 거친 분별이 각이고 이를 제6의식으로 조금 세밀하게 분별하는 것이 관이다. 일상적으로 늘 일어나는 마음작용으로서, 신역으로는 찾아다닌다는 뜻의 심(尋)과 살펴본다는 의미의 사(伺)를 사용한다. 구사학과 유식학 모두 자체만으로는 선과 악을 결정할 수 없다는 뜻에서 부정지(不定地)의 심소법으로 분류하고 있는데 만일 각이 삼독과 결합하면 욕각(欲覺)·에각(恚覺)·해각(害覺)의 삼악각(三惡覺=삼불선각)이 된다. 『유가사지론』은 신역을 사용하므로 욕심(欲尋)·에심(恚尋)·해심(害尋)이라고 한다. 그런데 여기서 말하는 각과 관은 이렇게 삼독이 강한 것이 아니라 이들이 조금씩 섞인, 즉 등분(等分)의 삼독이 작용하여 일어나는 것을 말한다. 일상적 용어로 말하면 강한 번뇌가 아니고 시시각각 여러 근을 옮겨 다니며 일어나는 분별작용으로 인해 마음이 한 군데 머물지 못하고 산란한 것을 가리킨다. 이는 과거에 선정수행이나 깊이 사유하는 연습을 많이 하지 않아서 자연스럽게 나타나는 현상인데 이러한 수행자는 제4장에서 설명한 방식대로 먼저 수식관(數息觀)을 닦아서 이를 대처해야 한다.

둘째 탐욕심이 강하게 일어나 삼매에 들어가지 못하는 경우이다. 이성의 외모나 목소리, 자신의 육신, 동물이나 음식 등 다양한 물질적 대상에 대해 욕심이 일어나 정신을 속박한다. 이렇게 평소에는 업무 등으로 바빠서 나타나지 않던 탐욕심이 악근으로 잠재되어 있다가 지관수행을 시작하여 마음을 고요하게 하려 할 때 이것이 발현하여 수행이 진전되지 않는 수행자는 부정관을 먼저 닦는다면 좋은 효과를 볼 수 있다.

셋째 성내는 마음이 강하게 일어나는 수행자가 있다. 특별한 이유를 알 수 없이 화가 나는 경우가 있고, 수행을 방해하거나 잘못된 일을 보고 그것이 계속 떠올라 분노가 일어나는 경우도 있다. 또 다른 사람과 시비를 가리는 논쟁을 했던 것이 기억나 화가 날 때도 있다. 이렇듯 잠재되어 있던 분노심이 삼매를 장애하는 수행자라면 현재 닦고 있는 수행법을 놓아두고 먼저 자심관(慈心觀)을 수행하여 대처한다.

넷째 어리석음이 발현하는 경우이다. 여기서 어리석다는 것은 지적 수준이 낮아 무지한 것을 뜻하는 것이 아니고 세속적인 논리로 헤아려 보아도 답을 찾을 수 없는 문제에 대해 계속 생각이 매여있는 것을 말한다. 예를 들어 세상의 시초는 어떠하고 종말은 어떤 모습일까, 우주는 끝이 있을까 없을까 하는 생각이나 자신이 죽으면 영영 끝나는 것일까 아니면 영혼이 있어서 다른 곳에 가는 것일까 하는 등의 생각이 문득 일어나 상념 속에 빠지게 되는 것이다. 이러한 희론(戲論)에 매여 수행에 진전이 되지 않는다면 먼저 연기관을 수행법으로 택하면 좋다. 위의 세 가지는 그대로 삼불선근(三不善根)을 이룬다.

다섯 번째로 악업이 발현하여 수행에 장애가 되는 것으로서 몇 가지 경우가 있다. 먼저 마음을 한 대상에 모아 집중하려면 곧 어두운 동굴에 갇힌 듯 캄캄하게 자각이 일어나지 않는 수행자가 있으니 이는 혼침(惛沈, styāna)이라는 좋지 않은 심소법이 악근으로 잠재되어 있다가 발현한 것이다. 또 여러 가지 악을 저지르고 싶은 마음이나 파계하고 싶은 욕구가 강하게 일어나는 경우가 있는데 이를 악념(惡念)이 일어난다고 한다. 그리고 무서운 형상이나 자신이 불길에 휩싸인 모습, 높은 벼랑에서 떨어지는 모습 등 나쁜 경계가 나타나 수행자를 핍박하는 경우가 있다. 이러한 여러 현상들을 악업의 장애라고 부르는 이유에 대해 천태대사는, 과거에 지은 악업이 아직 과보로 나타나지 않고 잠재되어 있다가 지금 지관이라는 선(善)을 행하므로 서로 충돌하면서 발현하는 것이라고 설명하고 있다(『차제선문』 4). 즉 여기서 말하는 업은 현재 행하는 것으로서 신업 내지는 구업을 가리키는 것이 아니고 숙세에 지은 업이 아직 과보로 나타나지 않아서 세력으로 상속되고 있는 무표업(無表業)을 의미하는 것이다. 이러한 수행자들은 우선 염불관을 닦는다면 이를 통해 진리를 깨닫기 쉽고, 혹은 염불관 수행을 통해 악업의 장애를 제거한 뒤에 중도정관을 행할 수도 있다. 이 내용은 제4장에서 상세히 밝혔으므로 참고하기 바란다.

선정과 지혜가 일어나는 것을 가로막는 법으로서 『성실론』 8, 『구사론』 17, 『대지도론』 5 등에 공통으로 열거되고 있는 세 가지 장애(āvaraṇa)가 있으니 이를 삼장(三障)이라고 한다. 위에 열거한 다섯 가지 악근 가운데 탐욕과 성냄과 어리석음은 번뇌장(煩惱障)에 속하고, 앞의 각관은 보장(報障) 혹은 이숙장(異熟障)이라 한다. 각관이 치성한 것은 현재 자신이 보과(報果=이숙과)로 받은 오온 가운데 수·상·행·식의 작용이 거칠게 일어나서 장애가 된다는 의미이다. 마지막의 악업이 업장(業障)에 해당한다.

지금까지 잠재되어 있던 악근이 발현하여 수행이 진전되지 않는 경우와 그에 대한 대처법을 설명하였지만 이는 점차지관을 행하는 수행자들에게 해당하는 방법이다. 십경십승 관법을 통해 원돈지관을 닦는 근기 높은 수행자라면 이러한 선정 초기에 일어나는 현상에 대해 다른 방법으로 대처한다. 즉 외선근이나 악근이 일어나면 그것을 업상경(業相境)이나 번뇌경(煩惱境)이라는 관의 대상으로 삼고, 내선근이 발현하면 선정경(禪定境)으로 삼아 그 대상들이 불가사의한 것임을 관하는 것이다. 선업이나 악업, 또 발현한 선정은 본래 자성이 없는 허깨비와 같은 것으로서 인연에 따라 현현하지만 본질적으로 끊거나 버릴 수 있는 것이 아니고 그대로 삼제가 원융한 중도실상의 진여법이라고 관찰하는 방법이다. 이는 업상경 등을 대상으로 한 관부사의경의 관법이라 할 수 있다. 관부사의경을 통해 선업과 악업, 혹은 선정에 대한 애착이 사라지지 않으면 이하 도품조적 내지 무법애의 방법을 통해 해소할 수 있다.

03   마장(魔障)의 발현과 대처법

마라(魔羅)는 범어 마라(māra)를 음사한 말로서 축약하여 마(魔)라고 한다. 본래 장애(obstacle, hindrance), 죽임(slaying, killing) 등의 뜻을 가지고 있으므로 살자(殺者), 탈명(奪命), 장애(障礙) 등으로 번역한다. 이름에서 보듯 목숨이나 공덕을 빼앗고 선한 일을 방해하는 존재를 말한다. 여러 경론에서는 마를 네 종류로 설명한다. 그것은 ① 온마(蘊魔, skandha-māra), ② 번뇌마(煩惱魔, kleśa-m.), ③ 사마(死魔. mṛtyu-m.), ④ 천자마(天子魔, devaputra-m.)이다. 천태대사는 온마라는 용어 대신 구역(舊譯)을 사용하여 음입계마(陰入界魔)라 부르고 있으니, 오온을 세분한 12처와 18계를 다 함께 지칭하고 있는 것이다. 그런데 오온이라 하든, 음입계라 하든 이들은 부처님을 포함하여 생명 있는 모든 존재가 가지고 있으므로 자칫 모든 존재 자체가 그대로 마인 것으로 오인할 수 있다. 여기서 말하는 오온이란 『유가사지론』 29의 설명처럼 번뇌가 결합된 유루의 오온인 오취온(五取蘊=오수음五受陰)을 가리키는 것이다. 오취온과 번뇌, 그리고 죽음이라는 사건도 수행 공덕을 단절시키고 선업을 계속 쌓는 데 장애가 되어 마라고 불리지만 여기서 말하는 마장은 이를 가리키는 것이 아니고 마지막의 천자마를 말한다. 천자마는 욕계 가운데 최상층인 제6 타화자재천(他化自在天)을 가리키는데 이 천계의 왕이 마왕 파순이다. 흔히 욕계천자마라고도 불리는 이들은 욕심이 있는 세계에서는 가장 높은 존재이므로 수행을 통해 욕심세계를 벗어나려 하면 여러 가지로 방해를 한다. 수행을 통해 초선 이상의 삼매에 드는 것은 욕계를 벗어나 색계 내지는 무색계로 진입하는 것을 의미하므로 이 과정에서 천자마의 방해가 나타나는 경우가 일반적이다.『대지도론』56에서는 마와 마의 백성이 여러 가지 모습으로 수행자에게 와서 두렵게 만들거나 큰 즐거움을 주어 도를 잃게 만든다고 설명한다.

천태대사의 설명에 따르면 천자마가 수행 중에 나타나는 모습은 크게 세 종류가 있다고 한다. 첫째 정미이고, 둘째는 부척귀이며, 셋째는 마라 자신이다. 앞의 둘은 마라의 권속으로서 위의『대지도론』에 의하면 '마의 백성[魔民]'에 해당한다.

먼저 정미(精媚)란 12시에 해당하는 짐승들이 여러 가지 형상으로 나타나는 것을 말하며『마하지관』에서는 시미(時媚)라고 부른다. 옛날에는 시간을 12간지로 나누어 밤 11시부터 새벽 1시까지는 자시(子時), 새벽 1시부터 새벽 3시까지는 축시(丑時) 등으로 불렀는데 자는 쥐, 축은 소를 가리키므로 이들 짐승신이 와서 수행자를 괴롭힌다는 것이다. 나타날 때는 소년이나 소녀, 노인 등의 모습일 때도 있고 무서운 형상일 경우도 있다. 이러할 때 수행자는 현혹되거나 두려워하지 말고 자주 나타나는 시간에 맞추어 해당 짐승의 이름을 부르면 사라져 버린다고 한다.

둘째 부척귀(埠惕鬼)란 나타날 때 "부척, 부척"이라는 소리를 낸다고 붙여진 이름이다. 이 내용은『치선병비요법(治禪病祕要法)』하권에 나오는데 아난의 질문에 석가모니불이 답변한 것이다. 부척귀는 수행할 때 벌레처럼 머리나 얼굴에 붙어서 물거나 겨드랑이 밑을 치기도 하며 갑자기 껴

안기도 한다. 말을 반복하여 소란스럽게 굴기도 하고 온갖 짐승의 형상을 지어 무섭게 만들기도 한다. 이때도 역시 겁내지 말고 조용히 꾸짖고 계를 외우면 슬금슬금 도망간다고 한다. 이 두 귀신이 수행을 방해하는 내용은 원효의 『기신론소』에도 인용되고 있다.

세 번째로 천자마가 직접 여러 가지 모습으로 출현하여 방해를 하는 경우가 있다. 이들은 맹수나 나찰 등 무서운 형상으로 나타나 두렵게 만들기도 하지만 부모형제나 아름다운 외모를 가진 이성의 모습으로 나타나 유혹하기도 한다. 때로는 부처님의 형상으로 나타나 현혹하기도 한다. 그리하여 신통이 생기거나 먼 곳의 일을 아는 지혜가 생기기도 하지만 이는 잠시의 일로서 수행자를 오도하는 것이니 매우 주의해야 한다. 이것이 마장임을 깨닫지 못한 수행자들은 이로 인해 삼매가 깨어지기도 하고 광기가 들 수도 있다. 벌거벗고도 부끄러운 줄 모르고 온갖 악행을 저지르거나 다른 이의 선정을 방해하기도 한다.

천자마가 실제로 있는 존재인지는 일반적 경험이나 관찰을 통해 확인하기 힘들다. 수행에서 겪는 어려움을 비유한 것이라거나 심리적 장애가 환각으로 나타난 것이라고 보는 이들도 있다. 하지만 비유나 환상이라면 앞의 번뇌마로 분류하여 설명하는 것이 자연스러울 것이다. 적어도 여러 경론에서 타화자재천이라는 천신이 실재하는 존재로서 그들의 신장이나 생활 모습, 수명 등이 상세히 설명되고 있음을 상기하여 잘 대비할 필요가 있다. 설사 존재 자체는 실재 여부를 확인하기 어려워도 '욕망의 노예'라고 일상에서 말하듯이 욕심을 버리지 못하면 그들의 휘하에 있는 것과 같은 결과로 나타나고, 옛 기록에서나 현재의 수행자들 사이에서도 이러한 마장을 겪는 사례는 어렵지 않게 찾을 수 있으므로 잘 알아서 대처할 필요가 있는 것이다.

지금까지 수행 중 일어나는 마사를 간략히 세 가지로 나누어 대처법을 설명하였지만 실제로는 헤아릴 수 없이 많은 종류가 있다. 앞에서 수행자가 갖추어야 할 요건으로서 선지식이 포함된 것은 이런 장애가 생겼을 때 바른 지도를 받기 위한 이유도 있다. 그러나 수행력이 깊은 스승이 없거나 어떤 마장인지 분별하기 어려울 때는 다음과 같은 일반적인 방법으로 대처하도록 한다.

첫째, 눈에 보이는 형상이나 귀에 들리는 소리가 모두 실제로 있는 것이 아니라 생각하고 이를 마음에 받아들이지 않는 것이다. 예를 들면 "일찍이 선정 수행을 하다가 마가 호랑이 모습을 하고 나타나서 사람을 잡아먹는다는 것은 들은 일이 없다. 이는 나를 속이는 것일 뿐이다." 하고 생각하고 무심하게 넘기는 것이다. 이렇게 무서워하거나 따라가지 말고 그에 대한 분별도 일으키지 않는다면 스스로 사라지게 된다. 둘째, 그들을 보거나 듣는 주체인 나의 마음은 본래 머무는 곳도 없고 생겨나는 것도 아니므로 번뇌를 일으킬 것이 없다고 생각하는 것이다. 이렇게 하면 자신의 감정에 대해 분별을 일으키지 않게 되고 마장도 없어지게 된다. 셋째, 세상은 모두 하나의 진여로서 마의 경계는 곧 부처님의 경계이고 마왕과 부처님은 다른 것이 아니라고 생각하는 것이다. 그리하여 마계에 대해서 두려워할 것이 없고 불계에 대해서도 희구하거나 집착할 것이 없다고 생각하면 마장이 저절로 사라지면서 불법이 나타나게 된다. 한 번 마장이 발현하면 다음에 수행을 할 때에도 자꾸 같은 현상이 나타나므로 완전히 물리치지 못하였다면 수행을 하지 않을 때에도 이러한 생각을 반복하여 근심이나 두려움을 품지 않도록 해야 한다.

이러한 생각은 정념(正念)을 유지하는 것이라 할 수 있다. 즉 사전에 경론이나 스승을 통해 들어서 알고 있는 내용을 반복적으로 떠올려 다른 생각이 끼어들지 않도록 하는 것이다. 이를 통해 스스로 제법실상(諸法實相)을 깨닫는다면 마사는 수행자에게 장애가 될 수 없다. 이러한 점에서 원돈지관을 행하는 수행자라면 마장이 일어났을 때 바로 이것을 마사경(魔事境)이라는 관찰 대상으로 삼아 그것이 자성이 없는 공이며, 잠시 인연을 만나 나타난 모습일 뿐 그대로 진여 자성을 갖추고 있는 법이라고 관찰하는 것이 관부사의경의 행법이다.

제8장 • 현대사회에서 지관 수행론의 의의

관 수행, 즉 지혜를 얻기 위한 불교 수행의 핵심은 깊은 삼매에 들어야 한다는 것이다. 이 글의 많은 부분이 삼매에 들기 위한 방법과 삼매의 진전 단계에 할애되어 있다. 삼매에 들기 위해서는 일상생활 중에서도 수행이 이루어져야 한다. 이 글 제2장은 '지관수행에 필요한 심신의 요소들'이라고 제목을 붙였지만 이 가운데 '오욕(五欲)의 책망'과 '몸과 마음의 통제'는 일상 중 행해야 하는 수행 내용이다. '예비수행' 혹은 '전방편(前方便)'으로 구분하기도 하지만 '의지'와 잊지 않고 기억하는 '염(念)'이 작용해야 이루어진다는 점에서 이들도 모두 수행이라 부를 수 있다. 일상에서의 수행을 쉬운 말로 표현하면 '외부로 향하는 마음을 내면으로 돌리는 것'이다. 이러한 노력만으로도 여러 가지 만족스러운 결과를 얻을 수 있다.

  일상에서 수행을 이어가면 먼저 행복감이 상승하는 것을 볼 수 있다.

마음을 내면으로 돌리는 것이 왜 행복과 연결되는가? 행복과 불행을 결정하는 것은 마음이지 외부의 조건이나 물질이 아니기 때문이다. 많은 사람들이 다섯 가지 욕구, 즉 식욕·성욕·수면욕·재물욕·명예욕 등을 충족하면 행복할 것이라고 생각한다. 하지만 음식 내지 명예는 자체에 행복이라는 속성을 가지고 있지 않다. 이들은 양날의 칼과 같아서 즐거움을 가져다주기도 하지만 불행과 고통, 심지어 죽음에 이르도록 만들 수 있다. 이러한 조건이나 물질이 행복으로 귀결되려면 그것이 나의 작은 노력 혹은 매우 열성적인 노력으로 얻어질 수 있는 것인지, 얻으려는 방법이 합법적이고 자연스러운 것인지, 얻고 나서 잠깐만 즐거운 것이 아니라 지속성이 있는지, 그리고 나의 즐거움이 타인의 괴로움을 초래하지는 않는지 등을 고려해야 한다. 이러한 조건들이 충분히 갖춰져 있지 않다고 여겨지고, 또 자연스러운 노력으로 구해질 수 있는 거리에 있지 않다면 욕심을 적게 갖고 만족함을 아는 소욕지족(少欲知足)을 통해 행복을 찾을 수 있다. 또 좋은 환경에서 태어나 내게 이러한 조건과 물질이 이미 갖추어져 있다면 그것을 지나치지 않게 사용하면서 한편으로 주변과 나누어야 한다. 이렇듯 외부적 조건과 대상을 자신의 행복으로 연결시키기 위해서 필요한 수행이 '오욕의 책망'이다. 현재 앞에 놓여 있는 대상에 대해 욕심이 지나치지 않은지를 알기 위해서는 무작정 욕심의 대상을 따라가는 의식을 안으로 돌려서 자신에게 일어나는 마음의 작용을 살펴야 한다. 이를 마음챙김이라 불러도 좋고 자기성찰이나 자각(自覺)이라고 불러도 좋다. 일상 중에 자각하는 연습을 하다가 특정 대상에 대해 욕심이 지나치다고 판단되면 부정관 수행을 하면 좋다.

수행을 한다는 것은 내게 주어진 운명을 바꾸는 일이기도 하다. 누구에게나 운명은 있다. 그것은 태어난 환경, 선천적 체질, 오래 익힌 습관 등을 말한다. 어떠한 나라에서 어떠한 부모에게 어떤 DNA를 물려받아 태어났는가는 식습관, 행동습관 등을 결정하고, 성장 과정에서 이러한 습관이 얼마나 누적되었는가가 한 사람의 미래 대부분을 결정한다. 지나온 삶과 현재의 습관을 잘 살펴본다면 자신의 미래는 충분히 예상 가능하다. 그 미래가 자신이 있다면, 자신이 생각한 미래의 시점에서 후회하지 않을 것이라 믿는다면 그대로 살면 된다. 하지만 뭔가 불만족스러울 것이 예상된다면 변화를 시작해야 한다. 그 변화는 직장이나 환경 같은 외부적 조건을 바꾸는 것이 아니라 마음의 혁신에서 시작해야 한다. 발전과 변화를 가로막는 심적 요소는 질투와 교만심 그리고 방일(放逸)이다. 다른 이의 정당한 성취를 보고 질투를 하거나 교만심을 내면 자신은 그와 같은 성취를 이룰 수 없다. 질투와 교만심을 억누르기 위해서는 방일하지 않아야 한다. 잘못된 마음이나 언어습관, 행동습관을 고치지 못하는 것은 그것이 익숙하기 때문이다. 익숙하면 유심히 살피지 않아도 되므로 마음이 바깥으로 향한다. 아름다운 것, 맛있는 것, 좋은 소리, 혹은 과거의 기억이나 미래에 대한 상상 등 끌리는 곳에 마음이 자유롭게 돌아다니는 것이 방일이다. 이렇게 통제되지 않은 채 멋대로 다니는 방일한 마음을 단속하지 않으면 자신이 무엇을 하는지, 어떤 마음을 일으키는지 자각되지 않는다. 저지르고 나서 후회를 한다. 자각한다는 것은 외부로 향하는 방일한 마음을 절제하고 내면을 들여다보는 것이다.

내면을 향하는 수행은 또한 사회의 평화를 가져오는 방법이기도 하다. 타인에게 피해를 끼치는 것은 지나친 욕심을 정당하지 않은 방법으로 채우기 위한 때문이기도 하지만 많은 경우 다른 이의 입장을 고려하지 않은 때문이다. 다른 사람이 의식적으로 혹은 의식하지 못하는 가운데 내게 피해를 끼치고 고통을 줄 때 바로 화가 나는 것이 보통의 반응이다. 하지만 "내가 저 사람의 처지라면 어떻게 하였을까?" 하고 역지사지(易地思之)하거나 지금 자신의 화나는 감정이 정당한 것인지, 그 분노가 상황 변화에 도움이 되는 것인지를 생각한다면 무의미한 다툼이 한결 줄어들 것이다. 이것이 외부로 향하는 마음을 내면으로 돌리는 마음의 수행이다. 일상생활에서 자신의 마음을 자각하는 것이 진전되면 이 책의 6장에서 설명한 사종삼매 가운데 수자의삼매(隨自意三昧)를 수행하는 것이 된다. 이러한 방법으로도 자주 화가 난다면 4장에서 설명한 자비관을 수행하면 도움이 될 것이다.

근래 텔레비전에서 재미있는 실험이 방영되었다. 병원을 방문한 환자가 의사와 상담을 하는데, 의사로 설정된 사람이 상담 중 잠깐 일이 있다면서 방에서 나가고 다른 의사가 들어온다. 하지만 환자는 자신이 수 분 동안 이야기를 나눈 의사가 바뀐 것을 눈치 채지 못한다. 또 다른 실험에서는 외국인을 상대로 길을 가르쳐 주는 설정이 있다. 대화 중 두 사람 사이를 몇 명이 큰 간판을 들고 "실례합니다." 하며 지나가면 그 틈에 외국인이 전혀 다른 외모의 다른 사람으로 교체된다. 하지만 열심히 길을 가르쳐주던 사람은 지금 설명해 주는 외국인이 아까와 다른 사람이라는 것을 알지 못한다. 이러한 실험 결과는 불교의 인식이론을 적용하면 논리적인 설명이 가능하다. 보통 사람들의 불합리한 인식과정이나 심리상태에 대한 분석은 아비달마 불교에서도 잘 행해져 있고, 특히 의식을 제7 말나식과 제8 아뢰야식으로 세분한 유식학(唯識學)에서는 매우 섬세하고 철저하게 이루어지고 있다. 각종 실험이나 기기를 통한 계측을 활용하고 있는 현대의 학문과 이를 결합하면 훌륭한 결과를 이끌어낼 수 있으리라 생각된다.

일반적으로 학문이란 학자들 세계에서만 통용되는 것이 대부분이다. 그것이 각 사람의 생활에 영향을 미치려면 실제로 그것을 적용해 보아야 한다. 심리학의 실험 결과나 유식학의 정교한 이론이 실제 생활에 도움을 주기 위해서는 자신의 마음을 관찰해 보는 것이 반드시 필요하다는 것이다. 수행을 오래 하면 찰나마다 생멸을 거듭하면서 스쳐 지나가는 생각들이 고속으로 촬영한 영화처럼 느린 동작으로 관찰된다. 그러므로 유식학에서 섬세하게 설명되고 있는, 심리상태에 대한 비슷비슷한 개념들이 잘 이해가 된다. 이렇듯 마음을 다스리는 수행을 하면 작은 만족에서 오는 행복을 누릴 수도 있고 자신의 습관과 미래를 바꿀 수도 있으며 사회의 통합에도 기여할 수 있다. 또한 관련 이론이 쉽게 이해되어 이를 바탕으로 더욱 깊은 경지로 마음을 연구하는 학문이 발전할 수도 있다. 불교의 수행이론을 담고 있는 책이 더 많이, 더 쉬운 용어로 보급될 필요가 여기에 있다.

현대의 불교권은 크게 셋으로 나눌 수 있다. 한국을 비롯하여 중국, 일본, 베트남, 대만 등 한문경전에 주로 의존하는 대승불교권, 같은 대승불교이지만 밀교적 색채가 짙은 티베트, 몽골, 부탄 등 티베트 불교권, 그리고 스리랑카, 미얀마, 태국, 라오스, 캄보디아 등 팔리어로 된 경전에 의존하는 남방 상좌부 불교권이 그것이다. 상좌부 불교권에서 수행의 지침서로 절대적 권위를 갖고 있는 책은 『청정도론(淸淨道論)』이다. 5세기 초 스리랑카로 건너간 인도 승려 붓다고샤(Buddhaghoṣa)가 찬술한 이 책의 원 제목은 '청정함에 이르는 길'이라는 의미의 팔리어 '위숫디막가(visuddhimagga)'이다. '청정함'이란 열반을 말하고 '길'이란 수행법을 가리킨다. 아함부 경전을 체계적으로 주석한 책이지만 주요 내용은 계·정·혜 삼학에 맞추어 선정 수행을 실천하기 위한 방법들로 구성되어 있다. 『청정도론』의 내용은 계율, 삼매의 단계, 부정관, 육념(六念) 등 이 글의 제2장 내지 4장에서 다룬 내용과 많은 부분을 공유한다. 한글로 번역한 책이 나와 있으므로 이것을 참조해도 수행의 길잡이가 될 것이지만 팔리어에 익숙하지 않은 사람들은 용어 이해에 어려움을 겪을 수 있다.

티베트 불교권에서 수행의 지침으로 주로 사용하는 책은 쫑카파(1357~1419)가 저술한 『보리도차제론(菩提道次第論)』이다. 초대 달라이 라마의 스승인 쫑카파는 티베트불교의 최대 종파인 겔룩파를 창시한 조사(祖師)이다. 티베트어로 람림(lam rim, 도의 차례)이라 부르는 이 책은 많은 경론을 인용하며 수행법을 체계적으로 설명하고 있는데 광본(廣本)과 약본(略本) 두 가지가 있다. 약본의 우리말 번역이 『보리도차제약론』이라는 제목으로 출판되어 있다. 이 글에서 설명한 것 가운데 지와 관의 의미, 오정심관, 사성제관, 육바라밀 등이 수행의 관점으로 서술되어 있고 금강승, 즉 밀교의 수행법도 담겨 있다.

한문 불교권에서는 전술한 바와 같이 천태대사의 몇 가지 저술이 가장 체계적이라고 할 수 있다. 위의 두 책에는 없는 부정지관과 원돈지관이 담겨 있는 점, 수행 중에 일어나는 현상에 대한 설명이 상세한 점, 그리고 공·가·중 삼제 개념을 사용하여 수행자가 깨달아야 할 세상의 진실한 모습[제법실상諸法實相]을 설명하고 있는 점이 특색이라 할 수 있다. 천태대사의 수행론은 천태산 국청사(國淸寺)를 중심으로 이론과 실천 양 방면으로 계승되었고 일본 천태종에도 전해졌다. 하지만 중국과 한국에서 이 수행론은 널리 활용되지 못한 것으로 보인다. 남북조가 통일된 이후 불교문화가 활짝 꽃을 피운 당·송 시대에 천태산은 왕도(王都)와 너무 거리가 멀었고 이 시기에는 남종선(南宗禪)이 크게 성행하였기 때문이다. 교학의 학습이나 언어적 분별을 배제하고 스승의 직접 지도 아래 "곧바로 마음을 가리켜 자성이 없음을 보고 성불한다[직지인심直指人心 견성성불見性成佛]."는 조사선(祖師禪)에서는 섬세한 이론이 필요하지 않았다. 실제로 조사선을 통해 쟁쟁한 고승들이 수도 없이 배출되었으므로 불립문자(不立文字), 교외별전(敎外別傳)이라는 종풍은 아무런 문제가 없었다. 하지만 세월이 흐르면서 무자성의 도리를 깨달아 할과 방을 자유로 구사하는 대선지식의 출현을 보기 힘들게 된 지금 수행의 이론은 다시 존재 가치가 커진다고 보인다.

이 글은 삼종지관으로 나누어 여러 책에서 설명된 천태대사의 지관수행법을 하나로 체계화한 것이다. 여기에는 불교의 주요 선정 수행법이 고루 담겨 있지만 현재 한국과 일본 등지에 이어지고 있는 간화선(看話禪)이나 천태종의 관음주송 등을 담고 있지 않다. 하지만 이들도 제법실상과 무자성의 이치를 설하는 불교 내의 수행법이므로 그 원리와 과정은 지관수행론의 범주에서 벗어나지 않을 것이다. 이 글에서는 천태대사의

지관수행론을 이용하여 현대 한국의 주류 수행법을 설명하려는 시도를 아주 조금밖에 하지 못하였지만 기존 수행자들이 이 책을 접하여 자신의 수행경험과 비교해 본다면 그 수행법에 대한 이론적 설명도 한결 섬세하게 이루어질 수 있으리라고 생각된다. 이 책이 그런 방면으로도 기여하게 되기를 바란다.

참고문헌

지의(智顗) 강설. 관정(灌頂) 정리. 『석선바라밀차제법문(釋禪波羅蜜次第法門)』. 『대정신
　　수대장경(大正新修大藏經)』(이하 대정장으로 약칭) 46.
지의(智顗) 강설. 관정(灌頂) 기록. 『마하지관(摩訶止觀)』. 대정장 46.
지의(智顗) 저. 『육묘법문(六妙法門)』. 대정장 46.
지의(智顗) 저. 『수습지관좌선법요(修習止觀坐禪法要)』. 대정장 46.
지의(智顗) 저. 『법계차제초문(法界次第初門)』. 대정장 46.
지의(智顗) 강설. 관정(灌頂) 기록. 『묘법연화경현의(妙法蓮華經玄義)』. 대정장 33.
지의(智顗) 저. 『법화삼매참의(法華三昧懺儀)』. 대정장 46.

『관보현보살행법경(觀普賢菩薩行法經)』. 담마밀다(曇摩蜜多) 역. 대정장 9.
『금강반야바라밀경(金剛般若波羅蜜經)』. 구마라집(鳩摩羅什) 역. 대정장 8.
『기세경(起世經)』. 사나굴다(闍那崛多) 등 역. 대정장 1.
『달마다라선경(達摩多羅禪經)』. 불타발타라(佛駄跋陀羅) 역. 대정장 15.
『대반야바라밀다경(大般若波羅蜜多經)』. 현장(玄奘) 역. 대정장 5~7.
『대반열반경(大般涅槃經)』. 법현(法顯) 역. 대정장 1.
『대반열반경(大般涅槃經)』. 담무참(曇無讖) 역. 대정장 12.
『대방광불화엄경(大方廣佛華嚴經)』. 불타발타라(佛駄跋陀羅) 역. 대정장 9.
『대방등다라니경(大方等陀羅尼經)』. 법중(法衆) 역. 대정장 21.
『대방등대집경(大方等大集經)』. 담무참(曇無讖) 역. 대정장 13.
『대보적경(大寶積經)』. 보리류지(菩提流志) 역. 대정장 11.
『대승기신론(大乘起信論)』. 마명(馬鳴) 저. 진제(眞諦) 역. 대정장 32.
『대승아비달마잡집론(大乘阿毗達磨雜集論)』. 안혜(安慧) 저. 현장(玄奘) 역. 대정장 31.
『대지도론(大智度論)』. 용수(龍樹) 저. 구마라집(鳩摩羅什) 역. 대정장 25.
『마하반야바라밀경(摩訶般若波羅蜜經)』. 구마라집(鳩摩羅什) 역. 대정장 8.
『문수사리문경(文殊師利問經)』. 승가바라(僧伽婆羅) 역. 대정장 14.
『문수사리소설마하반야바라밀경(文殊師利所說摩訶般若波羅蜜經)』. 만다라선(曼陀羅仙) 역.
　　대정장 8.
『문수사리소설반야바라밀경(文殊師利所說般若波羅蜜經)』. 승가바라(僧伽婆羅) 역. 대정장 8.
『미사색부화혜오분율(彌沙塞部和醯五分律)』. 불타집(佛陀什)·축도생(竺道生) 등 공역. 대정

장 22.

『반주삼매경(般舟三昧經)』. 지루가참(支婁迦讖) 역. 대정장 13.

『방광대장엄경(方廣大莊嚴經)』. 지바하라(地婆訶羅) 역. 대정장 3.

『범망경노사나불설보살심지계품제십(梵網經盧舍那佛說菩薩心地戒品第十)』. 구마라집(鳩摩羅什) 역. 대정장 24.

『보살선계경(菩薩善戒經)』. 구나발마(求那跋摩) 역. 대정장 30.

『보살영락본업경(菩薩瓔珞本業經)』. 축불념(竺佛念) 역. 대정장 24.

『보살지지경(菩薩地持經)』. 담무참(曇無讖) 역. 대정장 30.

『불본행집경(佛本行集經)』. 사나굴다(闍那崛多) 역. 대정장 3.

『불설대안반수의경(佛說大安般守意經)』. 안세고(安世高) 역. 대정장 15.

『불설반니원경(佛說般泥洹經)』. 백법조(白法祖) 역. 대정장 1.

『불설보요경(佛說普曜經)』. 축법호(竺法護) 역. 대정장 3.

『불설인왕반야바라밀경(佛說仁王般若波羅蜜經)』. 구마라집(鳩摩羅什) 역. 대정장 8.

『불설장아함경(佛說長阿含經)』. 불타야사(佛陀耶舍)·축불념(竺佛念) 공역. 대정장 1.

『불설천수천안관세음보살광대원만무애대비심다라니경(佛說千手千眼觀世音菩薩廣大圓滿
　　無礙大悲心陀羅尼經)』. 가범달마(伽梵達摩) 역. 대정장 20.

『불수반열반약설교계경(佛垂般涅槃略說教誡經)』. 구마라집(鳩摩羅什) 역. 대정장 12.

『사분율(四分律)』. 불타야사(佛陀耶舍)·축불념(竺佛念) 공역. 대정장 22.

『선법요해(禪法要解)』. 구마라집(鳩摩羅什) 등 역. 대정장 15.

『성실론(成實論)』. 하리발마(訶梨跋摩) 저. 구마라집(鳩摩羅什) 역. 대정장 32.

『성유식론(成唯識論)』. 호법(護法) 등 저. 현장(玄奘) 역. 대정장 31.

『수행도지경(修行道地經)』. 축법호(竺法護) 역. 대정장 15.

『아비달마구사론(阿毘達磨俱舍論)』. 세친(世親) 저. 현장(玄奘) 역. 대정장 29.

『아비달마대비바사론(阿毘達磨大毘婆沙論)』. 5백 아라한 저. 현장(玄奘) 역. 대정장 27.

『아비달마법온족론(阿毘達磨法蘊足論)』. 목건련(目犍連) 저. 현장(玄奘) 역. 대정장 26.

『아비담비바사론(阿毘曇毘婆沙論)』. 부타발마(浮陀跋摩)·도태(道泰) 등 공역. 대정장 28.

『유가사지론(瑜伽師地論)』. 미륵(彌勒) 저. 현장(玄奘) 역. 대정장 30.

『유마힐소설경(維摩詰所說經)』. 구마라집(鳩摩羅什) 역. 대정장 14.

『잡아비담심론(雜阿毘曇心論)』. 법구(法救) 저. 승가발마(僧伽跋摩) 등 역. 대정장 28.

『잡아함경(雜阿含經)』. 구나발타라(求那跋陀羅) 역. 대정장 2.

『좌선삼매경(坐禪三昧經)』. 구마라집(鳩摩羅什) 역. 대정장 15.

『중론(中論)』. 용수(龍樹) 저. 구마라집(鳩摩羅什) 역. 대정장 30.

『중아함경(中阿含經)』. 구담승가제바(瞿曇僧伽提婆) 역. 대정장 1.

『증일아함경(增壹阿含經)』. 구담승가제바(瞿曇僧伽提婆) 역. 대정장 2.

『청관세음보살소복독해다라니주경(請觀世音菩薩消伏毒害陀羅尼呪經)』. 축난제(竺難提) 역. 대정장 20.

『치선병비요법(治禪病秘要法)』. 저거경성(沮渠京聲) 역. 대정장 15.

『해심밀경(解深密經)』. 현장(玄奘) 역. 대정장 16.

『관음의소기(觀音義疏記)』. 지례(知禮) 저. 대정장 34.

『국청백록(國淸百錄)』. 관정(灌頂) 저. 대정장 46.

『대승기신론소(大乘起信論疏)』. 원효(元曉) 저. 속장경 45.

『대승의장(大乘義章)』. 혜원(慧遠) 저. 대정장 44.

『불조통기(佛祖統紀)』. 지반(志磐) 저. 대정장 49.

『선학입문(禪學入門)』. 김대현(金大鉉) 저. 한국불교전서 10.

『지관대의(止觀大意)』. 담연(湛然) 저. 대정장 46.

『천태사교의(天台四敎儀)』. 제관(諦觀) 저. 대정장 46.

『청관세음보살소복독해다라니삼매의(請觀世音菩薩消伏毒害陀羅尼三昧儀)』. 준식(遵式) 편저. 대정장 46.

김묘주 역주.『성유식론 외』. 동국역경원, 2008.

대한불교천태종 구인사 편역.『법화삼매참 외』. 천태종 구인사, 1996.

박희선 지음.『생활참선건강법』. 문창, 1995.

변상섭 지음.『禪, 신비주의인가, 철학인가?』. 컬처라인, 2000.

붓다고사 지음. 대림 옮김.『청정도론』(전3권). 초기불전연구원, 2004.

이시이 요네오(石井米雄) 편. 박경준 옮김.『동남아시아의 불교수용과 전개』. 불교시대사, 2001.

지의 강설. 관정 기록. 최기표 역주.『역주 차제선문』. 불광출판사, 2010.

지의 강설. 관정 기록. 김무득 역주.『대지관좌선법』(전5권). 운주사, 1994.

쫑카빠 지음. 양승규 옮김.『보리도차제약론』. 도서출판 시륜, 2006.

출팀깰상(白館戒雲)・마사키 아키라(正木晃) 저. 차상엽 역.『티벳밀교』. 도서출판 씨아이알, 2013.

關口眞大.『止觀の硏究』. 東京：岩波書店, 1975.

安藤俊雄.『天台學 -根本思想とその展開』. 東京：平樂寺書店, 1968.

平井富雄.『坐禅の脳波的研究—集中性緊張開放による脳波変化―』.『精神神経学雑誌』62권 1호, 東京：日本精神神経学会, 1960.

선

삼매

지관

2016년 12월 28일 초판 발행
2023년 12월 29일 개정판 발행

지은이   최 기 표
발행인   이 주 현
발행처   도서출판 해조음

등록   2002. 3. 15 제-3500호
주소   서울 중구 필동로1길 14-6 리엔리하우스203호
전화   02-2279-2343
팩스   02-2279-2406
E-mail   haejoum@naver.com

ISBN 979-11-91515-19-0(03220)
값 18,000원